经济管理国家级实验教学示范中心（嘉兴学院）

经管类专业系列实验教学指导书

U0648944

金融学专业实验（实训）指导书

◉ 佘明龙 戴夏晶 主编

东北财经大学出版社 大连
Dongbei University of Finance & Economics Press

图书在版编目（CIP）数据

金融学专业实验（实训）指导书 / 佘明龙，戴夏晶主编. —大连：东北财经大学出版社，2021.2
　（经管类专业系列实验教学指导书）
　ISBN 978-7-5654-4059-5

Ⅰ．金…　Ⅱ．①佘…②戴…　Ⅲ．金融学–高等学校–教学参考资料
Ⅳ．F830

中国版本图书馆CIP数据核字（2020）第249633号

东北财经大学出版社出版
（大连市黑石礁尖山街217号　邮政编码　116025）
网　　址：http://www.dufep.cn
读者信箱：dufep@dufe.edu.cn
大连东泰彩印技术开发有限公司印刷　东北财经大学出版社发行
幅面尺寸：185mm×260mm　　字数：341千字　　印张：14.5　　插页：1
2021年2月第1版　　　　　　　　　　　　2021年2月第1次印刷
责任编辑：王　莹　刘慧美　　　　　　　　责任校对：陈　辰
封面设计：原　皓　　　　　　　　　　　　版式设计：原　皓

定价：42.00元

教学支持　售后服务　联系电话：（0411）84710309
版权所有　侵权必究　举报电话：（0411）84710523
如有印装质量问题，请联系营销部：（0411）84710711

前言

金融学专业是一个计量性和应用性很强的专业，本科层次的金融学专业更应强调学生应用能力的培养，强化金融实践教学无疑就是一个可行的方法。经验证明，实践教学是消化、巩固和验证理论知识的有效途径，是培养学生动手能力和应用能力的有效手段，是培养具有创新意识的高素质应用型金融人才的重要环节。

开展实践教学必须具备两个方面的条件：一是硬件条件，主要包括实验室和实习基地等；二是软件条件，主要包括实验课程体系、实验大纲和实验教材等，其中实验教材是核心。

经验证明，要开展好实践教学就需要与之相匹配的教材。为此，根据学校应用性目标定位，以《金融学人才培养方案（2018）》为依据，我们组织金融学专业教师编写了这本《金融学专业实验（实训）指导书》。本书的特色主要体现在以下两个方面：

（1）体例方面。为了更好地适应实践教学需要，本书按"实验（实训）基础""综合实验（实训）""课程实验（实训）——专业核心课、专业方向模块课、专业任意选修课"对教材体系进行了重新编排并增加了"实验（实训）指引"等内容。

（2）内容方面。为了更好地反映应用性教学要求，本书设计了"跨专业综合模拟实训""经济社会调查实训""商业银行业务实训""金融投资实训"等综合实训，重点设计了"金融统计分析""Python数据分析""Matlab入门""金融实证分析"等应用性金融计量实训内容。

本书各章节由金融学专业相关任课教师完成，全书最后由主编对体例、格式和内容进行修改完善并总纂定稿。

本书在编写过程中，汲取了兄弟院校在金融学实验教学方面的宝贵经验，借鉴和参考了许多已有教材和论著，在此一并致谢。尽管尽了最大努力，但由于作者水平有限，书中难免还存在疏漏和不足，恳请读者批评指正。

作 者
2020年10月

目录

第一章
实验（实训）基础

第一节 金融学专业人才培养方案

金融学专业人才培养方案（专业代码：020301K）

一、培养目标

    本专业培养德智体美全面发展，适应现代经济社会发展，充分了解金融理论前沿和实践发展现状，熟悉金融活动的基本流程，牢固掌握金融学专业基础知识、基本理论与基本技能，具有良好的道德品质和文明习惯，具备社会责任感和人文关怀意识，具备健全的人格、良好的心理素质与合作精神，具备创新创业能力和实践应用能力，能胜任银行、证券、保险、期货等金融机构、政府部门和企事业单位工作并有能力在5年内成为技术管理骨干的高素质应用型人才。

二、毕业要求

    毕业要求包括知识要求、素质要求、能力要求，具体内容见表1-3"金融专业人才培养规格（标准）实现矩阵"所列内容。

三、主干（核心）课程

    政治经济学、微观经济学、宏观经济学、计量经济学、统计学、会计学、财政与税收、金融学（英）、证券投资学、公司金融学、商业银行业务与经营、国际金融学（英）、金融风险管理、保险学、经济社会调查实训、商业银行业务实训、金融投资实训、毕业实习、毕业论文（设计）等。

四、基本学制：基本学制4年；在校学习年限为3~6年

五、毕业最低总学分：160学分

六、教学计划表（见表1-1）

七、实践教学体系和集中实践性教学环节安排

    实践教学体系由实验实训课程和集中实践教学环节构成：实验实训课程主要包括跨专业综合模拟实训、金融实证分析等课程；集中实践教学环节主要包括经济社会调查实训、商业银行业务实训和毕业实习等。

八、各类课程设置及学分、学时分配（见表1-2）

九、课程结构关系示意图 （见图1-1、图1-2）

十、毕业要求与课程体系对应矩阵 （见表1-3、表1-4）

十一、全英语（双语）课程、校企合作课程、专业特色课程等

    双语课程：金融学（英）和国际金融学（英）等；

校企合作课程：期货专题、证券专题和互联网金融等；

专业特色课程：专业模块课和商业银行业务实训、跨专业综合模拟实训等。

十二、推荐学生取得的职业资格证书

银行业专业人员初级职业资格证书、证券业从业人员资格证书、期货从业人员资格证书和保险从业资格证书。

十三、学校与行业（企业、实务部门、医院等）联合培养阶段实施安排表

由与学校合作的五矿经易期货有限公司、中国中投证券（嘉兴）和南华期货股份有限公司宁波分公司等实务单位为本专业学生讲授期货专题、证券专题和互联网金融等实务课程（第五、第六学期），并对部分学生的毕业实习进行专业指导，具体见表1-5。

十四、毕业、学位条件

（一）学生符合以下条件，准予毕业：

1.修完人才培养方案所规定的内容，成绩考核合格，所获学分达到最低毕业学分要求；

2.体质测试成绩毕业时达到国家教育部颁发的《学生体质健康标准》。

（二）学生符合以下条件，授予经济学学士学位：

1.达到毕业条件；

2.在学校规定的学习年限内达到国家学士学位授予条件和《嘉兴学院学士学位授予工作条例》（2018版）规定的要求。

表1-1　　　　　　　　　　　　**金融学专业教学计划表（1）**

课程要求	课程类别	开课学院	课程英文	课程名称	学分	总学时	理论教学	实验/实训	上机等	考试/考查	1	2	假期	3	4	假期	5	6	假期	7	8
必修	通识必修课	马	Principles of Marxism	马克思主义基本原理概论	2	32	32			查					2						
		马	Mao Zedong Thought and the Theoretical System of Socialism with Chinese Characteristics	毛泽东思想和中国特色社会主义理论体系概论	4	64	64			试					4						
		马	Ideological, Moral Cultivation and the Legal Foundation	思想道德修养与法律基础	3	48	48			查	3										
		马	A Concise History of Modern and Contemporary China	中国近现代史纲要	2	32	32			查		2									
		马	Situation and Policy	形势与政策	1	16	16			查	1										
		马	Red Boat Spirit and Times Value	红船精神与时代价值	1	16	4		12	查		1									
		体	Physical Education (I-IV)	体育(I-IV)	4	128	128			查	2	2		2	2						
		体	Physical Fitness	体能训练	0.5					查	安排在5~6学期，不排课，健身跑+体质测试										
		外	College Foreign Language I	大学外语I	3	56	32		24	试											
		外	College Foreign Language II	大学外语II	3	56	32		24	试	4/4/3										
		外	College Foreign Language III	大学外语III	2	40	16		24	试											
		外	Comprehensive College Foreign Language Skills	大学外语综合技能	2	32	32			查		2									
		外	Oral Foreign Language Training	口语实训	1	24			24	查		2									

续表

课程要求	课程类别	开课学院	课程英文	课程名称	学分	总学时	理论教学	实验/实训	上机等	考试/考查	1	2	假期	3	4	假期	5	6	假期	7	8
必修	通识必修课	数	Advanced Mathematics B（Ⅰ-Ⅱ）	高等数学B（Ⅰ-Ⅱ）	8	128	128			试	4	4									
		数	Linear Algebra A	线性代数A	3	48	48			试				3							
		数	Probability and Statistics A	概率统计A	3	48	48			试				3							
		数	University Computer B	大学计算机B	1	20	8		12	查	4										
		数	Access Database System	Access数据库系统	2.5	48	24		24	试		4									
		数	Modern Information and Technology Introduction	现代信息技术导论	0.5	8	8			查	4										
		创	Basics of Creating Enterprise	创业基础	1	16	3		13	查	以混合式学习为主，第2学期安排3学时的见面课										
		创	"Internet +"，Innovation and Entrepreneurship	"互联网+"与大学生创新创业	1	16	16			查	2										
		体	Military Theory	军事理论	0.5	36	2		34	查	排课2学时，混合式学习26学时，听军事讲座8学时，大一完成										
		体	Military Training	军事训练	1	2周				查	2周										
		马	Red Boat Spirit and Times Value Practice	《红船精神与时代价值》实践	1	1周				查				1周							
		马	Mao Zedong Thought and the Theoretical System of Socialism with Chinese Characteristics Practice	《毛泽东思想和中国特色社会主义理论体系概论》实践	1	1周				查				1周							
	素质拓展	团	Public Service	公益服务	1					查	由团委、学工、学院等组织开展										
		马	Mental Health Education for College Student	大学生心理健康教育	1.5	28	16		12	查		2									
		专/学	Career Planning and Career Guidance 1-2	大学生职业规划与就业指导1-2	1.5	32	32			查		1								1	
	小计				56	972	769	0	203		24	19		18	6					1	
选修	通识选修课		学校通识课				所有学生须修读自然科学类通识课、社会科学类通识课、人文艺术类通识课、健康与生活类通识课这4类课程，每类至少2学分，共选足至少10学分														
			小计		10	160															
	素质拓展		第二课堂（学校）		4						学生参加学科竞赛、科技、文化、社团及社会实践活动并考核合格所取得的学分										
			第二课堂（学院）		2																
	本表合计				72	1 132	769	0	203		24	19		18	6					1	

续表

课程要求	课程类别	开课学院	课程英文	课程名称	学分	总学时	理论教学	实验/实训	上机等	考试/考查	1	2	假期	3	4	假期	5	6	假期	7	8
必修	专业大类平台必修	商	Political Economics	政治经济学	3	48	48			试	3										
		商	Microeconomics	微观经济学	3	48	48			试		3										
		商	Macroeconomics	宏观经济学	3	48	48			试				3								
		商	Accounting	会计学	3	48	48			试				3								
		数	Statistics	统计学	3	48	40		8	试					3							
		商	Management	管理学	3.5	56	56			试	4											
	小计				18.5	296	288	0	8	0	7	3	0	6	3	0	0	0	0	0	0	0
选修	专业大类平台选修	商	Finance B	金融学B	3	48	48			查				3								
		商	Financial Management	财务管理	3	48	48			试					4							
		商	Human Resource Development and Management	人力资源开发与管理	2.5	40	40			查							3					
		商	International Trade Practice	国际贸易实务	3	48	48			试					3							
		商	Public Relations	公共关系学	2.5	40	40			试					4							
		商	Marketing B	市场营销学B	3	48	48			查				3								
		商	Electronic Commerce	电子商务	2	40	24		16	查				3								
	小计				5	80	80	0	16		0	0		6	14		3	0		0	0
必修	专业核心课	商	Public Finance and Tax	财政与税收	3	48	48			试					3							
		商	Finance（English）	金融学（英）	3	48	48			试					3							
		数	Econometrics	计量经济学	2.5	48	36		12	试							3					
		商	International Economics（Trade）	国际经济学（贸易）	3	48	48			查					3							
		商	International Finance（English）	国际金融学（英）	3	48	44		4	试							3					
		商	Financial Risk Management	金融风险管理	2	32	28		4	查							2					
		商	Financial Market	金融市场学	3	48	44		4	试							3					
		商	Corporate Finance	公司金融学	2	32	28		4	查							2					
		商	Banking Operation and Management	商业银行业务与经营	2	32	28		4	试								2				
		商	Securities Investment	证券投资学	2.5	48	36		12	试							3					
		商	Insurance	保险学	2	32	28		4	试							3					
	小计				28	464	416	0	48	0	0	0	0	0	9	0	16	5	0	0	0	0
	本表合计				51.5	840	784		72	0	7	3	0	12	26	0	19	5	0	0	0

续表

课程要求	课程类别	开课学院	课程英文	课程名称	学分	总学时	理论教学	上机	多种形式教学	考试/考查	1	2	假期	3	4	假期	5	6	假期	7	8
选修	专业方向模块课	商	International Settlement	国际结算	2	32	32			查							2				
	商业银行方向	商	Project Evaluation	项目评估	2	32	28		4	查							2				
		商	Personal Finance	金融理财学	2	32	28		4	试								2			
		商	Interdisciplinary Comprehensive Simulation Training	跨专业综合模拟实训	2	32		32		查								2			
			小计		8	128	88	32	8	0	0	0	0	0	0	0	4	2	0	0	0
	证券期货方向	商	Investment Funds Management	投资基金管理	2	32	32			查							2				
		商	Futures Principle	期货原理	2	32	28		4	查							2				
		商	Investment Analysis	投资分析	2	32	28		4	试								2			
		商	Interdisciplinary Comprehensive Simulation Training	跨专业综合模拟实训	2	32		32		查								2			
			小计		8	128	88	32	8	0	0	0	0	0	0	0	4	2	0	0	0
	专业任意选修课（选足14.5学分）	商	Python Data Analysis	Python数据分析	1	16		16		查							2				
		商	Introduction to Matlab	Matlab入门	1	16		16		查							2				
		商	Fixed Income Securities	固定收益证券	1	16		16		查							2				
		商	Financial Statistics	金融统计分析	1	16		16		查							2				
		商	Financial Practices Project	金融实务系列讲座	1	16	16			查							2				
		商	Securities Project	证券专题	1	16	16			查							2				
		商	Futures Project	期货专题	1	16	16			查							2				
		文	Logistics	逻辑学	2	32	32			试		2									
		商	Internet Finance	互联网金融	2	32	28		4	查							2				
		商	Introduction to Finance	专业导论（金融学）	0.5	8	8			查	2 (8~11)										
		商	Financial Engineering	金融工程	2	32	28		4	试							2				
		商	Central Banking	中央银行学	2	32	28		4	查							2				
		商	Financial Regulation	金融监管	2	32	32			查							2				
		商	Empirical Analysis of Finance	金融实证分析	2	32		32		查							2				
		文	Financial Law	金融法	2	32	32			查							2				
		商	Financial Accounting	金融会计	2.5	48	36		12	查					3						
		商	Financial Marketing	金融营销	2	32	28		4	查							2				
		商	Credit Management	信用管理学	2	32	28		4	查							2				
		商	Investment Banking	投资银行学	2	32	28		4	查							2				

课程要求	课程类别	开课学院	课程英文	课程名称	学分	总学时	理论教学	上机	多种形式教学	考试/考查	1	2	假期	3	4	假期	5	6	假期	7	8
选修（专业方向模块课）		商	Financial Intermediary	金融中介学	2	32	32			查							2				
		商	Investment	投资学	2	32	28		4	查							2				
		商	International Investment	国际投资学	2	32	28		4	查							2				
		商	Behavioral Finance（English）	行为金融学（英）	2	32	28		4	查								2			
		商	Trust and Leasing	信托与租赁	2	32	28		4	查								2			
		商	Financial Investment Training	金融投资实训	2	32		32		查								2			
			应选小计		14.5	232				0	0	0	0	0	3	0	10	4	0	0	0
			专业选修课程合计		22.5	360				0	0	0	0	0	3	0	18	2	2	0	0
必修（专业课集中实践）		商	Economic and Social Investigation Training	经济社会调查实训	1	1周				查						1周					
		商	Commercial Banks Practical Training	商业银行业务实训	2	2周				查							2周				
		商	Graduation Field Work	毕业实习	6	24周				查										15周	9周
		商	Graduation Thesis（Design）	毕业论文（设计）	5	20周				查										12周	8周
课程安排汇总			每学期考试课程总计								3	4		6	6		4	4			
			每学期周学时（预计周学时数/实际周学时数）								31	22		31	32		26	12			

注：开课学院一栏，用开课学院的头一个汉字表示。马：马克思主义学院；体：体军部；外：外语学院；数：数信学院；创：创业学院；团：团委；专/学：各专业学工办；商：商学院；文：文法学院。每学期理论教学默认为16周。专业导论（金融）第一学期第8—11周开设。

表1-2　　　金融学专业各类课程设置及学分、学时分配

项　　目		必修课		选修课		合计学时	合计学分
		学时	学分	学时	学分		
理论教学	通识教育	912+4周	52	160	10	1 072+4周	62
	素质拓展	60	4			60	4
	专业大类平台	296	18.5	80	5	376	23.5
	专业核心课	464	28	—	—	464	28
	专业方向与特色模块课	—	—	360	22.5	360	22.5
	小计	1 732+4周	102.5	600	37.5	2 332+4周	140
集中实践教学	小计	47周	14			47周	14
第二课堂	学生参加学科竞赛、科技、文化、社团及社会实践活动并考核合格所取得的学分	—	—		6	—	6
合计		—	—	—	—	2 332+51周	160
选修课学分合计				64			
实践环节学分合计				50			
选修学分占总学分的比例（%）				40			
实践学分占总学分的比例（%）				31			

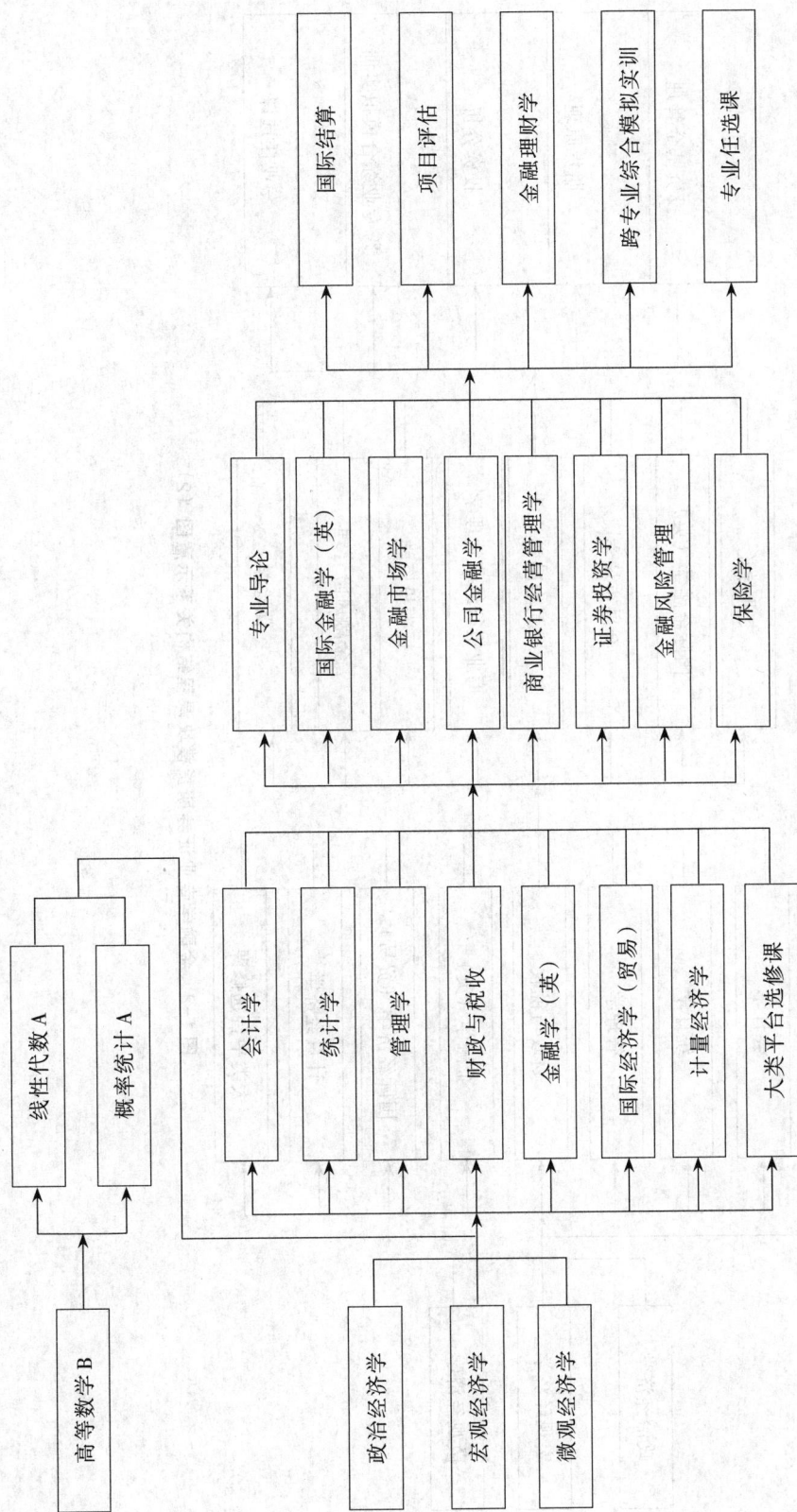

图1-1 金融学专业商业银行模块课程结构关系示意图

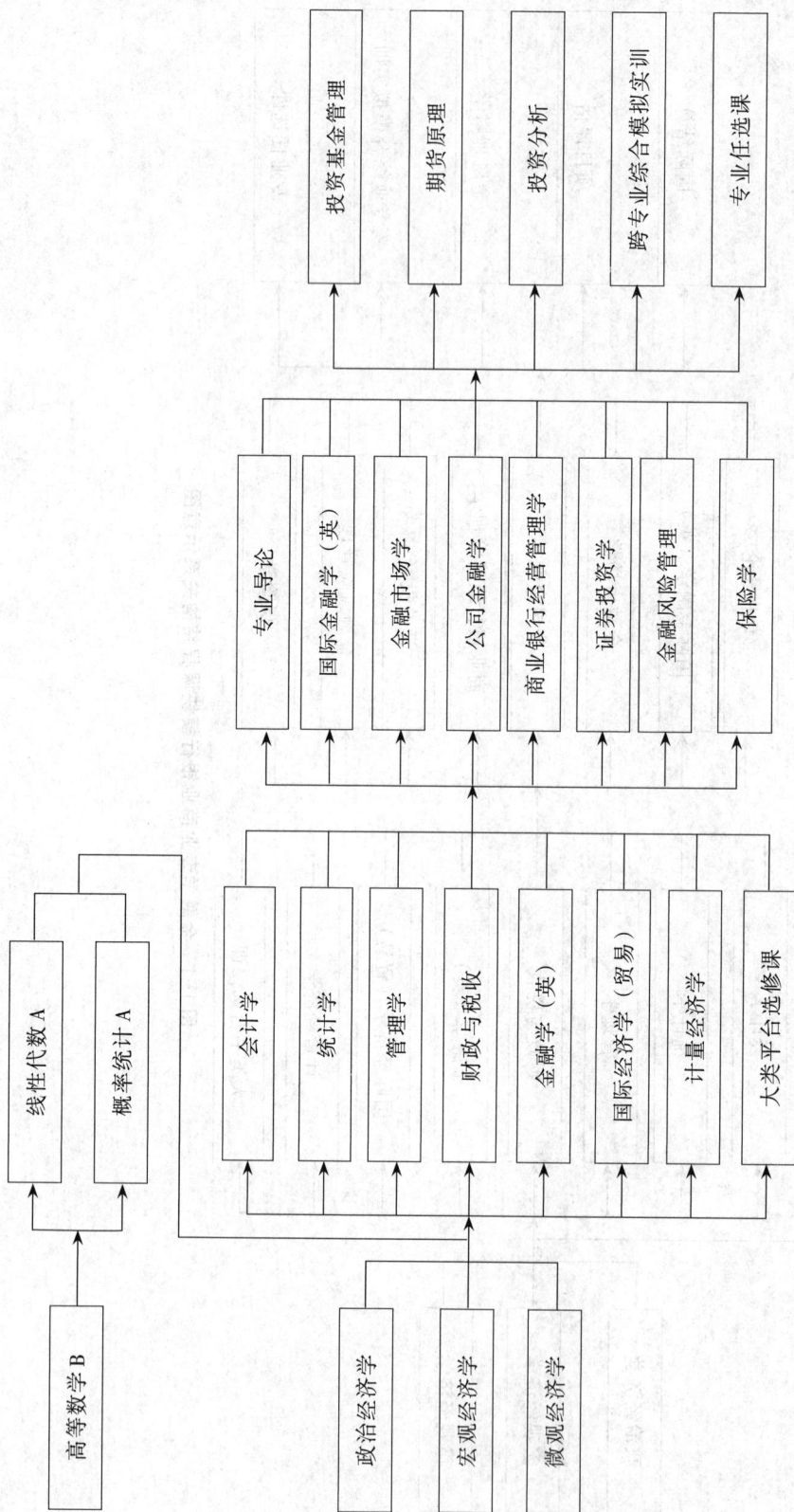

图1-2　金融学专业证券期货模块课程结构关系示意图（2）

表1-3 金融专业人才培养规格（标准）实现矩阵

指标点		实现途径
知识要求	工具性知识：熟练掌握1门外语，具备较强的外语阅读、听、说、写、译的能力；熟练使用计算机；熟练运用现代信息管理技术进行专业文献检索、数据处理、模型设计等；熟练使用专业数据库进行专业论文及研究报告撰写等	大学外语，金融学（英）、国际金融学（英）；文献检索与利用、高等数学、线性代数、概率统计、统计学、大学计算机B、现代信息技术导论、Access数据库系统、Python数据分析、计量经济学、金融统计分析和学年论文、毕业论文等
	专业知识：牢固掌握本专业基础知识、基本理论与基本技能。既应掌握经济学、管理学的基本原理，也应充分了解金融理论前沿和实践发展现状，熟悉金融活动的基本流程	政治经济学、微观经济学、宏观经济学、会计学、统计学、管理学、财政与税收、金融学（英）、国际金融学（英）、国际经济学（贸易）、金融风险管理、金融市场学、公司金融学、金融会计、商业银行业务与经营、证券投资学、保险学、金融理财学、期货原理、国际结算、金融营销、投资银行学、中央银行学、项目评估、投资基金管理、跨专业综合模拟实训及相关课程实验、学年论文和毕业论文等
	其他相关领域知识：金融学本科专业人才应当了解其他相关领域知识，形成兼具人文社会科学、自然科学、工程与技术科学知识的均衡知识结构	思想道德修养和法律基础、毛泽东思想和中国特色社会主义理论体系概论、中国近现代史纲要、马克思主义基本原理、红船精神与时代价值、信息技术类课程、通识类选修课、心理健康教育、体育、军事理论与训练、公益服务等
素质要求	思想道德素质：努力学习马克思主义、毛泽东思想和中国特色社会主义理论体系，确立在中国共产党领导下走中国特色社会主义道路、实现国家繁荣昌盛的共同理想和坚定信念。遵守宪法、法律和法规，遵守公民道德规范。遵守《高等学校学生行为准则》，遵守学校管理制度。具有良好的道德品质和文明习惯。倡导社会主义核心价值观，树立诚信意识，履约践诺，知行合一。培养良好的职业操守和职业道德，具备社会责任感和人文关怀意识	思想道德修养和法律基础、毛泽东思想和中国特色社会主义理论体系概论、中国近现代史纲要、马克思主义基本原理、红船精神与时代价值、心理健康教育、体育、军事理论与训练、公益服务等
	专业素质：具有良好的专业素养，熟悉国家有关金融的方针、政策和法律法规，了解国内外金融发展动态	政治经济学、微观经济学、宏观经济学、会计学、统计学、管理学、财政与税收、金融学（英）、国际金融学（英）、国际经济学（贸易）、金融风险管理、金融市场学、公司金融学、金融会计、商业银行业务与经营、证券投资学、保险学、金融理财学、期货原理、国际结算、金融营销、投资银行学、中央银行学、项目评估、投资基金管理、跨专业综合模拟实训及相关课程实验、学年论文和毕业论文等

	指标点	实现途径
素质要求	科学文化素质：具有一定的科学知识与科学素养。具备一定的文学、艺术素养和鉴赏能力。对中国传统文化与历史有一定了解	思想道德修养和法律基础、毛泽东思想和中国特色社会主义理论体系概论、中国近现代史纲要、马克思主义基本原理、红船精神与时代价值、心理健康教育、体育、军事理论与训练、公益服务等
	身心素质：具有健康的体魄，体育达标。具有良好的心理素质、较强的自我控制和自我调节能力	入学教育、军事理论与训练、公益服务、心理健康教育、思想道德修养与法律基础等
能力要求	获取知识的能力：能够掌握有效的学习方法，主动接受终身教育。能够应用现代科技手段进行自主学习。适应金融理论和实践快速发展的客观情况，与时俱进	大学外语、金融学（英）、国际金融学（英）、文献检索与利用、统计学、大学计算机B、现代信息技术导论、Access数据库系统、Python数据分析、计量经济学、金融统计分析、金融实务专题讲座、跨专业综合模拟实训、开放实验项目、大学生课外科技活动、学年论文和毕业论文等
	实践应用能力：能够在金融实践活动中灵活运用所掌握的专业知识。能够对各种国内外的金融信息加以甄别、整理和加工，从而为政府、企业、金融机构等部门解决实际问题提供对策建议。能够运用专业理论知识和现代经济学研究方法分析解决实际问题，具备一定的科学研究能力	Python数据分析、计量经济学、金融统计分析、金融实务专题讲座、跨专业综合模拟实训、开放实验项目、大学生课外科技活动、社团活动及社会工作、毕业实习和社会实践等
	创新创业能力：具备创新精神、创业意识和创新创业能力。能够把握金融发展的趋势，学以致用，创造性地解决实际金融问题。具有专业敏感性，在激烈的市场竞争和国际竞争中敢于创新，善于创新	创业教育、互联网+与大学生创新创业、大学生职业规划与就业指导、文献检索与利用、跨专业综合模拟实训、金融实务专题讲座、第二课堂、学年论文、毕业论文和毕业实习等
	其他能力：具有良好的中文写作能力。具有一定的口语和书面表达能力、沟通交流能力、组织协调能力、团队合作能力，以及适应金融市场变化所必需的其他能力	大学外语、金融学（英）、国际金融学（英）、思想道德修养和法律基础、毛泽东思想和中国特色社会主义理论体系概论、中国近现代史纲要、马克思主义基本原理、红船精神与时代价值；军事理论与训练、公益服务和通识类选修课；跨专业综合模拟实训、开放实验项目、大学生课外科技活动、社团活动及社会工作、第二课堂、学年论文、毕业论文和毕业实习等

表1-4　　　　　　　　　　课程体系对毕业要求的支撑关系矩阵图（金融学专业）

毕业要求 / 课程体系	知识要求			素质要求				能力要求			
	1	2	3	1	2	3	4	1	2	3	4
思想道德修养和法律基础			H	H		H	H				H
毛泽东思想和中国特色社会主义理论体系概论		H	H	H		H					H
中国近现代史纲要			H	H		H					
马克思主义基本原理			H	H		H					H
红船精神与时代价值			H	H		H			M		
形势与政策			M	H		H			M		
大学外语	H					H		H			
高等数学	H					H					
线性代数	H					H					
概率统计	H					H					
信息技术类课程	H		H			H		H			
通识类选修课			H			H			M		
创业教育			H			M			H	H	
"互联网+"与大学生创新创业	H					M		H	H	H	
心理健康教育	M		H			H	H				
职业规划与就业指导			M			M		H	H		H
政治经济学		H		H					M		
微观经济学		H		H					M		
宏观经济学		H		H					M		
会计学		H		H					H		
统计学	H	H		H					H		
管理学		H		H					H		
财政与税收		H		H					H		
金融学（英）	H			H				H			
计量经济学	H			H				H			
国际经济学（贸易）		H		H					M		
国际金融学（英）	H			H							
金融风险管理		H		H					H		
金融市场学		H		H					H		
公司金融学		H		H					H		
商业银行业务与经营		H		H					H		
证券投资学		H		H					H		
保险学		H		H							
经济社会调查实训		H		H					H	H	H
商业银行业务实训		H		H					H	H	H
毕业实习	H	H		H					H		
毕业论文（设计）	H	H		H					H		
体育			H		M	H					
军事理论与训练			H		M	H					H
公益服务			M	H		M	H	H			H

附注：根据课程对各项毕业要求的支撑强度分别用"H"（高）、"M"（中）、"L"（低）表示，支撑强度的含义是：该课程覆盖毕业要求指标点的多寡，H至少覆盖80%，M至少覆盖50%，L至少覆盖30%。

注意：矩阵应覆盖所有必修环节。

表1-5　　　　　　　　　　　学校与行业联合培养阶段实施安排表

内　容	学分	学期	时间	联合培养单位
经济社会调查实训	1	第四学期	1周	南华期货股份有限公司浙江分公司、嘉兴银行、中信证券等基地单位
商业银行业务实训	2	第六学期	2周	嘉兴市南湖互联网金融学院、嘉兴银行等基地单位
毕业实习	6	第七~八学期	24周	五矿经易期货有限公司、南华期货股份有限公司浙江分公司、嘉兴市南湖互联网金融学院、嘉兴银行等基地单位

第二节　金融学专业实践能力培养框架

表1-6　　　　　　　　　　　金融学专业实践能力培养框架表

专业实践能力名称	能力描述	对应应完成的主要实验项目
		实验项目名称
专业认知能力	具备金融学专业必需的专业知识与基本理论，明确国内外金融领域发展现状与趋势，能够解读金融政策	Speculating
		INVESTMENT
		上市公司股票定价
		认股权证估值
行情分析、决策能力	了解金融市场行情现状、应用相关理论与技能对金融市场变化趋势进行分析与预测，科学地进行投资决策	证券交易行情识读及证券交易程序实验
		证券投资技术分析实验
		期货模拟交易
		套期保值实验
		外汇交易
		模拟外汇期货交易
		公司价值估算
		收购对价方式设计
		项目投资估算
		项目成本利润估算
		项目财务评价
		金融理财产品介绍
		金融理财产品设计
		风险投资案例分析
		风险投资企业价值估计

专业 实践能力名称	能力描述	对应应完成的主要实验项目
		实验项目名称
金融业务操作能力	掌握并能熟练地运用金融会计核算技能，商业银行个人业务、对公业务操作方法，项目评估的基本方法与技能，保险实务技能	银行基本业务核算
		个人储蓄业务
		对公业务实训
		其他业务及年终结算
		银行的基本业务\网络银行
		个人银行业务操作
		商业银行业绩评估
		保险公司业务流程
		保险公司业务操作
		银行网上业务调查
		网上证券业务查询
		营销环境分析
		营销技能实训1
		营销技能实训2
		融资租赁
组织能力、沟通能力	掌握银行基本业务流程、人员配备；掌握与客户沟通的方法与技巧	营销环境分析
		营销技能实训1
		营销技能实训2
		个人银行业务操作
		保险公司业务操作
金融创新能力	根据金融市场需求变化了解金融工具创新的一般原理与方法	上市公司股票定价
		认股权证估值
		金融理财产品设计

第三节 金融学专业课程与实验（实训）项目对照表

表1-7　　　　　　　　金融学专业课程与实验（实训）项目对照表

课程名称	实验编号	实验项目名称
国际金融学（英）	实验1	政府政策与外汇市场
金融风险管理	实验1	基于历史模拟法计算VaR
	实验2	基于计量经济学方法计算VaR
金融市场学	实验1	利用股利贴现模型对上市公司股票定价
	实验2	债券定价与久期

续表

课程名称	实验编号	实验项目名称
公司金融	实验1	上市公司资本结构和筹资分析
	实验2	上市公司股利政策
保险学	实验1	保险公司业务流程
	实验2	保险公司业务操作
项目评估	实验1	项目投资估算
	实验2	项目财务评价
金融理财学	实验1	综合理财规划服务
	实验2	制作理财规划书
投资分析	实验1	行业与产业分析
	实验2	投资技术分析
期货原理	实验1	期货模拟交易
	实验2	套期保值交易
国际投资学	实验1	国际投资环境评估
	实验2	国际投资案例分析
金融统计分析	实验1	货币、信贷和债务总量统计分析
	实验2	货币乘数和货币化率统计分析
	实验3	股票收益率统计分析
	实验4	股票波动相关性统计分析
	实验5	股票Beta系数分析
	实验6	人民币汇率与对外贸易差额的关系分析
	实验7	国债利率期限结构分析及定价模型检验
	实验8	VaR模型分析
中央银行学	实验1	中央银行再贷款业务
	实验2	中央银行再贴现业务
信用管理学	实验1	企业信用的评级分析
	实验2	贷后信贷档案管理
证券投资学	实验1	证券交易程序
	实验2	盘面解读与工具应用
	实验3	基本面分析
	实验4	技术面分析

课程名称	实验编号	实验项目名称
Python 数据分析	实验 1	Python 语言基础
	实验 2	Python 函数
	实验 3	Python 面向对象程序设计
	实验 4	Python 模块
	实验 5	Python 函数式编程
	实验 6	I/O 编程
	实验 7	图形界面编程
	实验 8	Python 综合运用
Matlab 入门	实验 1	Matlab 操作环境熟悉
	实验 2	M 文件和 Mat 文件操作
	实验 3	矩阵运算与元素群运算
	实验 4	线性方程组的求解
	实验 5	函数编写与程序设计
	实验 6	二维图形和三维图形的创建
	实验 7	线性时不变系统的时域响应
	实验 8	数字滤波器设计与语音信号处理
互联网金融	实验 1	银行网上业务调查（含网商银行）
	实验 2	互联网证券业务查询
金融营销学	实验 1	营销环境分析
	实验 2	营销技能实验 1
	实验 3	营销技能实验 2
投资银行学	实验 1	风险投资项目选择
	实验 2	商业计划书编制
信托与租赁	实验 1	公益信托问题分析
	实验 2	融资租赁问题分析
金融工程	实验 1	认购权证估值
	实验 2	认股权证估值与投资分析
金融会计分析	实验 1	个人储蓄业务操作
	实验 2	对公业务操作
	实验 3	对公日终处理操作

课程名称	实验编号	实验项目名称
金融实证分析	实验1	金融计量软件 EViews 的基本操作
	实验2	平稳时间序列模型的设定及预测应用
	实验3	多维动态 VAR 模型的建立及应用
	实验4	协整分析与误差修正模型
	实验5	基于 GARCH 族模型对金融时间序列波动性特征的分析
	实验6	对传统资产定价模型 CAPM 的检验
	实验7	面板数据回归模型
	实验8	三因素资产定价模型实证检验
投资学	实验1	风险投资案例分析
	实验2	投资企业价值估计
行为金融学（英）	实验1	Casino Profit Effect
	实验2	Discounts and Mail Order Rebates
固定资产收益	实验1	固定收益证券市场
	实验2	固定收益证券估值
	实验3	固定收益证券利率风险
	实验4	固定收益证券信用风险
	实验5	资产支持证券

第四节　实验（实训）指引

1.实验（实训）前要充分研读金融学专业人才培养方案，深入了解实验（实训）在人才培养方案中的地位、作用，掌握金融学专业人才培养方案中的实验（实训）课时安排、比例等。

2.实验（实训）前要充分研读金融学实践能力培养框架，深入了解金融学专业实践能力构成，掌握金融学专业人才金融学专业实践能力支撑体系和实现方式。

3.实验（实训）前要充分研读金融学专业课程与实验（实训）项目对照表，深入了解金融学专业课程的实验（实训）项目，掌握金融学专业课程的实验（实训）项目构成及相互关系。

4.实验（实训）前要充分研读金融学专业课程实验（实训）项目大纲，深入了解每个实验（实训）项目的目标与要求、基本内容等，掌握每个实验（实训）项目组织、手段和实现方式等。

5.实验（实训）后要充分研读每个实验（实训）项目实训报告，深入了解每个实验（实训）项目的目标、要求达成度，掌握每个实验（实训）项目的教学效果。

第二章
综合实训
第一节　跨专业综合模拟实训

一、课程描述和目标

（一）本课程在实现专业人才培养目标中的地位、作用，以及基本内容

　　跨专业综合模拟实训课程是商学院信息管理与信息系统、财务管理、工商管理、国际经济与贸易、会计学、金融学、经济学、人力资源管理、市场营销、物流管理十个专业的选修课，该课程以现代企业运营为核心，涉及在企业经营过程中与工商、税务、海关、银行、保险、审计、咨询等各部门发生的业务联系与经济往来，模拟仿真现代服务业的真实环境，为经济管理类各专业学生搭建现代服务业实习大平台，使商学院各专业之间进行有效整合；使具有不同专业背景的学生在学习完各专业课程之后、走向工作岗位之前有一个全面接触现代服务业的核心业务环节和功能的机会，并通过企业业务流程模拟竞争，使学生在企业真实的业务流与信息流中体会现代企业经营与现代服务业的内在联系；并通过知识的构建与反馈，使学生对各专业的知识融会贯通，从而对现代服务业有更深层次的认识，为走向社会做好知识准备与心理准备。

　　该课程模拟的岗位包括生产制造型企业等核心企业及工商局、税务局、商业银行、会计事务所、第三方物流企业、招投标中心、国际货代等外围服务单位或企业的工作岗位。

（二）本课程拟达到的课程目标

　　跨专业综合模拟实训课程的目标是：通过企业设立、产品决策、市场决策、销售决策和管理决策及模拟与工商局、税务局和第三方物流企业等的业务往来，使学生将理论知识和企业实操业务较好地结合起来，培养经济管理类学生的综合实践能力和经营管理能力；通过模拟实训全面提高学生的各项综合能力，满足现代企业对学生的专业性、复合型、创新性的要求；以培养学生的应用能力、协同能力、决策判断能力、设计创意能力、创新能力、创业能力等能力为核心，实现人才培养由知识教育向能力教育、素质教育的全面转变，努力实现学生培养与就业市场需求的无缝衔接；通过课内讨论、交流及答疑等方式开展"课程思政"教学，让学生通过企业设计、团队建设等企业经营活动来理解体会红船精神、奉献精神，以及团队的合作精神。

　　本课程拟达到以下课程目标：

　　课程目标1：培养学生的学习、思维、沟通能力；

　　课程目标2：培养学生的规划、决策判断、分析问题、解决问题的能力；

　　课程目标3：培养学生的红船精神，以及创新、创业能力；

　　课程目标4：提高学生的企业经营管理整体水平，提升学生企业经营的风险意识及竞争意识，提高学生分析问题、解决问题的能力；

　　课程目标5：培养学生的团队精神、奉献精神、团队管理及组织协调能力。

二、课程目标对毕业要求的支撑

毕业要求指标点	课程目标	权重	目标达成形式
获取知识能力	课程目标1	M	实验、各类综合考评
实践应用能力	课程目标2、课程目标3、课程目标4、课程目标5	H	实验、各类综合考评
创新创业能力	课程目标3、课程目标4、课程目标5	M	实验、讨论、各类综合考评

三、实验/实训项目与内容提要

序号	项目名称	目的要求、内容提要	每组人数	实验学时	实验类型	实验要求	实验分室	对应课程目标
1	制造业经营模拟	经营业务模拟主要模拟采购、生产、销售、财务、行政、市场6个部门的业务功能。具体业务包括：产区建设、生产线管理、产品质量管理、采购管理、市场开拓、市场投资、人力资源管理、信息化、企业资质、销售竞单、投标、贷款等。主要针对生产\贸易类企业 思政内容：红船精神，团队合作精神	5~7	10	综合性	必修	跨专业综合模拟实训实验室	课程目标1、课程目标2、课程目标3、课程目标4、课程目标5
2	市场监督管理局窗口业务模拟	市场监督管理局窗口业务模拟系统包括企业登记、企业年检、监督投诉三个模块。系统由核心企业和工商局两个角色进行互动完成业务模拟训练 思政内容：奉献精神	3~5	4	综合性	必修	跨专业综合模拟实训实验室	课程目标1、课程目标5
3	税务局窗口业务模拟	税务局窗口业务模拟系统包括行政审批和纳税申报两大模块，另有纳税辅导和纳税法规两个辅助模块 思政内容：奉献精神	3~5	4	综合性	必修	跨专业综合模拟实训实验室	课程目标1、课程目标5
4	银行窗口业务模拟	银行窗口业务模拟系统包括开户、贷款管理、询证函、国际结算、代收代缴等功能模块	3~5	4	综合性	必修	跨专业综合模拟实训实验室	课程目标1、课程目标4、课程目标5
5	会计师事务所业务模拟	会计师事务所业务模拟系统包括审计、验资等模块	3~5	4	综合性	必修	跨专业综合模拟实训实验室	课程目标1、课程目标2、课程目标4、课程目标5
6	新闻中心/招投标中心业务模拟	招投标中心业务模拟系统根据不同用户类别划分为三类，分别是招标方、投标方及招投标服务公司。模拟系统包括信息公告、招标申请委托、招标管理、投标管理、合同管理等模块	3~5	4	综合性	必修	跨专业综合模拟实训实验室	课程目标1、课程目标5
7	物流公司（国际货代）模拟	物流公司业务模拟系统包括合同管理、仓储管理、运输业务等模块	3~5	2	综合性	必修	跨专业综合模拟实训实验室	课程目标2、课程目标4

四、实验/实训教学方式与基本要求

1.实验/实训教学方式

跨专业综合模拟实训平台是综合实习的核心，整个实训过程都在此系统中进行，包括辅助实习子平台和综合实习子平台两大部分。辅助实习子平台包括实训竞技场系统、职业能力评测系统、创业模拟系统、求职招聘模拟系统、企业注册系统。综合实习子平台包括制造企业经营模拟对抗系统、工商局窗口业务模拟系统、税务局窗口业务模拟系统、银行窗口业务模拟系统、会计师事务所业务模拟系统、物流中心业务模拟系统、招投标中心业务模拟系统、国际货代公司业务模拟系统等。

实验/实训由教师讲解，由学生通过实训平台模拟实验操作。学生需在课前预习实验内容，上课时先由教师讲解模拟规则，然后由学生组建团队进行模拟，教师及时发现各个团队运营的问题并进行解答，引导学生对整个运营过程、团队合作、遇到的问题、体会等进行现场总结及交流。

2.基本要求

学生须按照要求组建团队，开展跨专业综合模拟操作训练及对抗，根据操作情况，完成实验报告，并进行主题汇报。

五、实验/实训报告与考核

跨专业综合模拟实训的特殊性决定了考核评价的综合性，教师在考核评价中应将过程考核与结果考核相结合、团队考核与个人考核相结合，重视过程与团队考核。

跨专业综合模拟实训课程对学生成绩从三个方面进行考核：一是学生的平时出勤率；二是团队考核评价；三是实训课程报告。考核采用100分制，三个方面占总成绩的比例分别为10%、50%、40%。具体要求及评分细则如下：

1.平时出勤：占总成绩的10%。上课全勤且无其他上课迟到、早退等情况的最高折算为10分，有其他情况的在最高分10分的基础上进行扣分。

2.团队考核评价：占总成绩的50%。团队成绩从以下几个方面考核：团队精神、分工协作沟通、经营决策组织能力、管理制度、经营过程、公司绩效、资料整理等。

3.实训课程报告：占总成绩的40%。其考核评价标准如下：

（1）A，90分以上

实训课程报告非常规范完整，实训目的非常明确，内容非常全面，实训过程记录完整清楚，文字表达条理清晰，能很好地分析在实训过程中遇到的各种问题，实训体会感悟很深刻。

（2）B，80~89分

实训课程报告较规范完整，实训目的较明确，内容全面，实训过程记录较好，文字表达条理较清晰，能较好地分析在实训过程中遇到的各种问题，实训体会感悟较好。

（3）C，70~79分

实训课程报告规范完整，实训目的明确，内容全面，实训过程记录清楚，文字表达条理清晰，能分析在实训过程中遇到的各种问题，有一定实训体会感悟。

（4）D，60~69分

实训课程报告基本规范完整，实训目的基本明确，内容一般，实训过程记录一般，文字表达基本清晰，基本能分析在实训过程中遇到的各种问题，实训体会感悟一般。

（5）E，60分以下

实训课程报告不规范，实训目的不明确，内容不完整，实训过程记录不完整，文字表达条理不清晰，不能分析在实训过程中遇到的各种问题，实训体会感悟差。

六、主要仪器设备和材料

跨专业综合模拟实训教具、虚拟仿真（跨专业）综合实训平台。

七、教材及主要参考资料（可多种，包括课程网站、教学视频等）

1.教材

虚拟仿真（跨专业）综合实习教程_教师版.pdf

2.主要参考资料

跨专业综合实习教程【教师版】

跨专业综合实习教程——实习导论【学生版】

跨专业综合实习教程——生产制造企业【学生版】

跨专业综合实习教程——工商行业管理机构【学生版】

跨专业综合实习教程——税务管理机构【学生版】

跨专业综合实习教程——银行【学生版】

跨专业综合实习教程——会计师事务所【学生版】

跨专业综合实习教程——物流中心【学生版】

跨专业综合实习教程——国际货代【学生版】

跨专业综合实习教程——招投标中心【学生版】

第二节　经济社会调查实训

一、课程描述和目标

经济社会调查实训是讲述科学地认识经济社会现象、解释经济社会现状、把握经济社会发展规律的重要方法和手段的课程。在目前社会变化迅速、市场经济蓬勃发展、社会问题层出不穷的情况下，要掌握经济社会发展的脉搏、了解经济社会的需求，就要掌握经济社会调查研究的方法。现代经济社会调查已经成为新闻等行业和企业、机关等单位所使用的工具，调查方法已成为人们了解经济社会现实、作出科学决策所必不可少的、可靠的重要手段。

本课程将经济社会调查方法的基本概念、基本内容与实际操作过程紧密结合，通俗明了地介绍各种资料的收集与分析方法，使学生能够很好地掌握从选择调查题目到完成调查报告的整个经济社会调查过程。

课程目标1：了解经济社会调查的意义。

课程目标2：掌握经济社会调查的基本步骤。

课程目标3：掌握经济社会调查的报告撰写.

二、课程目标对毕业要求的支撑

毕业要求指标点	课程目标	权重	目标达成形式
1.了解经济社会调查的意义	课程目标1	M	研讨
2.掌握经济社会调查的基本步骤	课程目标2	M	过程分析
3.掌握经济社会调查的报告撰写	课程目标3	L	调查报告

三、教学内容提要

序号	教学内容	学时	对应课程目标
1	了解经济社会调查的意义、掌握经济社会调查的基本步骤。思政内容：通过经济社会调查了解中国经济发展状况，增强国情分析能力	4	课程目标1
2	掌握调查方案的基本步骤；了解问卷设计的原则；掌握问卷设计的步骤和问卷数据的分析	8	课程目标2
3	掌握调查报告撰写的基本结构和原则	4	课程目标3

四、教学方式与基本要求

　　课程以实地调查为主要方式，要求学生认真准备经济社会调查，了解社会调查的意义，在调查中积极思考，认真撰写相关报告。

五、考核与评价

　　根据课程目标设计考核方式，对考核的方法、内容、比例等均应有明确规定。

考核依据	建议分值	考核/评价细则	对应课程目标
1.能够掌握问卷设计的基本方法	30	问卷设计结构合理、逻辑清晰	课程目标1
2.能够对通过问卷获得的数据进行分析	30	问卷数据获取分类准确，分析清晰	课程目标2
3.能够撰写调查报告	40	调查报告能与问卷设计紧密结合，体现调查报告的经济意义	课程目标3

六、教材及主要参考资料

　　[1] 风笑天. 社会调查原理与方法 [M]. 4版. 北京：首都经济贸易大学出版社，2019.

　　[2] 徐云杰. 社会调查设计与数据分析：从立题到发表 [M]. 重庆：重庆大学出版社，2011.

第三节　商业银行业务实训

一、课程描述和目标

商业银行业务实训是商业银行业务管理课程的配套理论教学，为金融学专业学生提供了一个进行银行业务实际操作的环境。商业银行业务系统的模拟实训使学生能够将所学的商业银行经营管理基础知识运用到实际操作中、熟悉银行业务的操作过程、知识结构更科学合理、增强综合竞争能力，并减少学生踏上工作岗位的适应磨合时间，培养学生的实践能力和动手能力。

课程目标1：加强学生对商业银行业务理论知识的理解，使学生掌握商业银行业务操作的流程、每一环节的注意事项，并学会进行具体的操作。

课程目标2：训练学生的实际分析能力，使学生在面对不同服务对象和不同情况时，能够选取合适的金融产品进行推荐。

课程目标3：锻炼学生的实际操作能力，为相关专业的学生走向社会提供一个理论结合实际的实习环境。

二、课程目标对毕业要求的支撑

毕业要求指标点	课程目标	权重	目标达成形式
1.掌握商业银行经营管理基础知识的具体应用	课程目标1	M	研讨
2.熟悉银行业务的操作过程	课程目标2	M	过程分析
3.掌握相关报告的撰写	课程目标3	L	报告撰写

三、教学内容提要

序号	教学内容	学时	对应课程目标
1	商业银行对企业开展存贷款业务、票据业务和中间业务。思政内容：了解贷款业务对从业人员的素质要求	6	课程目标1、课程目标3
2	商业银行通过会计核算管理核心业务的运营	8	课程目标2
3	每个会计年度检查各商业银行的存贷比、资本金充足率、不良贷款比率、拨备覆盖率与风险准备金计提情况	6	课程目标1、2
4	各商业银行对企业进行授贷调查、信贷业务管理	6	课程目标1、2
5	判定贷款等级并计提风险准备金。	6	课程目标1、2、3
6	设计金融产品方案，进行企业营销调研，识别企业金融业务的需求	8	课程目标2、3

四、教学方式与基本要求

实训以课堂讲授、研讨为主要方式，要求学生实训前认真准备，了解每一个实训的基本操作过程，积极思考，认真撰写相关报告。

五、考核与评价

考核依据	建议分值	考核/评价细则	对应课程目标
能够掌握商业银行经营管理基础知识的具体应用	30	基础知识扎实，指标设计合理	课程目标1
能够熟悉实训业务的操作过程	30	实训环节业务熟练	课程目标2
实训报告条理清晰、内容充实	40	调查报告能与实训过程紧密结合，体现实训报告的经济意义	课程目标3

六、教材及主要参考资料

［1］宋坤. 商业银行经营模拟实训［M］. 北京：中国人民大学出版社，2012.

［2］陈娜. 商业银行业务实训教程［M］. 北京：清华大学出版社，2017.

第四节　金融投资实训

金融投资分析是一门综合性学科，其理论和方法来源于实践，又对实践活动起着巨大的指导作用。金融投资分析主要内容包括金融投资工具、金融市场、资产定价理论、宏观经济分析、产业分析、公司分析、K线理论、切线理论、投资者心理、投资者行为、投资策略等内容。学习该课程可使学生对金融投资的运行规程有清晰的认识，初步掌握并运用金融投资的基本理论、基本知识与基本技能。对此，我们设置了15个实训项目，涉及8个金融产品：股票、债券、外汇、银行理财产品、保险产品、股指期货、国债期货、权证。

实训1　股票K线分析（一）

一、实训名称和性质

所属课程	金融投资分析
实训名称	股票K线分析（一）
实训学时	2
实训性质	□验证 √综合 □设计
必做/选做	√必做 □选做

二、实训目的

本实训的目的是使学生通过上机操作对证券投资实务有一个直观的认识，利用软件验证理论知识，初步具备实战分析和操作的能力。

三、实训的软硬件环境要求

1.硬件环境要求：学生使用教室电脑，并需要联网。

2.使用的软件名称、版本号及模块：国泰安软件、同花顺软件。

四、知识准备

1.前期要求掌握的知识

（1）选定某只股票，了解该公司的基本信息。

（2）针对该股分时图分析内盘与外盘、量比、委差与委比。

（3）对该股进行K线分析：单根K线、两根K线。

（4）对该股进行切线分析：支撑线、压力线、趋势线、交叉线、轨道线、黄金分割线、甘氏线。

2.实训相关理论或原理

（1）利用软件搜索相关的宏观、微观信息，并进行比较分析，得出合理的结论。

（2）利用软件进行技术分析，对各种证券价格的走势图进行分析、判断。

（3）综合运用基本分析和技术分析的各种方法和技巧完成模拟交易的操作。

五、实训材料和原始数据

实训数据为上市公司历年财务报表数据。

六、实训要求和注意事项

充分利用证券市场上市公司的公开数据，注意理论与实践相结合。

七、实训步骤和内容

（一）实训步骤

1.熟悉K线模型。

2.熟悉股票走势及对行情作出判断。

（二）案例内容

选定股票：同仁堂（600085）

公司背景：北京同仁堂在全国中药行业中是著名的老字号，创建于1669年（清康熙八年），在300多年的风雨历程中，历代同仁堂人始终恪守"炮制虽繁必不敢省人工，品味虽贵必不敢减物力"的古训，树立"修合无人见，存心有天知"的自律意识，造就了制药过程中兢兢小心、精益求精的严细精神，其产品以"配方独特、选料上乘、工艺精湛、疗效显著"而享誉海内外，产品行销40多个国家和地区。

1.熟悉K线模型。K线分析的本质，就是分析市场中多空双方力量的对比，按照惯性原理从原来的趋势推断其未来的市场走势，从而决定买与卖。

2.熟悉股票走势，并对行情作出判断。

北京同仁堂K线如图2-1所示，分析时应注意：K线组合中的阴线、阳线的数量；K线实体的长短；影线的长短。

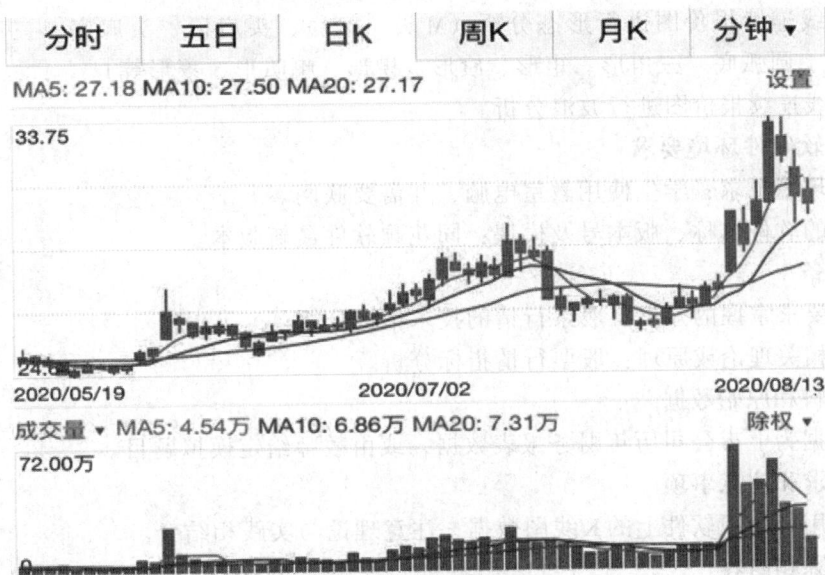

图2-1　北京同仁堂K线

八、实训结果和总结

实训结果：根据对图2-1的分析，同仁堂的股票在一段时间内如果没有重大利好消息，下跌的可能性非常大，短线投资者应该在最近选择适当时机卖出，中线投资者应该卖出或者持观望态度，密切关注该股票最近的走势变化，防止大跌。

九、实训成绩评价标准

完成实训报告，并根据报告中的具体情况，如对模型的选择应用、具体计算过程等，进行成绩评定。

实训2　股票K线分析（二）

一、实训名称和性质

所属课程	金融投资分析
实训名称	股票K线分析（二）
学时	2
实训性质	□验证 √综合 □设计
必做/选做	√必做 □选做

二、实训目的

1.学会使用同花顺等证券投资专用软件。

2.对用软件传输的在线即时价格、成交量等数据进行单根K线和K线组合分析。

3.对股票行情进行趋势线、轨道线、交叉线、黄金分割线、百分比线、扇形线、甘氏线等分析。

4.对 K 线连续报价图进行形态分析（M 头、W 底、头肩顶、头肩底、三重顶、三重底、圆弧顶、圆弧底、三角形、矩形、旗形、楔形、喇叭形、菱形等）。

5.对 K 线连续报价图进行波浪分析。

三、实训的软硬件环境要求

1.硬件环境要求：学生使用教室电脑，并需要联网。

2.使用的软件名称、版本号及模块：同花顺软件最新版本。

四、知识准备

1.前期要求掌握的知识：股票行情的技术指标分析。

2.实训相关理论或原理：股票行情指标分析。

五、实训材料和原始数据

实训数据为上市公司历年财务报表数据，或由教师给定模拟题目。

六、实训要求和注意事项

充分利用同花顺软件上的 K 线图数据，注意理论与实践相结合。

七、实训步骤和内容

选定股票：北大荒（600598）

公司背景：1998 年 11 月 27 日，黑龙江垦区审时度势、果断决策，对优势资源进行战略性重组，组建了黑龙江北大荒农业股份有限公司（以下简称公司）。公司经国家经济贸易委员会批准，由具有 60 年发展历史的中国 500 强企业——北大荒农垦集团总公司（以下简称集团公司）作为独家发起人，注册资本为 163 429.2 万元。2006 年 5 月 16 日，中国证券报 2005 年度上市公司百强评选结果揭晓，"北大荒"列"2005 年百强主榜单"第 90 名。2006 年 5 月 29 日，"北大荒"入选中证 100 指数样本股，北大荒在资本市场的形象进一步提升，并获得"2008 年中国蓝筹种植企业十强"荣誉称号。2009 年，公司在沪深两市 1 573 家上市公司中脱颖而出，荣获"2009 中国上市公司最佳董事会"第 21 名的殊荣。

1.从 K 线角度分析，该股票遭遇"三黑乌鸦"，但是成交量较少，就 2010 年 12 月 28 日的 K 线来看，买卖双方实力相等，现在已经很接近历史的最低价位，所以有反弹的趋势（如图 2-2 所示）。①双针探底：行情要上升；②出现吊颈（上影线长）：行情下降；③在高位出现 T 形：行情反转。

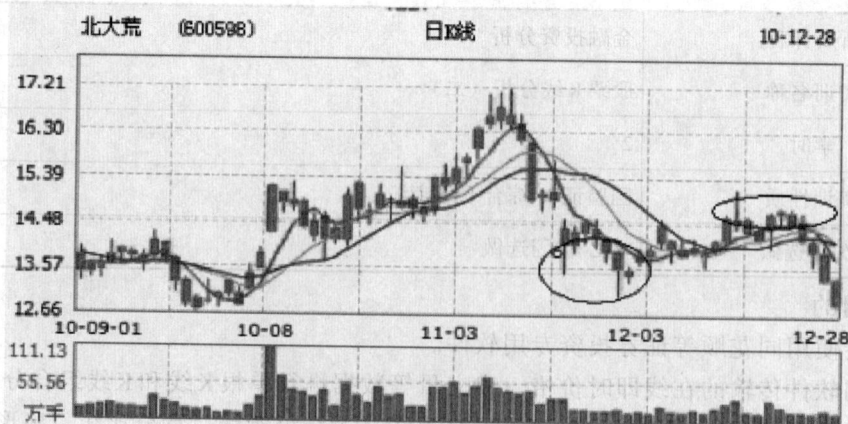

图 2-2　反弹趋势

2.股票走势很可能出现 V 形，行情判断极为不易，无法从先前的指数走势来预推发生的可能性。反转发生后，低点爆大量时才是指数比较容易出现的止跌点，但并不表示后续走势会反转（如图2-3所示）。

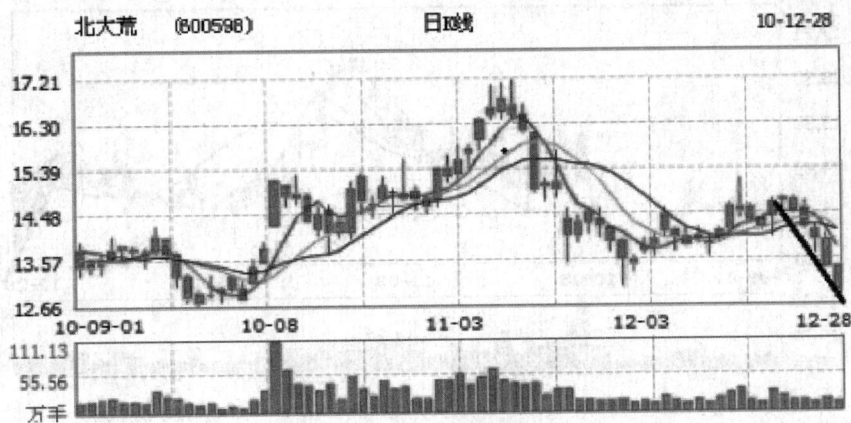

图2-3 可能出现 V 形

3.股票走势下降双轨线（如图2-4所示）。

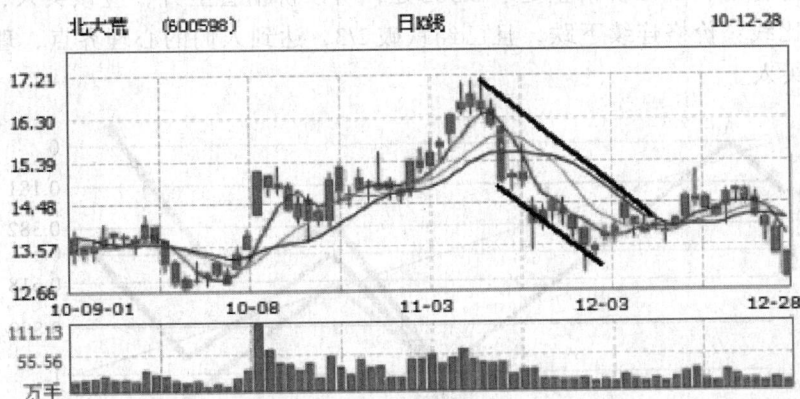

图2-4 下降双轨线

4.圆弧底：行情上升（如图2-5所示）。

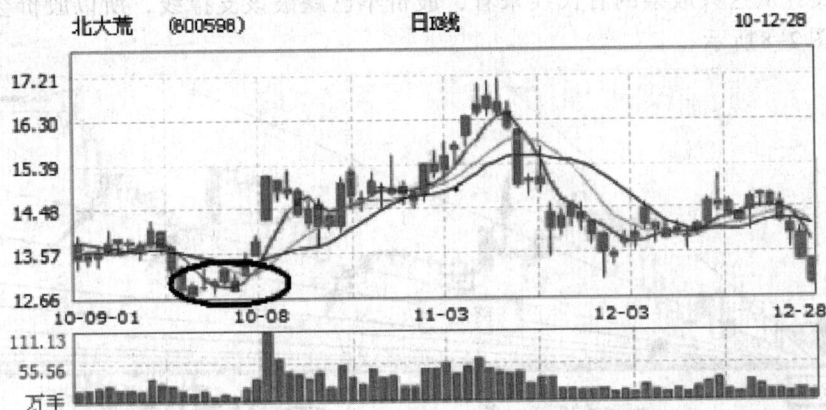

图2-5 圆弧底

5.下降三角形：①向下跌破3%后确认为空头行情；②最小跌幅为第一个向上反弹的高点与底线的垂直距离（如图2-6所示）。

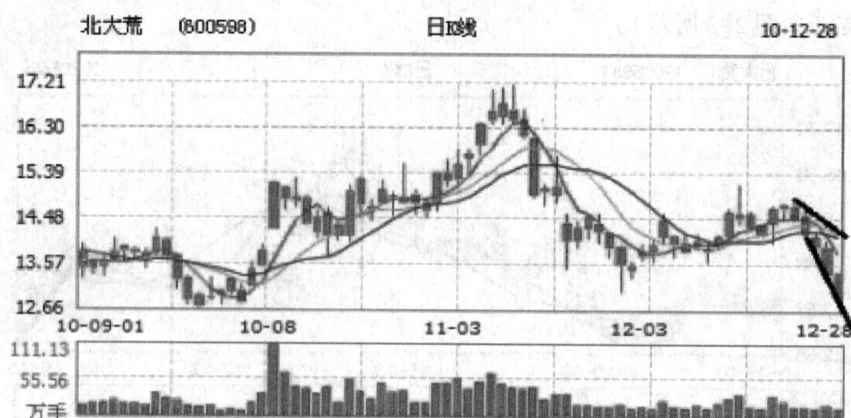

图2-6 下降三角形

6.黄金分割线和百分比线：①黄金分割线：根据历史数据分析，当价格跌到0.382时候会出现上升行情，现在价格正处于0.382处，所以价格会上升，应该买入，如图2-7所示。②百分比线：价格连续下跌，且已经跌破2/3，达到人们的心理界点，理论上会遇到支撑，应该买入。

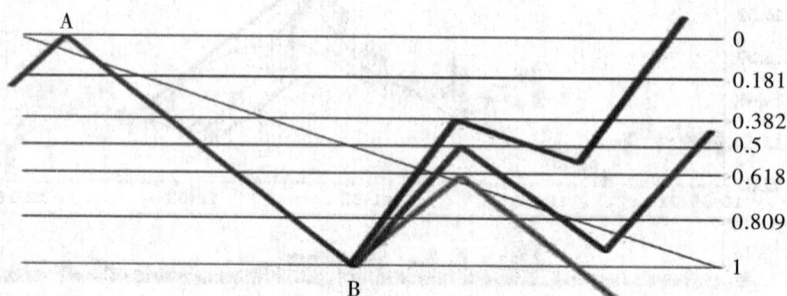

图2-7 黄金分割线

7.甘氏线：从这只股票的甘氏线来看，股价早已跌破该支撑线，所以股价会拉升，应该买入，如图2-8所示。

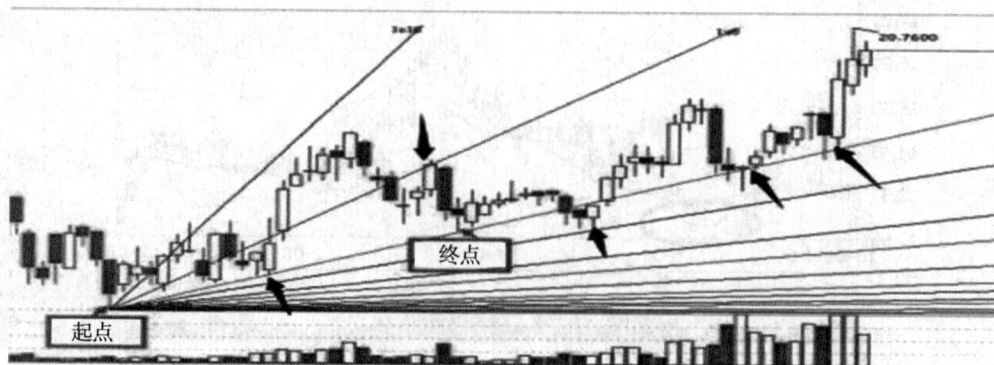

图2-8 甘氏线

8.下降五浪：按照五波三浪原则，现在已经出现三浪，第三浪还是呈下降状态，所以当第四浪出现时，将会呈上升状态，如图2-9所示。

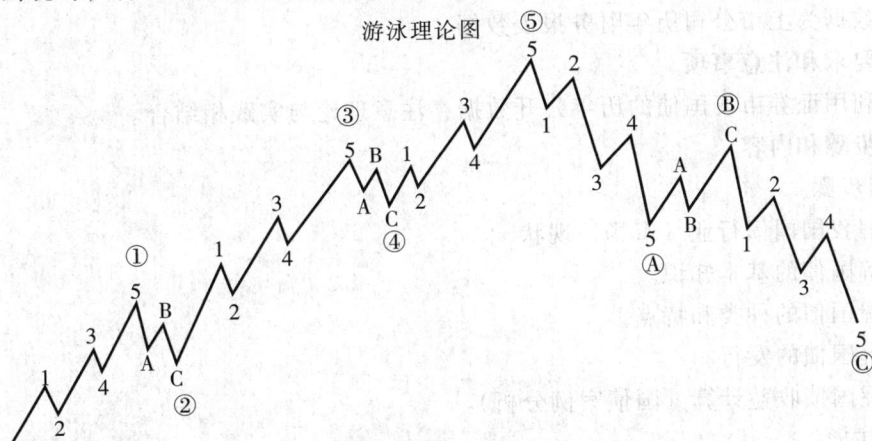

注：①、③、⑤为上升推动浪，②、④为修正浪。
Ⓐ、Ⓒ为下跌推动浪，Ⓑ浪是Ⓐ浪的修正浪。

图2-9 下降五浪

八、实训结果和总结

首先，通过上述分析对与股票相关的一些技术指标有一定的了解，明白其形态和用途；其次，通过操作同花顺软件，了解买卖股票的操作流程；最后，深刻理解股票分析的结果是因人而异的，因为在相同技术指标的指导下，选择的基点不一样，得到的结果也会不一样。

实训3 国债投资分析

所属课程	金融投资分析
实训名称	国债投资分析
实训学时	2
实训性质	□验证 √综合 □设计
必做/选做	√必做 □选做

二、实训目的

1.了解国债基本概念和分类。

2.了解国债投资的目的。

3.计算国债投资的收益。

三、实训的软硬件环境要求

1.硬件环境要求：学生使用教室电脑，并需要联网。

2.使用的软件名称、版本号及模块：使用EXCEL表格。

四、知识准备

1.前期要求掌握的知识：国债的基本知识。

2.实训相关理论或原理：国债收益计算公式。

五、实训材料和原始数据

实训数据为上市公司历年财务报表数据。

六、实训要求和注意事项

充分利用证券市场国债的历年公开数据，注意理论与实践相结合。

七、实训步骤和内容

（一）实训步骤

1.了解我国国债行业（市场）现状。

2.了解国债的基本知识。

3.掌握国债的种类和特点。

4.了解国债的发行。

5.掌握国债收益计算（国债案例分析）。

（二）案例内容

现有2年期国债，面值1 000元，票面利率9%，市场利率8%，到期一次还本。

请计算：（1）若债券为每年支付利息，其发行价格为多少？

（2）若债券为每半年支付利息，其发行价格为多少？

（3）若债券为每季度支付利息，其发行价格为多少？

根据互联网资料查找公司债券的发行情况，并根据已知条件判断，最终给出结果。

解：（1）若债券每年支付一次利息，发行价格为：1 000×9%÷8%=1 125（元）。

（2）若债券每半年支付一次利息，实际利率为（1+9%÷2)^2-1=9.2%，所以发行价格为：1 000×9.2%÷8%=1 150（元）。

（3）若债券每季度支付一次利息，实际利率为（1+9%÷4)^4-1=9.31%，所以发行价格为：1 000×9.31%÷8%=1 163.75（元）。

八、实训结果和要求

实训结果：根据国债的特点和收益的计算方法进行收益的计算和风险的规避。

要求：方法恰当、步骤清晰、结论准确。

九、实训成绩评价标准

完成实训报告，并根据报告中的具体情况，如对模型的选择应用、具体计算过程等，进行成绩评定。

实训4　公司债券投资分析

一、实训名称和性质

所属课程	金融投资分析
实训名称	公司债券投资分析
实训学时	2
实训性质	□验证 √综合 □设计
必做/选做	√必做 □选做

二、实训目的

1.了解公司债券的基本知识。

2.了解公司债券的特点和分类。

3.学会计算债券的收益。

三、实训的软硬件环境要求

1.硬件环境要求：学生使用教室电脑，并需要联网。

2.使用的软件名称、版本号及模块：使用EXCEL表格。

四、知识准备

1.前期要求掌握的知识：公司债券的概念、分类及方式。

2.实训相关理论或原理：公司债券的投资收益计算。

五、实训材料和原始数据

实训数据为上市公司历年财务报表数据，或由教师给定模拟题目。

六、实训要求和注意事项

充分利用上市公司公开数据，注意理论与实践相结合。

七、实训步骤和内容

（一）实训步骤

1.了解我国公司债券投资的市场现状。

2.了解公司债券的基本概念。

3.掌握公司债券的种类和特点。

4.了解公司债券的发行。

5.掌握公司债券的收益计算（案例分析）。

（二）案例内容

某人于2020年1月1日以102元购买一张2016年发行的5年期债券，该债券面值为100元，利率为10%，每年1月1日支付一次利息，2021年1月1日到期，请计算债券持有者收益率和债券出售者收益率（单利）。

解：债券购买者的收益率 = （110 - 102）÷（102×1）×100%=7.8%

债券出售者的收益率 = （102 - 100 + 40）÷（100×4）×100%=10.5%

八、实训结果和总结

实训结果：计算公司债券的收益，决定投保策略。

要求：方法恰当、步骤清晰、结论准确。

九、实训成绩评价标准

完成实训报告，并根据报告情况评定成绩。

实训5　远期外汇业务的进出口套期保值

一、实训名称和性质

所属课程	金融投资分析
实训名称	远期外汇业务的进出口套期保值
实训学时	2
实训性质	□验证 √综合 □设计
必做/选做	√必做 □选做

二、实训目的

1.了解远期交易的含义、特点。

2.理解远期外汇交易的计算。

3.掌握远期与即期的区别。

三、实训的软硬件环境要求

1.硬件环境要求：学生使用教室电脑，并需要联网。

2.使用的软件名称、版本号及模块：使用EXCEL表格。

四、知识准备

1.前期要求掌握的知识：远期外汇交易的含义。

2.实训相关理论或原理：套期保值、风险规避。

五、实训材料和原始数据

实训数据来自外汇汇率查询网。

六、实训要求和注意事项

充分利用外汇汇率查询网的公开数据，注意理论与实践相结合。

七、实训步骤和内容

（一）实训步骤

1.熟悉远期外汇概念。

2.熟悉外汇汇率计算与换算。

3.掌握外汇套期保值。

（二）案例内容

1.某年5月12日，某日本公司从美国进口价值100万美元的仪器，合同约定3个月后支付美元，日本公司担心3个月后美元升值会增加其进口成本，于是在签订合同时与银行做了一笔远期外汇交易。假设当天外汇市场即期汇率为USD/JPY=111.10/20，3个月远期差价为30/40，如果预测准确，3个月后即期汇率为USD/JPY=111.80/90。请问：

（1）日本公司若不采取保值措施，3个月后需支付的日元是多少？

（2）日本公司若利用远期外汇交易进行保值，避免的损失是多少？

2.某美国出口商向英国出口价值200万英镑的商品，预计3个月后才能收汇，假设3

个月后英镑对美元的汇率下跌到 GBP/USD=1.5115/45。当天外汇市场的即期汇率为 GBP/USD=1.5520/30，3 个月远期差价为 20/10。请问：

（1）若美国出口商不进行保值，会产生多大损失？

（2）若美国出口商采取套期保值，应如何操作？

根据互联网资料查找外汇汇率，并根据已知条件采用模型进行构建，最终给出结果。

解：

1.（1）若不进行套期保值，3 个月后按照即期汇率买入美元需要支付的日元为：100×111.90=1.119（亿日元）。

（2）若进行套期保值，3 个月远期汇率为 USD/JPY=111.40/60（因为即期 USD/JPY=111.10/20，3 个月远期差价为 30/40，所以，3 个月远期汇率为（111.10+0.30）/（111.20+0.40）=111.40/111.60，按照与银行签订的远期协议，约定买入 3 个月远期美元 100 万，从而锁定日元支付的进口成本：100×111.60=1.116（亿日元）。

避免损失：1.119−1.116=0.003（亿日元）=30（万日元）。

2.（1）若不进行保值，按照 3 个月后的即期汇率收汇，折合美元为：200×1.5115=302.3（万美元）。而按照签约时的即期汇率计算，折合美元为：200×1.5520=310.4（万美元）。

损失为：310.4−302.3=8.1（万美元）。

（2）若进行套期保值，因为英镑兑美元的汇率将下跌，所以在外汇市场上卖出 3 个月远期英镑，汇率为 GBP/USD=1.5500，3 个月后收汇折合美元为：200×1.5500=310（万美元）。

八、实训结果和总结

实训结果：将根据公式计算出的数值与原有的数据进行对比，进而确保外币资产或外币负债的价值不受或少受汇率变动的影响。

要求：方法恰当、步骤清晰、结论准确。

九、实训成绩评价标准

完成实训报告，并根据报告的具体情况，如对模型的选择应用、具体计算过程等，进行成绩评定。

实训 6 外汇期权交易模拟

一、实训名称和性质

所属课程	金融投资分析
实训名称	外汇期权交易模拟
实训学时	2
实训性质	□验证 √综合 □设计
必做/选做	√必做 □选做

二、实训目的

1.了解远期期权的含义。

2.理解汇率的互换的计算。

三、实训的软硬件环境要求

1.硬件环境要求：学生使用教室电脑，并需要联网。

2.使用的软件名称、版本号及模块：使用EXCEL表格。

四、知识准备

1.前期要求掌握的知识：外汇和期权的基本概念。

2.实训相关理论：外汇期权交易策略。

五、实训材料和原始数据

实训数据为某银行外汇汇率的数据，或由教师给定模拟题目。

六、实训要求和注意事项

充分利用商业银行的公开数据，注意理论与实践相结合。

七、实训步骤和内容

假设某银行提供欧元/美元的看涨/看跌期权，每份合约为100欧元，目前欧元价格为1.25美元。投资者看空欧元，看涨美元。即可买入欧元看跌期权合约：买入100个欧元看跌期权合约，执行价格为1.25，到期日为3个月，支付期权费为USD1.00×100=USD100.00。

可能一：3个月后到期汇率为EUR/USD=1.20。则投资者选择执行期权，即可在1.25的价格卖出100×100=10 000欧元，同时在市场上以现价1.20买入10 000欧元，可获得差价：（1.25-1.20）×10 000=500欧元=600美元。再减去已支付的期权费100美元，纯利润为500美元。3个月收益率为：500/100×100%=500%。

可能二：3个月后到期汇率为EUR/USD=1.30，则投资者可选择不执行该期权，损失为期权费100美元。

八、实训结果和总结

期权可以用非常低的成本控制大量的期权合同，达到四两拨千斤的效果。在支付一笔很少权利金后，便可享有买入或卖出相关期货的权利，当价格的发展不利于买方时，买方的亏损为有限的权利金，而当价格向对买方有利的方向发展时，则可以获得比较高的投资回报。

看涨/看跌期权适合在单边趋势中运用，价格波动越大，期权盈利的空间也越大。而在小区间震荡行情面，则不宜买入期权，因为波动性不足，投资者难以找到合适的执行期权的价位。这时，投资者可以选择作为期权的卖方卖出期权。

九、实训成绩评价标准

根据报告情况评定成绩。

实训 7　金融理财产品的创新设计

一、实训名称和性质

所属课程	金融投资分析
实训名称	金融理财产品的创新设计
实训学时	2
实训性质	□验证 √综合 □设计
必做/选做	√必做 □选做

二、实训目的

1.讨论影响银行理财产品设计及收益的主要因素，并指出目前我国银行在理财产品设计上的缺陷和制约。

2.理解理财产品模型的假设、原理。

3.掌握金融理财产品设计的基本方法，并将自己设计的金融理财产品介绍给同学。

三、实训的软硬件环境要求

1.硬件环境要求：学生使用教室电脑，并需要联网。

2.使用的软件名称、版本号及模块：使用 EXCEL 表格。

四、知识准备

前期要求掌握的知识：财务管理学、会计学、投资学、金融营销学知识。

五、实训材料和原始数据

实训数据为商业银行历年财务报表数据。

六、实训要求和注意事项

充分利用商业银行公开数据，注意理论与实践相结合。

七、实训步骤和内容

（一）实训步骤

1.了解金融理财产品的设计。

2.进行金融理财产品介绍。

（二）案例内容

平安保险公司推出一款分红型平安钟爱一生养老年金保险产品。假设有一名 30 岁男性投保该产品，交费 20 年，每年交保费 4 465 元，基本保险金额为 5 万元，从 60 岁的保单周年日开始按年领取保险金，只要被保险人生存，保险金可以一直领取到 100 周岁的保单周年日。假设其保险利益测算表如表 2-1 所示，分红为中等水平。请问：

（1）如果该男性在 40 岁时死亡，请问其家属获得多少收益？

（2）该男性至 62 岁时可领取多少收益？

表2-1　　　　　　平安钟爱一生养老年金保险（分红型）利益演示　　　　　　单位：元

保单年度末	养老保险金	身故金	现金价值	假定分红示例（高）			假定分红示例（中）			假定分红示例（低）		
				当年红利	累计红利	交清增额保险累计保额	当年红利	累计红利	交清增额保险累计保额	当年红利	累计红利	交清增额保险累计保额
1	0	54 465	1 480	66	66	57	41	41	35	15	15	13
⋮												
10	0	94 650	30 135	1 052	5 902	4 279	633	3 553	2 501	213	1 203	822
⋮												
20	0	139 300	78 625	2 428	27 986	16 970	1 460	16 830	9 550	491	5 675	3 019
⋮												
31	5 000	0	0	0	71 076	35 623	0	42 736	19 124	0	14 396	5 775
32	5 000	0	0	0	73 208	35 623	0	44 018	19 124	0	14 828	5 775

八、实训结果和总结

实训结果：根据股利贴现模型和市盈率模型的不同要求（如零增长、不变增长及两阶段增长等具体要求）对理财产品进行估计及定价。

要求：方法恰当、步骤清晰、结论准确。

九、实训成绩评价标准

完成实训报告，并根据报告的具体情况，如对理财产品的选择应用、具体计算过程等，进行成绩评定。

实训8　个人理财规划分析

一、实训名称和性质

所属课程	金融投资分析
实训名称	个人理财规划分析
实训学时	2
实训性质	□验证 √综合 □设计
必做/选做	√必做 □选做

二、实训目的

1.使学生进一步加深对于个人理财规划的含义、基本原理和基本评估方法的理解，并在此基础上掌握个人理财规划的基本技能。

2.使学生能运用所学知识和技能，选择适当的方法，初步进行个人理财规划。

三、实训的软硬件环境要求

1.硬件环境要求：学生使用教室电脑，并需联网。

2.使用的软件名称、版本号及模块：使用EXCEL表格。

四、知识准备

前期要求掌握的知识：财务管理学、会计学、投资学知识。

五、实训材料和原始数据

实训数据为商业银行历年财务报表数据，或由教师给定模拟题目。

六、实训要求和注意事项

充分利用商业银行的公开数据，注意理论与实践相结合。

七、实训步骤和内容

1.案例（一）

2009年，金融理财师小李在客户服务中心接待老客户王女士。3年前，王女士根据小李的推荐购买了4只股票基金、1只债券基金与1只货币市场基金。王女士非常满意这些股票和基金的业绩，体会到理财的重要性，但还有很多事情不明白，特地来咨询。王女士告诉小李，最近市场的巨幅波动让她感到很忧虑，希望未来的投资组合的波动性比较小。而且她随时都可能有买房的需要，资金要有充足的流动性。小李从电脑中查阅了王女士的投资资料，并连接基金评估网站，得到的数据见表2-2。

表2-2　　　　　　　　　　　　　　　　相关投资数据

	过去3年平均收益	过去3年收益率标准差	β
A 价值型股票基金	10.5	16.7	0.95
B 300ETF 基金	9.2	14.6	1
C LOF 基金	8.3	12.8	0.9
D 股票基金	8	11.3	0.75
E 债券基金	6	7.3	0.05
F 货币市场基金	3	0	0

请问：

（1）以上股票基金中，哪只基金采用的是消极投资策略？

（2）小李向王女士解释D股票基金：该基金是寻求价值被低估的股票，或者说是寻求投资α为正的股票。按照小李的解释，如果CAPM成立，根据过去的业绩表现，则基金是在证券市场线上方还是下方？

（3）在风险调整的情形下，根据夏普比率，以上4只股票基金中，哪只基金过去3年的表现最差？

（4）小李预计未来3~5年利率处于上升趋势，建议王女士放弃债券基金，股票基金也没必要持有太多种类。为满足流动性的要求，小李在投资组合中只保留货币市场基金与300ETF基金。如果限制整个组合的波动率（收益率的标准差）不能超过10%，那么组合预期的收益率最多是多少？

（5）如果D股票基金每份净值为1.00元，按照前端收费2.5%、管理费年率为1%、每日计提的收费方式，王女士的10万元资金大约可以购买多少份基金？

2.案例（二）

王女士发现市场上某家公司的财务数据如下（见表2-3）：净利润3 900万元，销售收入11 500万元，总资产43 200万元，净资产20 500万元。公司总股本是1亿股，目前股票价格是5.8元。公司分红比率为40%，2019年年底分红1 560万元。根据历史经验，预计到2020年年底，该股票的市盈率将达到20倍，此后将一直稳定在这个水平。该公司所在行业平均的β系数为1.2，市场预期收益率是12%，无风险利率是3%。

表2-3　　　　　　　　　　　　　某家公司的净利润数据　　　　　　　　　　　　单位：万元

	2019	2020（预期）	2021（预期）	2022（预期）
净利润	3 900	4 200	4 700	5 500

请问：

（1）根据以上信息，该公司的总资产周转率是多少？

（2）王女士认为该股票被低估，是这样吗？

（3）王女士以5.8元/股的价格购买了5 000股该股票，不考虑手续费，若干天后以7元/股的价格卖出，请计算其收益和应纳的税款。

（4）小李为王女士提供咨询，一次取得报酬3万元，小李应缴纳的个人所得税税额是多少？

（5）小李于2019年1月取得工资薪金收入6 800元、国家发行的金融债券利息1 200元、存款利息350元（为2018年9月1日以后存款孳生利息）、发表文章的稿酬收入3 800元，请计算小李当月应纳个人所得税税额。

八、实训结果和要求

实训结果：进一步加深对于个人理财规划的含义、基本原理和基本评估方法的理解，并在此基础上掌握个人理财规划的基本技能。

要求：方法恰当、预测合理、步骤清晰、结论准确。

九、实训成绩评价标准

完成实训报告，并根据报告情况评定成绩。

实训9　财产保险投资分析

一、实训名称和性质

所属课程	保险学
实训名称	财产保险投资分析
实训学时	2
实训性质	□验证 √综合 □设计
必做/选做	√必做 □选做

二、实训目的

1.了解企业财产保险投保及理赔的操作流程。

2.学会运用基本理论和原理分析和处理疑难案件。

3.学会计算财产保险，识别保险欺诈。

三、实训的软硬件环境要求

1.硬件环境要求：学生使用教室电脑，并需要联网。

2.使用的软件名称、版本号及模块：使用EXCEL表格。

四、知识准备

1.前期要求掌握的知识：财产保险计算公式。

2.实训相关理论或原理：财产保险投保和理赔。

五、实训材料和原始数据

实训数据为上市公司历年财务报表数据。

六、实训要求和注意事项

充分利用证券市场上市公司的公开数据，注意理论与实践相结合。

七、实训步骤和内容

（一）实训步骤

1.了解财产保险公司的工作流程和我国财产保险行业（市场）现状。

2.了解财产保险合同和基本原则。

3.掌握财产保险的种类和特点。

4.了解财产保险的核保和理赔。

5.进行业务处理培训（保险案例分析）。

（二）案例内容

某企业将其固定资产按照账面原值400万元向保险公司投保企业财产保险，在保险期内发生火灾事故。经查勘，受损财产按照市价计算为80万元，其中残值为5万元。另外，该企业为了减少损失而花费的施救费为1万元，在施救过程中还涉及价值100万元的代管财产。该项固定资产受损时的保险价值为500万元。问：保险公司应如何赔付？（列出计算公式）

解：

（1）对于总损失应赔付的额度：$80\times(400\div500)=64$（万元）

（2）扣除残值后的赔付：$64-5\times(400\div500)=60$（万元）

（3）对于施救费用的赔付：

用于保险财产的施救费用：$1\times[500\div(500+100)]=0.8333$（万元）

对于该施救费用的赔付：$0.8333\times(400\div500)=0.6666$（万元）

（4）总赔付：$60+0.6666=60.6666$（万元）

八、实训结果和要求

实训结果：根据财产保险的投保流程和计算方法对财产保险的赔付进行计算，决定投资策略。

要求：方法恰当、步骤清晰、结论准确。

九、实训成绩评价标准

完成实训报告，并根据报告的具体情况，如对模型的选择应用、具体计算过程等，进行成绩评定。

实训 10　商业养老保险投资分析

一、实训名称和性质

所属课程	保险学
实训名称	商业养老保险投资分析
实训学时	2
实训性质	□验证 √综合 □设计
必做/选做	√必做 □选做

二、实训目的

1.了解商业养老保险投保及理赔的操作流程。

2.学会运用基本理论和原理分析和处理疑难案例。

3.学会计算商业养老保险，识别保险欺诈。

三、实训的软硬件环境要求

1.硬件环境要求：学生使用教室电脑，并需要联网。

2.使用的软件名称、版本号及模块：使用 EXCEL 表格。

四、知识准备

1.前期要求掌握的知识：商业养老保险的概念、分类及方式。

2.实训相关理论或原理：商业养老保险的利率。

五、实训材料和原始数据

实训数据为上市公司历年财务报表数据，或由教师给定模拟题目。

六、实训要求和注意事项

充分利用上市公司的公开数据，注意理论与实践相结合。

七、实训步骤和内容

（一）实训步骤

1.了解商业养老保险公司的工作流程和我国市场现状。

2.了解商业养老保险合同和基本原则。

3.掌握商业养老保险的种类和特点。

4.了解商业养老保险的核保和理赔。

5.进行业务处理培训（保险案例分析）。

（二）案例内容

王先生，40 岁，已婚，某企业的高管，年收入约 15 万元，有基本的社保，名下有房、有车，且无负债。王先生希望在 60 岁退休后能拥有高质量的退休生活。假设目前高质量生活水平的每月开销为 5 000 元，即每年 60 000 元，通货膨胀率为每年 5%，20 年后的 159 197 元相当于现在的 60 000 元，王先生准备的退休金可以领到 80 岁，即 60 岁起每年领取 160 000 元，连续领取 20 年。根据王先生的情况，不适合冒太大风险来准备养老金，如果选择传统型或分红型产品来达到理想额度需要投入较多，因此采用万能保险比较合适。王先生可以考虑招商信诺的金生相伴养老计划（万能型），投保第三年即可按照基本保额的5%领取生存金，直到59岁，而从60岁开始，每年可按照基本保额的25%领取养老金，活到老领到老。除此之外，该保险还享有账户升值功能，××××年11月以来，实际年化结算利率高达4.8%，能够有效地抵御市场通货膨胀，提高人们退休后的生活质量。但需要注意的是，在选择带有理财性质的养老保险时，一定要理性。一般来说，收益与风险是成正比的，收益越高的保险产品，其风险也越大。大家在投保前，一定要了解清楚，再根据实际情况选择合适的养老保险。

八、实训结果和总结

实训结果：通过学习商业养老保险的分类和投保流程，以及计算方法，计算商业养老保险的收益，决定投保策略。

要求：方法恰当、步骤清晰、结论准确。

九、实训成绩评价标准

完成实训报告，并根据报告情况评定成绩。

实训11　股指期货套期保值交易

一、实训名称和性质

所属课程	金融投资分析
实训名称	股指期货套期保值交易
实训学时	2
实训性质	□验证 √综合 □设计
必做/选做	√必做 □选做

二、实训目的

1. 了解股票指数以及股指期货的含义。

2. 理解套期保值的具体含义。

3. 学会计算单个股票及股票组合的β系数。

4. 掌握如何确定最优套期保值比率。

三、实训的软硬件环境要求

1. 硬件环境要求：学生使用教室电脑，并需要联网。

2. 使用的软件名称、版本号以及模块：使用EXCEL表格。

四、知识准备

1. 前期要求掌握的知识：β系数的计算公式。

2. 实训相关理论或原理：套期保值。

五、实训材料和原始数据

实训数据为上市公司历年股指数据。

六、实训要求和注意事项

充分利用证券市场上市公司的公开数据，注意理论与实践相结合。

七、实训步骤和内容

（一）实训步骤

1. 熟悉套期保值的含义。

2. 熟悉β系数的计算公式。

3. 能够理解股指期货套期保值的实际价值。

（二）案例内容

3月10日，某机构计划分别投资100万元购买A、B、C三只股票，三只股票的价格分别为20元、25元、50元，但其300万元资金预计6月10日才会到账。目前行情看涨，该机构决定利用股指期货锁住成本。假设相应的6月到期的股指期货合约价格为1 500点，每点的乘数为300元，A、B、C三只股票的β系数分别为1.5、1.3、0.8。6月10日，该机构需要买入多少手6月到期的股指期货？

解：股票组合的贝塔系数=（1.5+1.3+0.8）÷3=1.2

买入期货合约的数量=现货总价值÷（期货指数点×每点的价值）×β系数

$$=3\ 000\ 000÷（1\ 500×300）×1.2=8（张）$$

八、实训结果和总结

实训结果：根据股票组合的β系数公式进行相应的计算，确定套期保值操作。

要求：方法恰当、步骤清晰、结论准确。

九、实训成绩评价标准

完成实训报告，并根据报告中的具体情况，如对模型的选择应用、具体计算过程等，进行成绩评定。

实训12 股指期货投机与套利交易

一、实训名称和性质

所属课程	金融投资分析
实训名称	股指期货投机与套利交易
实训学时	2
实训性质	□验证 √综合 □设计
必做/选做	√必做 □选做

二、实训目的

1. 了解股指期货投机的含义及分析股指期货价格走势的方法。

2. 熟悉期货的成交量、持仓量和价格的关系。

3. 学会计算股指期货合约的理论价格。

4. 掌握股指期货的套利操作。

三、实训的软硬件环境要求

1.硬件环境要求：学生使用教室电脑，并需要联网。

2.使用的软件名称、版本号及模块：使用 EXCEL 表格。

四、知识准备

1.前期要求掌握的知识：期货投机的含义、分析股指期货价格走势的方法、计算股指期货合约的理论价格的公式。

2.实训相关理论或原理：股指期货投机与套利。

五、实训材料和原始数据

实训数据为上市公司历年股指数据。

六、实训要求和注意事项

充分利用证券市场上市公司的公开数据，注意理论与实践相结合。

七、实训步骤和内容

（一）实训步骤

1.熟悉期货投机的含义。

2.熟悉分析股指期货价格走势的方法。

3.掌握股指期货合约的理论价格的计算方法。

（二）案例内容

假设 6 月 30 日为 6 月期货合约的交割日，年利率 r 为 5%，年指数股息率 d 为 1.5%。4月 1 日的现货指数为 1 400 点，借贷利率差为 0.5%，期货合约买卖双边手续费和市场冲击成本均为 0.2 个指数点，股票买卖的双边手续费和市场冲击成本均为成交金额的 0.6%。若采取单利计算法，4 月 1 日该期货合约无套利交易区间的上下幅宽为多少点？

解：期货合约理论价格=1 400×［1+（5%-1.5%）×（3÷12）］=1 412.25（点）

股票买卖双边手续费及市场冲击成本=1 400×1.2%=16.8（点）

期货合约买卖双边手续费及市场冲击成本=0.4 个指数点

借贷利率差成本=1 400×0.5%×（3÷12）=1.75（点）

交易总成本=16.8+0.4+1.75=18.95（点）

无套利区间为［1 412.25-18.95，1 412.25+18.95］，即［1393.3，1 431.2］。

八、实训结果和总结

实训结果：根据股指期货合约的理论价格计算公式得出无套利区间。

要求：方法恰当、步骤清晰、结论准确。

九、实训成绩评价标准

完成实训报告，并根据报告的具体情况，如对模型的选择应用、具体计算过程等，进行成绩评定。

实训13　国债期货投资

一、实训名称和性质

所属课程	金融投资分析
实训名称	国债期货投资
实训学时	2
实训性质	□验证√综合□设计
必做/选做	√必做□选做

二、实训目的

1.了解国债收益率曲线。

2.理解收益率曲线与国债期货之间的关系。

三、实训的软硬件环境要求

1.硬件环境要求：学生使用教室电脑，并需要联网。

2.使用的软件名称、版本号及模块：同花顺软件期货模块或文华财经期货软件最新版本。

四、知识准备

前期要求掌握的知识：国债期货的定价、国债收益率的计算公式。

五、实训材料和原始数据

国债期货市场的数据，或由教师给定模拟题目。

六、实训要求和注意事项

充分利用国债期货市场的数据，注意理论与实践相结合。

七、实训步骤和内容

（一）实训步骤

1.熟悉国债收益率曲线。

2.了解国债收益率与国债期货的关系。

3.掌握国债期货的定价原理。

（二）案例分析

假设现在是2019年7月30日，在2019年9月到期的国债期货合约所对应的最便宜的交割债券的票面利率是13%，预计交割时间是2019年9月30日。该债券于2月4日和8月4日支付利息，期限结构为水平，每半年复利一次的利率为每年12%。该债券的转换因子是1.5，当前报价是110美元。请计算这一期期货的合约报价。

解：债券的现金价格=110+（176÷181）×6.5=116.32

连续复利利率=（1+6%）^{2}=e$^{(r×T)}$

r=11.65%

5天后收到的6.5美元，按11.65%折现后为6.490美元，期货合约还有62天（0.01370

年）到期，以票面利率为13%的债券交割，现金期货价格为：

$$(116.32-6.490)\times e^{(0.01370\times11.65\%)}=112.03（美元）$$

八、实训结果和总结

实训结果：根据国债期货的相关数据，计算其收益率。

要求：方法恰当、步骤清晰、结论准确。

九、实训成绩评价标准

完成实训报告，并根据报告中的具体情况，如对模型的选择应用、具体计算过程等，进行成绩评定。

实训14 国债期货的套期保值

一、实训名称和性质

所属课程	金融投资分析
实训名称	国债期货的套期保值
实训学时	2
实训性质	□验证√综合□设计
必做/选做	√必做□选做

二、实训目的

1. 理解国债套期保值的概念。

2. 掌握如何进行套期保值操作，及其损益的计算方法。

3. 了解与基差交易相比，套期保值的损益曲线的特点。

三、实训的软硬件环境要求

1. 硬件环境要求：学生使用教室电脑，并需要联网。

2. 使用的软件名称、版本号及模块：使用EXCEL表格。

四、知识准备

前期要求掌握的知识：国债套期保值的相关知识。

五、实训材料和原始数据

实训数据为国债期货市场的数据，或由教师给定模拟题目。

六、实训要求和注意事项

充分利用国债期货市场的数据，注意理论与实践相结合。

七、实训步骤和内容

在2018年12月28日，国债080010的净价是106.0436元，到期收益率是3.2%。期货的净价是98.331元，现货对期货的转换因子是1.0685。计算得出的套期保值比例为0.8345。

情况1：到了2019年3月8日，也就是期货的最后交易日，市场的收益率仍然维持在3.2%的水平，则国债080010的净价是105.8431元，期货净价为98.686元。根据套期保值的损益公式：

（b2-b1）-（F2-F1）×K+carry

套期保值的损益是：

（b2-b1）-（F2-F1）×K+carry

（b2-b1）-（F2-F1）×K=（105.8431-106.0436）-（98.686-98.331）×0.8345

=-0.4967（元）

假设资金成本是2%，则持有收益是：

70÷365×（4.41%-2%）×100=0.4622（元）

总损益是：-0.4967+0.4622=-0.0345（元）。

情况2：到了2019年3月8日，市场的收益率上涨至3.6%的水平，则国债080010的净价是103.8664元，期货净价是96.303元。

（b2-b1）-（F2-F1）×K=（103.8664-106.0436）-（96.303-98.331）×0.8345

=-0.4848（元）

持有收益是：0.4622元。

总损益是：-0.4848+0.4622=-0.0226（元）。

情况3：到了2019年3月8日，市场的收益率下跌至2.8%的水平，则国债080010的净价是107.8638元，期货净价是100.649元。

（b2-b1）-（F2-F1）×K=（107.8638-106.0436）-（100.649-98.331）×0.8345

=-0.1142（元）

持有收益是：0.4622元。

总损益是：-0.1142+0.4622=0.348（元）。

八、实训结果和总结

实训结果：利用国债期货数据和套期保值的相关理论进行损益估计。

要求：方法恰当、步骤清晰、结论准确。

九、实训成绩评价标准

根据报告中的具体情况，如对模型的选择应用、具体计算过程等，进行成绩评定。

实训15 认购权证投资

一、实训名称和性质

所属课程	金融投资分析
实训名称	认购权证投资
实训学时	2
实训性质	□验证 √综合 □设计
必做/选做	√必做 □选做

二、实训目的

1.讨论影响认购期权设计及收益的主要因素，并指出目前我国证券交易所在认购期权设计上的缺陷和制约。

2.使学生进一步加深对认购权证的含义、基本原理和基本估值方法的理解，并在此基础上掌握认购权证估值的基本方法。

3.使学生能运用所学知识和技能，选择适当的模型，初步估算认购权证的价值。

三、实训的软硬件环境要求

1.硬件环境要求：学生使用教室电脑，并需要联网。

2.使用的软件名称、版本号及模块：使用 EXCEL 表格。

四、知识准备

前期要求掌握的知识：证券投资学、金融学、投资学、计量经济学相关知识。

五、实训材料和原始数据

实训数据为沪深证券交易所历年财务报表数据。

六、实训要求和注意事项

充分利用沪深证券交易所公开数据，注意理论与实践相结合。

七、实训步骤和内容

（一）实训步骤

1.了解认购权证估值的模型设计。

2.掌握认购权证估值的模型操作。

（二）案例内容

某大豆进口商将在5月从美国进口大豆，为了防止价格上涨，2月10日该进口商在CBOT买入40手敲定价格为660美分/蒲式耳的5月大豆看涨期权，权利金为10美分。此时CBOT 5月大豆的期货价格为640美分。当期货价格涨到多少美分时，该进口商的期权能够达到损益平衡点？

解：该进口商的期权的损益平衡点为期权的执行价格与权利金之和，即：

660+10=670（美分/蒲式耳）

则当期货价格涨到670美分/蒲式耳时，该进口商的期权能够达到损益平衡点。

八、实训结果和总结

根据股利贴现模型和市盈率模型的不同要求（如零增长、不变增长及两阶段增长等具体要求）对股票期权进行估计和定价。

要求：方法恰当、步骤清晰、结论准确。

九、实训成绩评价标准

完成实训报告，并根据报告的具体情况，如方法选择、定价思路及计算结果等进行综合评定。

第五节 毕业实习

一、课程描述和目标

毕业实习是金融学专业的集中实践环节，是实现金融学专业应用型人才培养的重要途径。它是学生综合运用已掌握的金融学专业理论知识和操作技能，在学校教师和实习单位指导教师的具体指导下，独立进行金融会计核算、银行业务操作、金融投资等实习，以及专题调查和专业理论研究的实践活动。学生通过单位实习、专题调查、查阅资料、撰写实习报告和论文、论文答辩等一系列实习活动，进行专业理论研究和实际操作能力的训练，从而培养和提升应用专业理论知识分析和解决实际问题的能力。

本课程拟达到的课程目标：

课程目标1：培养学生在金融实践活动中灵活运用专业知识和现代经济学研究方法分析和解决实际问题的能力，使学生达到银行、证券、保险等行业的实际工作岗位的要求。

课程目标2：培养学生的学习能力、创新能力、组织协调能力、沟通能力，以及探索性思维。

课程目标3：培养学生的职业道德和素质。

二、课程目标对毕业要求的支撑

毕业要求指标点	课程目标	权重	目标达成形式
1.知识要求	课程目标1、2	H	校外实践、综合考评
2.素质要求	课程目标1、2、3	H	校外实践、综合考评
3.能力要求	课程目标1、2	H	校外实践、综合考评

三、教学内容提要

序号	教学内容	学时	对应课程目标
1	银行、证券、保险等实务工作	8周	课程目标1 课程目标2 课程目标3
2	调查并参与金融企业工作实践	8周	课程目标1 课程目标2 课程目标3
3	撰写毕业论文	6周	课程目标1 课程目标2 课程目标3
4	编写实习报告	2周	课程目标1 课程目标2 课程目标3

四、教学方式与基本要求

毕业实习课程作为一门实践课程，采取专业理论研究和专业实习、专题调查相结合的方式。根据金融学专业的主要专业课程的内容，结合金融企业会计核算、银行业务操作、金融投资等工作实际，指导学生进行毕业实习和毕业论文写作。实习学生必须在实习单位指导教师的直接指导下，独立完成实习报告和毕业论文。

1.对专业的要求：各专业根据教学计划安排好学生实习工作，开展一次实习动员和安全教育，让学生明确实习目的、实习要求及实习纪律，以及毕业论文（设计）工作安排与要求等。加强对分散实习学生的管理，使每个学生均能满足实习单位的教学要求。

2.对学生的要求：在实习第一周将填写好的《实习单位联系函》（有单位盖章）及《安全责任书》交给导师。如果不按时将上述表格交给导师，视同没有实习单位，则毕业实习成绩不合格，不能正常毕业。学生在规定的时间内必须在指定的实习点实习，实习期间遵守单位的规章制度，虚心学习，实习后写出实习报告，实习报告正文字数3 000字以上，内容主要包括实习单位介绍、实习过程、实习收获和体会等，并附实习日志。

3.对指导教师的要求：加强实习指导与实习检查工作，对实习学生的指导应做到：

（1）在校内实习的学生，要求指导教师每天指导；

（2）在嘉兴市区实习的学生，要求指导教师每周指导一次；

（3）在嘉兴市区以外实习的学生，要求指导教师每周以信函、电话、电子邮件等形式进行指导。

五、考核与评价

实习成绩由三部分组成，实习出勤情况（KAKA系统打卡、请假等情况）占30%，实习表现占30%，实习报告内容与质量占40%。

考研学生、国外双学位及交换生另需考虑专业调研报告的内容和质量情况。

在学院、系部检查中被通报的学生，每通报一次，实习成绩降一档。

实习成绩按优秀、良好、中等、及格、不及格五级计。

考核依据	建议分值	考核/评价细则	对应课程目标
嘉兴学院实习环节教学质量标准	优秀（A）	实习态度端正，组织纪律性强，无缺勤和违纪；工作积极主动、刻苦、勤奋，很好地完成了实习内容；实际操作能力强，较好地做到理论联系实际；实习报告全面、系统	课程目标1 课程目标2 课程目标3
嘉兴学院实习环节教学质量标准	良好（B）	实习态度端正，组织纪律性强，无违纪现象；工作积极主动，较好地完成了要求的实习内容；有一定实际操作能力，能理论联系实际；实习报告全面、系统	课程目标1 课程目标2 课程目标3
嘉兴学院实习环节教学质量标准	中等（C）	实习态度基本端正，无违纪现象；完成了要求的实习内容；有一定实际操作能力，能理论联系实际；实习报告全面	课程目标1 课程目标2 课程目标3
嘉兴学院实习环节教学质量标准	及格（D）	实习态度基本端正，无违纪现象；基本完成了要求的实习内容；完成了实习报告	课程目标1 课程目标2 课程目标3
嘉兴学院实习环节教学质量标准	不及格（E）	违纪或违法；无故缺勤累计超过总实习时间三分之一以上；因工作不负责任造成严重后果；不服从分配、不听从指挥；未完成实习报告或实习报告存在抄袭	课程目标1 课程目标2 课程目标3

六、教材及主要参考资料

1.2018版金融学人才培养方案。

2.金融学专业实习实训指导书。

3.金融学专业相关教材。

第六节　毕业论文

一、课程描述和目标

毕业论文（设计）是高等院校毕业生提交的一份有一定学术价值的论文，是大学生完成学业的标志性作业，是对学习成果的综合性总结和检阅，是大学生从事科学研究的初步尝试，是在导师指导下所取得的科研成果的文字记录，也是检验学生掌握知识的程度、分析问题和解决问题能力的一份综合答卷。金融学专业毕业论文（设计）是学生在充分查找文献和必要调研的基础上，应用大学四年所学金融学专业理论知识和多种现代经济学研究方法，最终形成的规范性学术论文。

本课程拟达到的课程目标：

课程目标1：培养学生的基本科研素质，使其能够运用所学金融学专业理论知识和现代经济学研究方法分析解决实际问题，并形成规范化的学术成果——论文。

课程目标2：培养学生的学习能力与创新能力，使其能够运用已学知识融会贯通，解决新问题、分析新现象，通过定量和定性分析进行归纳总结。

课程目标3：帮助学生树立正确的学术道德观念。

二、课程目标对毕业要求的支撑

毕业要求指标点	课程目标	权重	目标达成形式
1.知识要求	课程目标1、2	H	学术论文、综合考评
2.素质要求	课程目标1、2、3	H	学术论文、综合考评
3.能力要求	课程目标1、2	H	学术论文、综合考评

三、教学内容提要

序号	教学内容	学时	对应课程目标
1	论文选题	2周	课程目标1 课程目标2 课程目标3
2	任务书下达	1周	课程目标1 课程目标2 课程目标3
3	过程材料撰写	6周	课程目标1 课程目标2 课程目标3
4	正文撰写	8周	课程目标1 课程目标2 课程目标3
5	论文评阅、检测和答辩	3周	课程目标1 课程目标2 课程目标3

四、教学方式与基本要求

根据教学计划，毕业论文环节的教学时间安排在第七、八学期，与毕业实习环节同步进行。

1.对学生的要求：

（1）明确毕业论文教学的目的，在指导教师指定的地点进行毕业论文写作。有事请假，未经请假擅自离开或请假逾期者，作旷课处理。

（2）尊重指导教师，虚心接受指导教师的指导。在校外实习单位进行毕业论文的相关调研时，要尊重所在单位的安排，虚心向工程技术人员和工人师傅学习，同时严格遵守纪律，服从领导。

（3）有高度的责任感，秉持科学严谨、诚实守信的工作作风和认真刻苦的精神，在指导教师的指导下独立完成毕业论文任务。

（4）在实验室中，爱护各种仪器，注意节约，反对浪费。

2.对指导教师的要求：

（1）毕业论文的指导教师应由有具有讲师及以上职称或具有硕士以上学位的教师担任。在外单位进行毕业论文教学，可由各学院聘请该单位具有中级以上技术职称的人员担任兼职指导教师，但必须同时配备校内指导教师。

（2）为了确保指导到位和毕业论文的教学质量，每位指导教师指导的学生一般不得超过10人，初次进行毕业论文指导的教师指导的学生一般不得超过4人。

（3）制订指导毕业论文的工作计划，指导学生完成毕业论文开题报告、拟订进度计划，并定期进行检查。

（4）在指导毕业论文的过程中，除了必需的知识传授外，要特别重视对学生独立分析能力、解决实际问题能力，尤其是针对问题独立收集、整理文献资料能力的培养。

五、考核与评价

考核依据	建议分值	考核/评价细则	对应课程目标
嘉兴学院本科毕业论文（设计）教学质量标准	优秀（A）	1.能正确运用所学基本理论、基本知识、基本技能，很好地独立完成毕业论文课题所规定的各项任务。在整个毕业实践环节中工作认真负责，表现出较强的分析问题和解决问题的能力，且有独特见解 2.毕业论文论证严谨、内容正确、计算精确、条理清晰、语句通顺、写作规范 3.在接受答辩质询时，概念清楚，能正确、全面地回答有关问题	课程目标1 课程目标2 课程目标3
嘉兴学院本科毕业论文（设计）教学质量标准	良好（B）	1.能综合运用所学基本理论、基本知识、基本技能，较好地独立完成毕业论文课题所规定的各项任务。在整个毕业实践环节中工作比较认真，表现出较好的运用所学知识分析问题和解决问题的能力 2.毕业论文理论分析和计算正确，图文清晰、完整 3.在接受答辩质询时，概念清楚，基本上能正确回答有关问题	课程目标1 课程目标2 课程目标3

考核依据	建议分值	考核/评价细则	对应课程目标
嘉兴学院本科毕业论文（设计）教学质量标准	中等（C）	1.能运用所学基本理论、基本知识、基本技能，在教师指导下完成毕业论文课题中的实际问题 2.毕业论文理论分析和计算正确，图文清晰、完整 3.在接受答辩质询时，基本上能回答有关问题	课程目标1 课程目标2 课程目标3
嘉兴学院本科毕业论文（设计）教学质量标准	及格（D）	1.能运用所学基本理论、基本知识、基本技能，在教师指导下，基本完成毕业论文所规定的任务 2.毕业论文理论分析和计算基本正确，但在某些方面存在不足，图文表述质量一般 3.在接受答辩质询时，基本上能回答有关问题，但不够完整准确	课程目标1 课程目标2 课程目标3
嘉兴学院本科毕业论文（设计）教学质量标准	不及格（E）	1.没有掌握必要的基本理论和技术知识，未能达到毕业论文所规定的基本要求，分析和解决实际问题的能力弱 2.毕业论文有原则性错误，图文等不全或不符合要求 3.在接受答辩质询时概念不清，不能回答主要问题	课程目标1 课程目标2 课程目标3

第三章

专业核心课实验

第一节　国际金融学（英）实验

一、实验简介

国际金融学（英）是金融学和经济学专业的学科基础课，该课程要求学生掌握外汇、外汇市场和外汇交易工具、国际金融投资、汇率制度和外汇政策、国际借贷和金融危机，以及开放经济下的宏观经济政策等相关知识；使学生明确国际金融学科的研究对象，从国际金融学的基本理论和方法出发，分析国际金融活动中出现的实际问题。本课程设置了一个实验项目，项目名称为"政府政策与外汇市场"，实验项目的主要内容为分析全球汇率体系历史变迁，以及政府的汇率制度与外汇政策对外汇市场的影响。

二、先修课程

金融学、国际贸易学。

三、实验项目与课时分配

序号	实验项目	内容提要	实验要求	每组人数	项目学时	实验类型
1	政府政策与外汇市场	汇率体系历史变迁，政府政策对外汇市场的影响	必修	8~10	4	综合

四、考核方法及标准

实验结束后，上交小组报告和个人实验报告。考核根据小组完成的项目总报告、个人实验报告和课堂展示情况综合评定。

考核标准：

（1）小组项目报告成绩（50%）。各小组按要求完成实验项目规定的任务，上交项目报告，并由组长说明组内成员各自的贡献。

（2）个人实验报告成绩（30%）。每人上交一份实验报告，写明个人分工部分的实验内容、实验的收获和体会等。

（3）小组课堂展示成绩（20%）。每个小组选派代表对实验报告的主要内容做PPT展示，并接受教师和同学的提问，根据课堂展示的实际表现评定成绩。

实验报告及小组展示评分标准见表3-1。

表3-1　　　　　　　　　　　实验报告及小组展示评分标准

小组报告	小组展示			个人报告	总评
	PPT制作	陈述	回答问题		
1.结构完整、层次清晰、图表规范、表达顺畅 2.数据翔实、论证充分 3.小组分工明确、组织合理、工作效率高	简洁、明确、重点突出、画面格局良好	表述简洁、概念正确、逻辑清晰；衣着正式、表情自然、谈吐得体	回答问题简洁、准确；重要观点正确、完整	实验目的明确、内容表述全面、能熟练地运用所学理论知识分析实际问题、体会深刻、报告格式规范	优秀

续表

小组报告	小组展示			个人报告	总评
	PPT制作	陈述	回答问题		
1.结构完整、层次较清晰、图表较规范、表达较顺畅 2.数据较翔实、论证较充分 3.小组分工较明确、组织较合理、工作效率较高	重点较突出、画面格局良好	表述清晰、概念正确、逻辑清楚	回答问题清晰、重要观点正确，没有重大漏洞	实验目的明确、内容表述较全面、能较熟练地运用所学理论知识分析实际问题、有一定的体会和感受、报告格式规范	良好
1.结构较完整、层次较清晰、图表较规范 2.没有收集数据进行定量分析，仅有定性分析 3.小组分工较明确、组织较合理	一般	概念正确、表述较清晰、逻辑较清楚	回答问题比较清楚、重要观点正确	实验目的明确、内容表述较全面、能运用所学理论知识解决问题、有一定的体会、报告格式基本规范	中等
1.能简单描述，但论述不够充分 2.小组分工较明确、组织较合理	能够制作PPT	表述一般、逻辑一般、概念正确	回答问题一般	实验目的基本明确、内容表述比较全面、能基本掌握和运用所学理论知识、有一定的体会、报告格式基本规范	及格
1.缺少描述、文字表达差 2.小组有一定分工，但组织不合理	差	差	差	实验目的不明确、内容表述不全、没有体会、报告有抄袭现象、格式不规范	不及格

实验 1　政府政策与外汇市场

一、实验目的

1.把握全球汇率体系的变迁史，了解一国如何选择汇率制度。

2.了解固定汇率制和浮动汇率制的优缺点，以及一国政府的外汇政策选择对外汇市场的影响。

二、理论知识

1.前期要求掌握的知识：

（1）国际收支：国际收支的定义、国际收支表的构成。

（2）汇率及其分类：汇率的界定、汇率的基本分类（即期汇率、远期汇率）。

（3）外汇市场：外汇的界定、外汇的供给和需求分析。

（4）国际金融投资：抵补的国际金融投资、未抵补的国际金融投资。

2.本实验项目的知识点：

（1）汇率制度：浮动汇率制的界定、浮动汇率制的基本分类；固定汇率制的界定、固定汇率制的基本分类。

（2）外汇政策选择：官方干预的界定、官方干预的具体施行方法；外汇管制的界定、外汇管制的经济效应分析。

3.参考书目：

［1］普格尔. 国际金融［M］. 16版. 北京：中国人民大学出版社，2018.

［2］皮尔比姆. 国际金融.［M］. 北京：中国人民大学出版社，2007.

三、实验步骤和内容

小组合作，从汇率体系历史变迁、一国政府的外汇政策选择对外汇市场的影响等方面自行选择合适的角度进行分析，提交研究报告。

完成以下任务：

1.回顾汇率体系变迁史，分析不同外汇政策对外汇市场可能产生的影响。

2.对所持有的论点进行论证说明，包括数据分析和案例分析。

3.根据理论分析和案例分析结果得出最终结论。

要求论证清晰、逻辑严谨、数据分析准确、图表清晰、文字规范。

四、实验步骤

1.在课堂上集中讲解相关理论知识的重点和难点，布置本次实验任务。要求学生明确任务分工及小组成员的合作形式。

2.学生组建团队，8~10人为一个小组，自愿组合，明确成员之间的任务分工。

3.小组讨论并确定研究视角后，通过各种信息渠道收集相关资料，并对资料进行整理、分析。

4.完成研究报告。

5.各小组进行汇报展示与交流，教师点评与总结。

五、思考题

1.浮动汇率制是否优于固定汇率制？

2.外汇管制是不是次优选择？

第二节　金融风险管理实验

本课程介绍了商业银行、保险公司、证券公司、投资银行等主要金融机构的业务活动所面临的风险，要求学生通过学习掌握流动性风险、信用风险、操作风险和市场风险的计量和控制方法，熟悉主要金融机构的风险控制体系和主要金融监管制度安排。

根据教学目标及课时安排，本课程的实验教程紧扣金融风险管理的核心环节，设计了两个实验项目：一是基于历史模拟法计算VaR；二是基于计量经济学方法计算VaR。

实验1　基于历史模拟法计算 VaR

一、实验名称和性质

所属课程	金融风险管理
实验名称	基于历史模拟法计算 VaR
实验学时	2
实验性质	□验证√综合 □设计
必做/选做	√必做 □选做

二、实验目的和要求

　　风险计量是风险管理过程的核心环节和难点，VaR（Value at Risk）即风险价值，是目前金融风险计量的主要指标，应用广泛，含义明确，但是计算方法多样，有较大难度。本次实验的目的在于使学生通过最简单的计算方法了解 VaR 的计算原理和计算步骤，加深对 VaR 的理解。

三、知识准备

　　1.前期要求掌握的知识、相关理论：统计学、计量经济学、投资学相关知识。

　　2.主要参考书目：

　　[1] 陆静. 金融风险管理 [M]. 北京：中国人民大学出版社，2019.

　　[2] 朱淑珍. 金融风险管理 [M]. 北京：北京大学出版社，2017.

　　[3] 谢非，赵宸元. 金融风险管理实务案例 [M]. 北京：经济管理出版社，2019.

　　[4] 王顺. 金融风险管理 [M]. 北京：经济科学出版社，2014.

四、实验步骤和内容

　　1.任选一只股票，计算其最近500个交易日的每日收益率。

　　2.对所有的收益率从小到大进行排序。

　　3.分别计算置信度为95%和99%时该股票的 VaR。

　　4.假定该股票当前价值为100万元，计算该资产的日风险收益。

　　5.解释结果的含义。

五、实验组织和安排

　　以个人为单位，查找数据，独立完成。

六、实验结果提交方式

　　实验结果：回答问题。

　　要求：方法恰当、预测合理、步骤清晰、含义明确。

七、实验考核方式和标准

　　根据方法选择、解题思路及计算结果进行综合评定。

八、注意事项

　　各组选择的股票应该不同。

实验 2　基于计量经济学方法计算 VaR

一、实验名称和性质

所属课程	金融风险管理
实验名称	基于计量经济学方法计算 VaR
实验学时	2
实验性质	□验证 √综合 □设计
必做/选做	√必做 □选做

二、实验目的和要求

风险计量是风险管理过程的核心环节和难点，VaR 是目前金融风险计量的主要方法，应用广泛，含义明确，但是计算方法多样，有较大难度。本次实验通过应用计量经济学的相关知识，建立模型，从而使学生了解计算 VaR 更严谨和一般的方法，加深学生对风险计量相关知识的理解。

三、知识准备

1.前期要求掌握的知识、相关理论：统计学、计量经济学、投资学相关知识。

2.主要参考书目：

［1］陆静. 金融风险管理［M］. 北京：中国人民大学出版社，2019.

［2］朱淑珍. 金融风险管理［M］. 北京：北京大学出版社，2017.

［3］谢非，赵宸元. 金融风险管理实务案例［M］. 北京：经济管理出版社，2019.

［4］王顺. 金融风险管理［M］. 北京：经济科学出版社，2014.

四、实验步骤和内容

1.任选一只股票，计算其最近 500 个交易日的每日收益率。

2.利用这些数据建立 GARCH 模型。

3.根据 GARCH 模型预测下一交易日该股票的收益和方差。

4.计算置信度为 95% 时该股票的绝对 VaR 和相对 VaR。

5.对结果进行解释。

五、实验组织和安排

以个人为单位，根据所给资料回答问题。

六、实验结果提交方式

实验结果：回答问题。

要求：方法恰当、预测合理、步骤清晰、含义明确。

七、实验考核方式和标准

根据方法选择、解题思路及计算结果进行综合评定。

八、注意事项

各组选择的股票应该不同。

第三节　金融市场学实验

金融市场学是一门实用性很强的学科，本课程是金融学专业的基础课程，通过学习本课程，学生应熟练地掌握金融市场学的基本理论、基本知识、基本方法，并能理论联系实际，运用所学知识去分析解决金融市场中的实际问题。本课程培养学生的现代金融意识，为学生迅速融入国内外金融市场，以及后续课程的学习打下扎实的基础。本课程要达到的主要目标是培养学生提出问题、分析问题和解决问题的能力。

实验1　利用股利贴现模型对上市公司股票定价

一、实验名称和性质

所属课程	金融市场学（英）
实验名称	利用股利贴现模型对上市公司股票定价
实验学时	4
实验性质	□验证 √综合 □设计
必做/选做	√必做 □选做

二、实验目的

1.了解股票估值与定价的相关参数：股息增长率、三个阶段的设定、固定不变股息增长率的常数值、期初每股股息、社会平均利息率等。

2.理解股利贴现模型的假设、原理和局限性。

3.掌握零增长模型、戈登模型、两阶段增长模型。

4.学会综合运用股利贴现模型对上市公司进行定价。

三、实验的软硬件环境要求

1.硬件环境要求：学生使用教室电脑，并需要联网。

2.使用的软件名称、版本号及模块：使用 EXCEL 表格。

四、知识准备

1.前期要求掌握的知识：估值中的贴现率计算，包括权益成本、加权平均资本成本（WACC）的计算。

2.实验相关理论或原理：收入资本化法。

五、实验材料和原始数据

实验数据为上市公司历年财务报表数据。

六、实验要求和注意事项

充分利用证券市场上市公司的公开数据，注意理论与实践相结合。

七、实验步骤和内容

（一）实验步骤

1.熟悉股利贴现模型。

2.熟悉股利贴现模型的应用条件及局限性。

3.掌握股票的估值模型并能够根据相关参数计算股票的内在价值和理论价格；

4.能够根据模型认识影响股票估值与定价的主要因素并树立理性的动态估值理念。

（二）案例内容

佛山照明自1993年上市以来一直注重对投资者的回报，公司累计分红11次。2018年，公司向A、B股全体股东每10股派发现金红利4.60元（含税），按照总股本3.58亿股计算，实发红利总金额为1.64亿元。据统计，加上此前总共派发的11.37亿元现金红利，公司累计分红高达13.01亿元，比总的募集资金12.86亿元还要多出1 500万元左右。该公司是目前沪、深两市中分红最多的公司。随着外资股东的进入、佛山照明产业园项目的建成投产，以及照明行业内的"洗牌"给优势企业带来的机会，公司有望在未来的几年内出现较快速度的发展。

根据互联网资料查找佛山照明年度经营业绩表（2018—2020年），并根据已知条件判断采用哪种股利体现模型，最终给出股票定价结果。

八、实验结果和总结

实验结果：根据股利贴现模型和市盈率模型的不同要求（如零增长、不变增长及两阶段增长等具体要求）对股票价格进行估计和定价。

要求：方法恰当、步骤清晰、结论准确。

九、实验成绩评价标准

完成实验报告，并根据报告的具体情况，如对模型的选择应用、具体计算过程等，进行成绩评定。

实验2 债券定价和久期

一、实验名称和性质

所属课程	金融市场学
实验名称	债券定价和久期
实验学时	2
实验性质	□验证 √综合 □设计
必做/选做	√必做 □选做

二、实验目的

1.了解股息贴现法在债券价值分析中的应用，掌握债券定价的五个基本原理。

2.理解股息贴现模型的假设、原理和局限性。

3.理解久期在利率风险管理中的应用。

三、实验的软硬件环境要求

1.硬件环境要求：学生使用实验室电脑，并需要联网。

2.使用的软件名称、版本号及模块：使用EXCEL表格。

四、知识准备

1.前期要求掌握的知识：股息贴现模型。

2.实验相关理论或原理：股息贴现模型，债券价值分析理论，债券定价，久期理论。

五、实验材料和原始数据

实验数据为上市公司历年财务报表数据，或由教师给定模拟题目。

六、实验要求和注意事项

充分利用债券市场上市公司的公开数据，注意理论与实践相结合。

七、实验步骤和内容

1.计算息票率为5.0%（每年付息一次）、到期收益率为7.0%的20年债券（面值100元）的价格和久期。利用Excel表格，创建两个单变量数据表，一个用于计算到期收益率从0.5%到11.0%（相隔0.5%）的对应价格，另一个计算到期收益率从0.5%到11.0%（相隔0.5%）的对应久期。创建两个双变量数据表，一个用于计算价格，另一个用于计算久期，到期收益率和息票率的变动范围为1.0%~12.0%，相隔1.0%。

2.计算息票率为5.5%（每年付息一次）、到期收益率为7.5%的30年债券（面值100元）的价格和久期。利用Excel表格，创建两个单变量数据表，一个用于计算到期收益率从0.5%到11.0%（相隔0.5%）的对应价格，另一个计算到期收益率从0.5%到11.0%（相隔0.5%）的对应久期。创建两个双变量数据表，一个用于计算价格，另一个用于计算久期，到期收益率和息票率的变动范围为1.0%~12.0%，相隔1.0%。

八、实验成绩评价标准

完成实验报告，并根据报告情况评定成绩。

第四节　公司金融实验

本课程较为系统地介绍了公司金融的基本理论，使学生从公司活动的角度了解企业资本结构、股利政策的一般内容，掌握公司筹资和股利政策操作的基本方法；帮助学生了解公司在特定背景下的筹资方式及股利的计算方法。根据教学目标及课时安排，本课程的实验教程紧扣资本结构和股利政策的核心环节，设计了两个实验项目：一是上市公司资本结构和筹资分析；二是上市公司股利政策。

实验 1 上市公司资本结构和筹资分析

一、实验名称和性质

所属课程	公司金融
实验名称	上市公司资本结构和筹资分析
实验学时	2
实验性质	□验证 √综合 □设计
必做/选做	√必做 □选做

二、实验目的和要求

通过案例分析，掌握上市公司资本结构和筹资的一些基础知识，并进一步巩固前期有关理论。

三、知识准备

1.前期要求掌握的知识、相关理论：财务管理学、会计学、投资学相关知识。

2.主要参考书目：

［1］朱叶. 公司金融［M］. 北京：北京大学出版社，2009.

［2］王满. 公司理财学［M］. 大连：东北财经大学出版社，2009.

［3］刘爱东. 公司理财［M］. 上海：复旦大学出版社，2006.

［4］陈雨露. 公司理财［M］. 北京：高等教育出版社，2009.

［5］罗斯S，等. 公司理财（原理与应用）［M］. 刘薇芳，等译. 北京：中国人民大学出版社，2009.

［6］郭丽虹，王安兴. 公司金融学［M］. 上海：上海财经大学出版社，2008.

四、实验步骤和内容

某公司自上市以来，连续三年保持收入年平均增长100%、净利润年平均增长50%左右的高增长业绩（见表3-2），在沪深千余家上市公司中表现突出，在1998及1999年度上市公司50强评选中，位列第3和第4位。

表3-2　　　　某上市公司上市以来经营业绩增长及股本扩张情况

指标名称	1997年	1998年	1999年	2000年
主营业务收入（万元）	38 516	8 0621	166 843	331 885
增值率（%）	—	109.3	106.9	98.9
净利润（万元）	6 943	10 476	16 084	23 598
增值率（%）	—	50.9	53.5	46.7
总资产（万元）	78 636	137 643	256 353	529 058
总股本（万股）	11 070	16 605	25 933	38 307
流通股本（万股）	4 200	6 300	10 362	16 507
每股收益（元/股）	0.627	0.631	0.62	0.616
每股净资产（元/股）	4.64	3.83	5.07	6.72

（一）资本结构状况

该上市公司的资本结构指标见表3-3。

表3-3　　　　　　　　　　　　　　　　资本结构指标

资本结构指标	2001年中期	2000年末期	2000年中期	1999年末期	1999年中期	1998年末期
资产负债比率（%）	33.71	34.19	40.41	38.54	50.86	51.80
股东权益比率（%）	48.58	48.65	40.72	51.31	41.21	45.72
固定资产比率（%）	19.03	14.60	17.45	21.20	23.10	19.55

注：由于表中指标是根据合并报表计算所得，股东权益不包括少数股东权益，所以股东权益比率与资产负债比率之和并不等于整数1。

1.负债情况

该上市公司的资产负债率自1998年末期以来呈现下降趋势，到2001年中期已经下降到33.71%，相对于上市公司平均约50%的资产负债率，显示了较强的资产安全性。股东权益（不含资本公积和盈余公积）比率一直保持在40%以上，在1999年末期更是达到了51.31%。

另外，在资产负债率较低的前提下，上市公司的长期负债在负债总额中占的比例也不大，基本上是流动负债，见表3-4。而且，在长期负债中，长期借款又几乎占了全部的份额，见表3-5。其中，2000年末期的负债合计含递延税款贷项180 883.57万元，2001年末期的负债合计含递延税款贷项238 122.74万元。

表3-4　　　　　　　　　　　　　　　　负债结构

指标名称	2001年末期	2000年末期	1999年末期
流动负债（万元）	214 153.52	154 255.29	80 423.69
长期负债（万元）	23 514.72	26 116.97	18 368.17
负债合计	238 122.74	180 883.57	98 791.86

表3-5　　　　　　　　　上市公司长期负债结构列表（2000年年报数据）

指标名称	金额（元）
长期借款	267 576 200.00
应付债券	0
长期应付款	8 616 456.21
住房周转金	-15 023 002.84
其他长期负债	0
长期负债合计	261 169 653.37

2.股权情况

该上市公司的股本呈高速扩张态势，随着配股、送股和资本金转增股本而不断增加，如图3-1所示，且流通股在总股本中所占的比重也呈现增长趋势——从1997年的37.94%增长到2000年的43.09%。由于该公司上市以来的业绩增长保持了较快速度，收益状况一直良好，每股收益指标一直较高，均在0.6元以上。

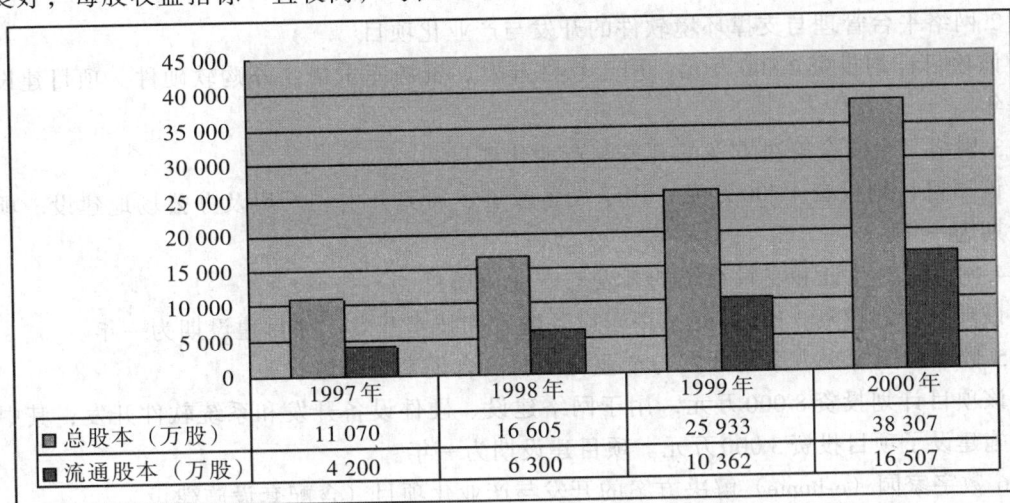

图3-1 上市公司1997—2000年股本变化情况

	1997年	1998年	1999年	2000年
总股本（万股）	11 070	16 605	25 933	38 307
流通股本（万股）	4 200	6 300	10 362	16 507

（二）增发新股

2000年12月，该上市公司公告增发2 000万A股，股票面值1.00元/股，发行对象是上市公司股权登记日收市后登记在册的社会公众投资者（老股东）和机构投资者（国家法律法规禁止者除外）。在这2 000万股中，通过网下竞价方式向机构投资者发行的股数不少于1 129万股。根据网下竞价结果确定的发行价格向老股东网上配售的股数将不超过871万股。网上配售认购不足部分向网下回拨。预计募集资金总额（含发行费用）为90 000万~100 000万元。

实际确定的发行价格是46元/股，共募集资金89 500万元。根据"上市公司股份有限公司增资发行招股意向书"，此次增发新股所募资金的使用计划为：

为了适应网络经济发展，增强公司在网络及其相关技术领域的核心竞争实力，促进自身信息产业升级，并带动其他相关应用业务的发展，公司拟利用本次增发新股所筹集的资金投资建设和实施包括网络平台在内的网络及其相关技术产业化项目。本次增发新股所募集的资金将用于以下项目，总投资合计107 442.26万元。

1.上市公司网络平台运营环境建设项目

本项目包括以下三个子项目，总投资为81 842.26万元。

（1）网络平台基础设施建设项目。该项目计划投资39 632.26万元，项目建设期为二年。项目建设期第一年计划投资26 884万元，完成核心网络中心、省会级网络中心、部分地区级网络中心和镜像站点，以及网络安全系统的建设。项目建设期第二年计划投资12 748.26万元，完成本项目的全部建设。

（2）网络平台卫星通信系统建设项目。该项目计划投资12 210万元，项目建设期为二年。项目建设期第一年计划投资8 210万元，完成主站、卫星中心和50%远端站的建设。项目建设期第二年计划投资4 000万元，完成本项目的全部建设。

（3）网络平台资源建设项目。该项目计划投资30 000万元，项目建设期为二年。项目建设期第一年计划投资21 000万元，完成数据中心技术规范、500门多媒体网络课程、教学素材库、科普及素质教育资源库的建设。项目建设期第二年计划投资9 000万元，完成本项目的全部建设。

2.网络平台管理与支撑环境软件的开发与产业化项目

该项目计划投资2 800万元，用于软件开发、资源库采集、外购软硬件。项目建设期为一年。

3.网络平台安全解决方案的开发与产业化项目

该项目计划投资4 700万元，用于设备投资、研究开发、厂房及办公场地建设。项目建设期为一年。

4.网络平台认证和支付系统的开发与产业化项目

该项目计划投资2 100万元，用于设备购置和技术开发。项目建设期为一年。

5.数字校园解决方案的开发与产业化项目（含配套设施建设）

该项目计划投资8 000万元，用于网络建设、硬件设备开发和系统软件开发，其中配套设施建设子项目投资3 000万元。项目建设期为一年。

6.数字家园（e-home）解决方案的开发与产业化项目（含配套设施建设）

项目计划投资8 000万元，用于网络建设、硬件设备开发和系统软件开发，其中配套设施建设子项目投资3 000万元。项目建设期为一年。

7.本次增发新股实际募集资金如有超过前述投资项目计划投资总额的部分，将用于补充流动资金；如有不足，则由公司自筹资金解决。

截至2000年12月31日，上市公司的主要股东持股情况见表3-6。公司股东总数120 676户，持股383 074 634股。

表3-6　　　　上市公司2000年主要股东持股情况（前十名股东）

股东名称	持股数（股）	占总股本数（％）
北京某企业集团	193 083 275	50.40
某证券	4 591 026	1.20
基金1	4 317 102	1.13
江西某有限公司	3 985 506	1.04
基金2	3 338 665	0.87
基金3	2 891 348	0.75
基金4	2 384 237	0.62
基金5	2 126 062	0.56
基金6	1 694 400	0.44
某公司	1 543 895	0.40

（三）媒体评价

2000年12月5日，《中国证券报》刊登了《关于上市公司增发A股投资价值的分析》，文中谈到了该上市公司增发股票价格的合理性问题。对增发股票价格，文中提到了几种计算方式：

1.市盈率比较法估值

上市公司的市盈率属于中等水平，高于软件企业等传统IT企业，低于市场预期较高的综合类高科技投资企业，如清华紫光、中关村科技等。公司市盈率水平在保持业绩与股本同步扩张的前提下，已基本为市场认同。如果按市场化发行原则，按上述清华紫光等公司的简单平均市盈率115倍计算，价格应为70元以上。这说明该上市公司股票的市盈率与发行价格虽创市场新高，但有市场基础。

2.市净率回归预期法估值

每个企业由于其自身的表现，获得的市场认同度不同，投资者对其预期亦不同。该上市公司由于富有扩张力的经营架构与快速增长的业绩，一直被理性投资者与机构投资者看好（见表3-7），市净率维持在较高水平。由于市场相信经营者运用所募资金的能力，随着增募资金的到位，盈利能力即将形成，价格将又一次向市场认同的市净率水平回归。

表3-7 　　　　　　**该上市公司上市以来的市净率统计及增发后的中期预期**

募集资金时间	加权平均收盘价（元）	每股净资产（元）	市净率（倍）
配股前18周	53.56	4.24	12.2
配股后18周	49.33	3.43	14.3
增发前18周	49.33	4.08	12
增发后18周（预计）	77.64	6.47	12

通过上面的分析，可以得出结论：按照目前上市公司表现的高成长潜质，其理论价位应为70元。因此其本次增发的股票价格是比较合理的，具有中长期投资价值。

(四) 增发新股所募资金投资项目的进展情况

根据该上市公司2000年年度报告，增发新股募集资金的承诺项目共八项，计划投资107 442.26万元，实际募集资金89 500万元。资金不足部分由公司自筹资金解决。

为保证项目能够根据市场预期顺利实施，2000年公司先期通过银行借款和自有资金进行项目开发，募集资金到位后偿还借款。资金使用情况见表3-8。

表3-8 　　　　　　　**2000年该上市公司投资项目进展情况** 　　　　　　　单位：万元

项　　目	承诺总投资	2000年项目投资进度	尚余项目资金	预计收益	实际收益
1.网络平台基础设施建设项目	39 632.26	4 319	35 313.26	0	0
2.网络平台卫星通信系统建设项目	12 210	2 739	9 471	0	0
3.网络平台资源建设项目	30 000	4 748	25 252	0	0
4.网络平台管理与支撑环境软件的开发与产业化项目	2 800	500	2 300	0	0
5.网络平台安全解决方案的开发与产业化项目	4 700	733	3 967	0	0
6.网络平台认证与支付系统的开发与产业化项目	2 100	877	1 223	0	0
7.数字校园解决方案的开发与产业化项目	8 000	1 450	6 550	0	0
8.数字家园（e-home）解决方案的开发与产业化项目	8 000	1 710	6 290	0	0
合　计	107 442.26	17 076	90 366.26	0	0

（五）新股上市之后

此次增发股份于2000年12月27日（向一般法人投资者发行的可流通股份345万股于2001年3月27日）上市流通，上市之后很快就跌破了发行价，并且到2001年7月爆发的国有股减持危机之前，也没有涨回到发行价位。从2001年1月到6月，该公司股票一直处于下跌趋势中，7月以后随着股票市场走势整体转弱，该上市公司的股价何时能够达到分析预计中的77元也难以预料。

该上市公司的股票在2001年6月最后一个星期的收盘价的平均值为26.93元，中期报告中每股净资产为4.58元，均远低于上文中使用市净率定价时预计的数字，其实际市净率只有5.88倍。

（六）后续情况

根据该上市公司2001年年度报告，募股资金使用情况进展如下：

公司于2000年通过增资发行股票募集资金89 500万元，计划用于总投资为107 442.26万元的投资项目，本报告期内公司运用募股资金总投入43 189.3万元，截至本年度末累计使用60 265.3万元，尚余29 234.7万元，存入银行。具体使用情况见表3-9。

表3-9　　　　　2001年该上市公司投资项目进展情况　　　　　单位：万元

项　目	承诺总投资	2000年项目投资进度	2001年项目投资进度
1.网络平台基础设施建设项目	39 632.26	4 319	16 948.2
2.网络平台卫星通信系统建设项目	12210	2 739	4 602
3.网络平台资源建设项目	30 000	4 748	8 773.2
4.网络平台管理与支撑环境软件的开发与产业化项目	2 800	500	857.4
5.网络平台安全解决方案的开发与产业化项目	4 700	733	1 840.8
6.网络平台认证与支付系统的开发与产业化项目	2 100	877	1 205.7
7.数字校园解决方案的开发与产业化项目	8 000	1 450	5 138.2
8.数字家园（e-home）解决方案的开发与产业化项目	8 000	1 710	3 823.8
合　计	107 442.26	17 076	43 189.3

回答如下问题：

1.讨论各种筹资方式在理论上的优缺点。

2.按照资本结构理论，上市公司应该如何进行决策？

3.我国上市公司筹资一般选择何种方式？

4.选择几个典型企业，分析不同类型筹资方式的资本成本。

5.试分析上市公司选择增发筹资的必然性。

6.我国对于增发和配股的相关规定有哪些？

7.在选择筹资方式时企业应如何权衡长短期发展的需要？

8.本案例给了你什么启示？

五、实验组织和安排

以个人为单位，根据所给资料，回答问题。

六、实验结果提交方式

实验结果：估算企业的资本成本。

要求：方法恰当、预测合理、步骤清晰、结论准确。

七、实验考核方式和标准

根据方法选择、解题思路及计算结果进行综合评定。

八、注意事项

不同筹资方法的资本成本计算。

实验2　上市公司股利政策

一、实验名称和性质

所属课程	公司金融
实验名称	上市公司股利政策
实验学时	2
实验性质	□验证√综合 □设计
必做/选做	√必做 □选做

二、实验目的和要求

上市公司股利政策是公司金融的重要知识点。本实验旨在使学生掌握上市公司制定股利政策的方法，并进一步巩固财务和会计的有关理论。

三、知识准备

1.前期要求掌握的知识、相关理论：财务管理学、会计学、投资学相关知识。

2.主要参考书目：

[1] 朱叶. 公司金融 [M]. 北京：北京大学出版社，2009.

[2] 王满. 公司理财学 [M]. 大连：东北财经大学出版社，2009.

[3] 刘爱东. 公司理财 [M]. 上海：复旦大学出版社，2006.

[4] 陈雨露. 公司理财 [M]. 北京：高等教育出版社，2009.

[5] 罗斯S，等. 公司理财（原理与应用）[M]. 刘薇芳，等译. 北京：中国人民大学，2009.

[6] 郭丽虹，王安兴. 公司金融学 [M]. 上海：上海财经大学出版社，2008.

四、实验步骤和内容

资料1：佛山电器照明股份有限公司（简称佛山照明）是1958年成立的全民所有制国营企业，1992年10月改组为佛山市第一家股份制试点企业。1993年，佛山照明成为国家批准的广东第一批 A、B 股上市公司。公司主要生产和经营各种电光源产品及配套灯具。根据中国照明电器协会和轻工联合会提供的资料，佛山照明已成为全国电光源行业中生产规模最大、创汇最高、经济效益最好的外向型企业，各项指标均居全国同行业之首，也是行业中唯一能与国际著名三大照明公司产品竞争的民族企业，在国内外市场享有"中国灯王"的美誉。在证券市场上，佛山照明作为一家具有 A、B 股的上市公司，上市 15 年来，规范管理，稳健经营，诚信对待公司股东，坚持每年给广大投资者高额回报，深受证监部门和广大投资者的认可。佛山照明上市以来历年股利发放情况见表 3-10。

表 3-10　　　　　　　　　　　　佛山照明历年股利发放情况

时间	发放情况
2009-4-9	10 转增 4 股派 2.2 元（含税）
2008-4-21	10 转增 5 股派 5.85 元（含税）
2007-3-29	10 转增 3 股派 5 元（含税）
2006-3-23	10 派 4.9 元（含税）
2005-3-25	10 派 4.8 元（含税）
2004-3-29	10 派 4.6 元（含税）
2003-3-28	10 派 4.2 元（含税）
2002-3-27	10 派 4 元（含税）
2001-3-29	10 派 3.8 元（含税）
2000-4-3	10 转增 1 股派 3.5 元（含税）
1999-4-16	10 派 4.02 元（含税）
1998-4-11	10 派 4 元（含税）
1997-4-11	10 派 4.77 元（含税）
1996-8-6	10 转增 5 股
1996-4-18	10 派 6.80 元（含税）
1995-6-10	10 派 8.10 元（含税）
1994-3-26	10 送 4 转增 1 股派 3 元

资料 2：一般来说，A 股的上市公司能实施高分配的都"不差钱"。然而，刚刚公布 2008 年年报的维维股份（600300）却是个例外：虽然每股收益仅 7 分钱，董事会却提出了每 10 股派现 0.3 元再转增 12 股的利润分配预案，一举超越 3 月初提出每 10 股转增 12 股的西飞国际（000768），成为"史上最牛分配方案"的新主角。

虽然维维股份的年报刚公布不久，但其在二级市场上却早已风光无限，到昨天，该股已连拉 11 根阳线，在两周时间内股价涨了 54.5%。显然，一些先知先觉的资金已经提早布局。

许多投资者对这一奇怪现象提出了强烈质疑。在维维股份走出第 8 根阳线的时候，3

月 25 日下午 1 点多，就有人在一家财经网站的股吧里透露，该公司的年报为"10 送 11"，26 日下午收盘后又有人称"今日内部消息：10 送 12"。

"如果按维维股份的总股本和业绩来看，是绝对不会想到它会大比例送转股的，难怪这一周多来，维维的走势是独立行空的'天马'。我看这里面肯定有黑幕。"杭州股民张凯说。

"10 送 12 给了庄家出货的机会，散户又要'举杠铃'了。""我看这次预告大比例转增股本很可能是假象，目的是配合庄家在目前相对高位出货，最终套牢的是散户等跟风盘。"杭州老股民赵先生分析说。

查阅公司资料可以发现，在去年 5 月的定向增发中，东海证券曾以每股 6.99 元的价格认购了 1 000 万股维维股份，但去年三季报未进入前十大流通股东的东海证券，在年报中持有的无限售条件流通股股数却多达 2 481.42 万股，加上原有的 1 000 万股定向增发限售股，去年年底东海证券持股数达到 3 481.42 万股，占公司总股本的 4.58%。

有人算了一笔账，如果东海证券以维维股份去年四季度的加权均价 4.27 元买入并持有至今，其抄底的 2 400 多万股账面盈利已超过 1 亿元。

"实施转增后，公司的股本会变大，但对公司的经营并没有影响，而对股民来说也只是数字的变化，并不一定是业绩好的体现。高分配的股票投资回报率不一定高。"浙商证券分析师施震陨说。

回答如下问题：

1. 上市公司股利政策有哪些？

2. 我国对于上市公司股利发放的有关规定有哪些？

3. 影响股利政策的因素有哪些？

4. 如果 1994 年 3 月 25 日，佛山照明公司每股股价是 2 元，不考虑市场因素，仅从股利政策角度考虑佛山照明 2009 年 4 月 10 日的股价。

5. 佛山照明这样的股利分配方式有哪些正面和负面影响？

6. 维维股份的股利分配政策正常吗？为什么它这样分配股利？

7. 请分析我国和其他国家股利政策的区别。

8. 本案例给了你什么启示？

五、实验组织和安排

以个人为单位，根据所给资料，回答相关问题。

六、实验结果提交方式

实验结果：回答相关问题。

要求：方法恰当、预测合理、步骤清晰、结论准确。

七、实验考核方式和标准

根据方法选择、解题思路及计算结果进行综合评定。

八、注意事项

股利政策对股票价格的影响。

第五节 保险学实验

本课程是金融学专业学生的保险学实践训练。完成本实验能够使学生在学习各门保险学专业理论课的同时，了解保险公司业务管理工作的基本流程，以及客户服务业务的主要内容和基本流程，并熟练掌握保险承保单证及保险理赔单证的填制，解决承保和理赔中的具体实际问题。本实验教学环节以教师带领学生实地参观、讲解理论、帮助学生提交案例分析报告和上机操作等形式，将理论学习与保险公司业务实务有效结合，加强学生分析问题和解决问题的能力，以及实际动手能力和操作能力，增强其日后的就业竞争力。

实验1 保险公司业务流程

一、实验名称和性质

所属课程	保险学
实验名称	保险公司的业务流程
实验学时	2
实验性质	□验证√综合 □设计
必做/选做	√必做 □选做

二、实验目的和要求

该课程从保险实务的角度出发，组织学生实地参观保险公司，使学生了解和熟悉保险公司业务人员的工作环节和每一项业务的操作程序，结合案例分析、了解保险公司经营实务。

三、知识准备

1.前期要求掌握的知识：保险学相关知识。

2.实验相关理论或原理：保险公司各保险业务运行流程、《保险公司管理规定》。

3.主要参考书目：

［1］胡炳志，刘子操. 保险学［M］. 北京：中国金融出版社，2002.

［2］魏华林，林宝清. 保险学［M］. 4版. 北京：高等教育出版社，2017.

［3］何文炯. 保险学［M］. 2版. 杭州：浙江大学出版社，2003.

［4］张洪涛，郑功成. 保险学［M］. 3版. 北京：中国人民大学出版社，2008.

［5］庹国柱. 保险学［M］. 8版. 北京：首都经济贸易大学出版社，2018.

［6］潘履孚. 保险学概论［M］. 北京：中国经济出版社，1995.

［7］丁孜山，丁蔚. 保险发展与创新［M］. 上海：复旦大学出版社，2006.

四、实验步骤和内容

（一）保险公司业务管理工作中各环节的作业流程及主要内容

教师以一份保险单为例，从其展业投保环节开始，至索赔理赔为止，介绍保险公司业务管理工作总的作业流程及主要内容；介绍保险公司在核保时的风险调查及出险时的现场查勘实务，并结合生活中的风险进行分析；在此基础上，组织学生到保险公司参观和学习业务管理工作流程。

阅读材料：汽车保险的业务流程——保险投保

保险公司承保业务的流程大体相近，主要环节有：保户投保，包括保户填写投保单、交纳保费；保险公司承保、签订保险合同，包括核保、出具保单、出具保费的收据；保险标的发生损失，保户向保险公司提出索赔；保险公司查勘；若损失属于保险责任，保险公司支付赔偿，否则保险公司拒绝赔偿；续保等。

1.投保人投保过程中应注意的问题

由于各家保险公司推出的汽车保险条款种类繁多、价格不同，因此投保人在购买汽车保险时应注意如下事项：

（1）合理选择保险公司

投保人应选择具有合法资格的保险公司购买汽车保险。汽车保险的售后服务与产品本身一样重要，投保人在选择保险公司时，要了解各公司提供服务的内容及信誉度，以充分保障自己的利益。

（2）合理选择代理人

投保人也可以通过代理人购买汽车保险。选择代理人时，应选择具有执业资格证书、展业证及与保险公司签有正式代理合同的代理人；应当了解汽车保险条款中涉及赔偿责任和权利义务的内容，防止个别代理人片面夸大产品保障功能，回避责任免除条款内容。

（3）了解汽车保险内容

投保人应当询问所购买的汽车保险条款是否经过保监会批准，认真了解条款内容，如重点条款的保险责任、除外责任和特别约定，被保险人权利和义务，免赔额或免赔率的计算，申请赔偿的手续，退保和折旧等规定。此外，投保人还应注意汽车保险的费率是否与保监会批准的费率一致，了解保险公司的费率优惠规定和无赔款优待的规定。通常保险责任比较全面的产品，保险费较高；保险责任少的产品，保险费较低。

（4）根据实际需要购买

投保人选择汽车保险时，应了解自身的风险和特征，根据实际情况选择个人所需的汽车保险。

（5）购买汽车保险的其他注意事项

①对重要单证的使用和保管。投保者在购买汽车保险时，应如实填写投保单上规定的各项内容，取得保险单后应核对其内容是否与投保单上的有关内容完全一致。对所有的保险单、保险卡、批单、保费发票等重要凭证应妥善保管，以便在出险时能及时提供理赔依据。

②如实告知义务。投保者在购买汽车保险时应履行如实告知义务，将与保险风险有直接关系的情况如实告知保险公司。

③购买汽车保险后，应及时交纳保险费，并按照条款规定履行被保险人义务。

④合同纠纷的解决方式。对于保险合同产生的纠纷，消费者应当依据在购买汽车保险时与保险公司的约定，以仲裁或诉讼方式解决。

⑤投诉。消费者在购买汽车保险过程中，如发现保险公司或中介机构有误导或销售未经批准的汽车保险等行为，可向保险监督管理部门投诉。

2.保险公司或代理人应提供合理的保险方案

在开展汽车保险业务的过程中，保险公司或代理人应从丰富产品的内涵、提高保险公司的服务水平入手，在开展业务的过程中为投保人或被保险人提供完善的保险方案。

（1）制订保险方案的基本原则

①充分保障的原则：保险方案的制订应建立在对于投保人的风险进行充分和专业评估的基础上，目的是通过保险的途径最大限度地分散投保人的风险。

②公平合理的原则：保险人或代理人在制订保险方案的过程中应贯彻公平合理的精神。所谓合理性就是要确保提供的保障是适用和必要的，防止提供不必要的保障。所谓公平主要体现在价格方面，包括与价格有关的赔偿标准和免赔额的确定，既要合法，又要符合价值规律。

③充分披露的原则：保险人在制订保险方案的过程中应根据保险最大诚信原则对告知义务的有关要求，将保险合同的有关规定，尤其是可能对投保人产生不利影响的规定，向投保人进行详细的解释。以往汽车保险业务出现纠纷的重要原因之一就是保险公司或代理人出于各种目的的考虑，在订立合同时没有对投保人进行充分的告知。

（2）制订保险方案前的调查工作

在制订保险方案之前应对投保人或潜在被保险人的情况进行充分的调查，根据调查结果进行分析是制订保险方案的必要前提。调查的主要内容有：

①了解企业的基本情况，包括企业的性质、规模、经营范围和经营情况。

②了解企业拥有车辆的数量、车型和用途，了解车况、驾驶人素质情况、运输对象、车辆管理部门等。

③了解企业车辆管理的情况，包括安全管理目标、对于安全管理的投入、安全管理的实际情况、以往发生事故的情况及分类等。

④了解企业以往的投保情况，包括承保公司、投保险种、投保金额、保险期限和赔付率等。

⑤了解企业投保的动机，防止发生逆向投保和道德风险。

（3）保险方案的主要内容

保险方案是在对投保人进行风险评估的基础上提出的保险建议书。保险方案的内容包括：一，从专业的角度对投保人可能面临的风险进行识别和评估。二，在风险评估的基础上提出保险的总体建议。三，对条款的适用性进行说明，介绍有关的险种并对条款进行必要的解释。四，对保险人及其提供的服务进行介绍。

（二）掌握保险承保单证及保险理赔单证的填制

通过自己动手实践，熟练掌握保险承保及理赔单证的填制。

阅读材料：汽车保险的业务流程——保险承保

1.填写投保单

投保人购买保险，首先要提出投保申请，即填写投保单，交给保险人。投保单是投保人向保险人申请订立保险合同的依据，也是保险人签发保单的依据。投保单的基本内容有：投保人的名称、厂牌型号、车辆种类、号牌号码、发动机号码及车架号、使用性质、吨位或座位、行驶证、初次登记年月、保险价值、车辆损失险保险金额的确定方式、第三者责任险赔偿限额、附加险的保险金额或保险限额、车辆总数、保险期限、联系方式、特别约定、投保人签章。

2.核保

核保是保险公司在业务经营过程中的一个重要环节。核保是指保险公司的专业技术人员对投保人的申请进行风险评估，决定是否接受这一风险，并在决定接受风险的情况下，决定承保的条件，包括使用的条款和附加条款、确定费率和免赔额等。

（1）核保的意义

①防止发生逆选择，排除经营中的道德风险。在保险公司的经营过程中始终存在信息问题，即信息的不完整、不精确和不对称。尽管最大诚信原则要求投保人在投保时应履行充分告知的义务，但事实上始终存在信息的不完整和不精确的问题。保险市场的信息问题，可能导致投保人或被保险人发生道德风险和逆选择，给保险公司经营带来巨大的潜在风险。保险公司建立核保制度，由资深人员运用专业技术和经验对投保标的进行风险评估，可以最大限度地解决信息不对称的问题，排除道德风险，防止发生逆选择。

②确保业务质量，实现经营稳定。保险公司是经营风险的特殊行业，其经营状况关系社会的稳定。保险公司要实现经营的稳定，关键环节就是控制承保业务的质量。但是，随着国内保险市场供应主体的增多，保险市场竞争日趋激烈，保险公司在不断扩大业务的同时，经营风险也在不断升高。首先，为了拓展业务，保险公司急剧扩充业务人员，这些新的工作人员业务素质有限，无法认识和控制承保的质量；其次，保险公司为了扩大保险市场的占有率、稳定与保户的业务关系，放松了拓展业务方面的管理；最后，保险公司为了拓展新的业务领域，开发了一些不成熟的新险种，签署了一些未经过详细论证的保险协议，增加了风险因素。保险公司应通过建立核保制度，将展业与承保相对分离，实行专业化管理，严格把好承保关。

③扩大保险业务规模，与国际惯例接轨。我国加入WTO以后，国外的保险中介机构正逐步进入中国保险市场；同时，我国保险的中介力量也在不断壮大，现已成为推动保险业务的重要力量。在看到保险中介机构对于扩大业务的积极作用的同时，也应注意其可能带来的负面影响。由于保险中介机构经营目的和价值取向的差异及人员的良莠不齐，保险公司在充分利用其开展业务的同时，也应对其业务加强管理。核保制度是对中介业务质量进行控制的重要手段，是建立和完善保险中介市场的必要前提条件。

④实现经营目标，确保持续发展。在市场经济条件下，企业发展的重要条件是对市场进行分析，并在此基础上确定企业的经营方针和策略，包括对企业的市场定位，以及选择特定的业务和客户群。同样，在我国保险市场的发展过程中，保险公司要在市场上争取主动，就必须确定自己的市场营销方针和政策，包括选择特定的业务和客户作为业务发展的主要对象，确定对各类风险承保的态度，制定承保业务的原则、条款和费率等。而实现这些市场营销方针和政策的主要手段就是核保制度。利用核保制度对风险选择和控制的功能，保险公司能够有效地实现其既定目标，并保持业务的持续发展。

（2）核保的主要内容

①投保人资格。对于投保人资格进行审核的核心是认定投保人对保险标的拥有保险利益，在汽车保险业务中该环节主要是通过核对行驶证来完成的。

②投保人或被保险人的基本情况。投保人或被保险人的基本情况主要是针对车队业务而言的。保险公司通过了解企业的性质、是否设有安保部门、经营方式、运行主要线路

等，分析投保人或被保险人对车辆的技术管理状况，可以及时发现其可能存在的经营风险，采取必要的措施降低和控制风险。

③投保人或被保险人的信誉。投保人与被保险人的信誉是核保工作的重点之一。对于投保人和被保险人的信誉调查和评估逐步成为汽车核保工作的重要内容。评估投保人与被保险人信誉的一个重要手段是对其以往损失和赔付情况进行了解，那些没有合理原因，却经常"跳槽"的被保险人往往存在道德风险。

④保险标的。对保险车辆应尽可能采用"验车承保"的方式，即对车辆进行实际检验，包括了解车辆的使用和管理情况，复印行驶证、购置车辆的完税凭证，拓印发动机与车架号码，对于一些高档车辆还应当建立车辆档案。

⑤保险金额。保险金额的确定涉及保险公司及被保险人的利益，往往是双方争议的焦点，因此保险金额的确定是汽车保险核保中的一个重要内容。在具体的核保工作中应当根据公司制定的汽车市场指导价格确定保险金额。投保人要求按照低于这一价格投保的，应当尽量劝说并将理赔时可能出现的问题对其进行说明和解释。若投保人坚持己见，应当向投保人说明后果并要求其对于自己的要求进行确认，同时在保险单的批注栏上注明。

⑥保险费。核保人员对于保险费的审核主要分为适用费率的审核和计算的审核。

⑦附加条款。主险和标准条款提供的是适应汽车风险共性的保障，但是风险的个体是有其特性的。一份完善的保险方案不仅能解决共性问题，更重要的是解决个性问题，附加条款适用于风险的个性问题。特殊性往往意味着高风险，所以，在对附加条款的适用问题上更应注意对风险的特别评估和分析，谨慎接受和制定条件。

3.接受业务

保险人按照规定的业务范围和承保的权限，在审核检验之后，有权作出承保或拒保的决定。

4.缮制单证

缮制单证是在接受业务后填制保险单或保险凭证等手续的程序。保险单或保险凭证是载明保险合同双方当事人权利和义务的书面凭证，是被保险人向保险人索赔的主要依据。因此，保险单质量的好坏，往往直接影响汽车保险合同的顺利履行。填写保险单的要求有：单证相符、保险合同要素明确、数字准确、复核签章、手续齐备。

（三）保险纠纷案例分析

了解常见的保险纠纷和骗保案例，可以帮助保险从业人员增强防范意识，减少和规避可能发生的纠纷及骗保。

阅读材料：汽车保险的业务流程——保险理赔

保险理赔是指保险人在保险标的发生风险事故，进而产生损失后，对被保险人提出的索赔要求进行处理的过程。保险理赔应遵循"重合同、守信用、实事求是、主动、迅速、准确、合理"的原则，以保证保险合同双方行使权利与履行义务。

保险理赔的程序如下：

1.损失通知

保险事故发生后，被保险人应将事故发生的时间、地点、原因及有关情况，在规定的时间内通知保险人，并提出索赔要求。

发出损失通知书是被保险人必须履行的义务。被保险人发出损失通知的方式可以是口头方式，也可以是函电等其他方式，但随后应及时补发正式的书面通知，并提供必备的索赔凭证，如保险单、出险证明书、损失鉴定书、损失清单、检验报告等。

2.审核保险责任

保险人收到损失通知书后，应当立即审核该索赔案件是否属于保险责任范围，其审核的主要内容为：损失是否发生在保险单的有效期内、损失是否由所承保的风险所引起、损失的车辆是否是保险标的、请求赔偿人是否有权提出索赔等。

3.进行损失检查

保险人审核保险责任后，应派人到出险现场进行查勘，了解事故情况，分析事故损害原因，确定损害程度，认定索赔权利。

4.赔偿给付保险金

保险事故发生后，经过核查，确认情况属实并估算赔偿金额后，保险人应当立即履行赔偿给付的责任。

五、实验组织和安排

学生分成若干小组，选出组长，前往当地保险公司参观，结合自己的体会分析某家保险公司经营管理的特色和存在的问题，并提交分析报告。

六、实验结果提交方式

完成分析报告。

七、实验考核方式和标准

根据分析报告完成情况进行考核。要求分析有理有据，结论明确。

实验2 保险公司业务操作

一、实验名称和性质

所属课程	保险学
实验名称	保险公司业务操作
实验学时	2
实验性质	□验证 √综合 □设计
必做/选做	√必做 □选做

二、实验目的和要求

该课程从保险实务的角度出发，组织学生进行保险公司主要业务流程的模拟操作，使学生基本掌握相关操作性技术，培养学生的实务工作能力。

三、知识准备

1.前期要求掌握的知识：保险学相关知识。

2.实验相关理论或原理：保险公司各保险业务运行流程、《保险公司管理规定》。

3.主要参考书目：

[1] 胡炳志，刘子操. 保险学 [M]. 北京：中国金融出版社，2002.

［2］魏华林，林宝清. 保险学［M］. 4版. 北京：高等教育出版社，2017.

［3］何文炯. 保险学［M］. 2版. 杭州：浙江大学出版社，2003.

［4］张洪涛，郑功成. 保险学［M］. 3版. 北京：中国人民大学出版社，2008.

［5］庹国柱. 保险学［M］. 8版. 北京：首都经济贸易大学出版社，2018.

［6］潘履孚. 保险学概论［M］. 北京：中国经济出版社，1995.

［7］丁孜山，丁蔚. 保险发展与创新［M］. 上海：复旦大学出版社，2006.

四、实验步骤和内容

实验操作流程：实现财产保险全险种、全流程业务处理的信息化、自动化、标准化。

1.正常投保流程（如图3-2所示）

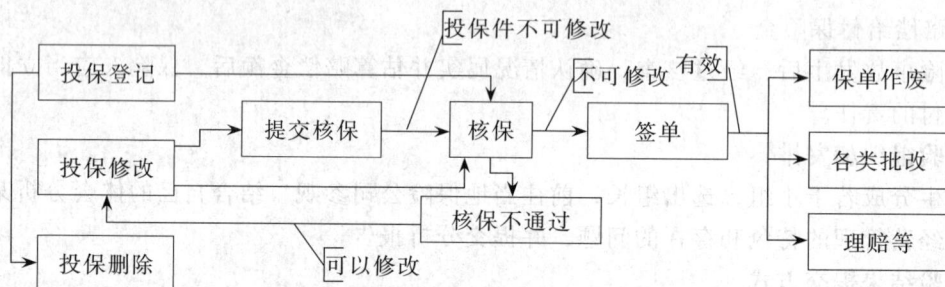

图3-2　正常投保流程

2.补录单流程（如图3-3所示）

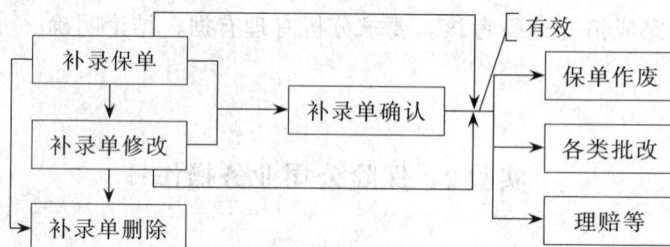

图3-3　补录单流程

3.批改流程（如图3-4所示）

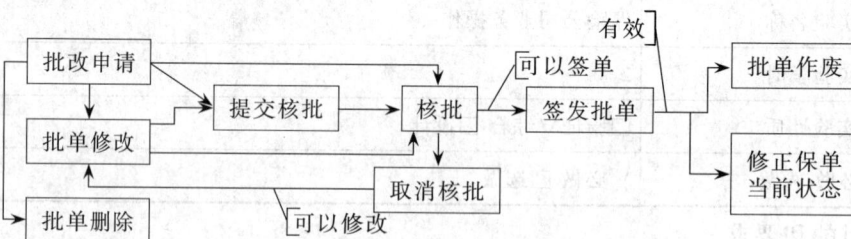

图3-4　批改流程

五、实验组织和安排

1.小组成员合作完成布置的课堂模拟专题并完成该专题报告。

2.小组团队对其他小组的课堂专题模拟演示及报告给出综合的成绩评定。

3.小组组长严格考勤并汇报本小组出勤情况。

4.小组组长对成员的专题贡献度给以评定。

六、实验结果提交方式

完成课堂模拟专题报告。

七、实验考核方式和标准

根据小组成员出勤情况、课堂模拟专题报告完成情况和其他小组评定的综合成绩考核。

要求：不能缺勤；上机认真操作每一个步骤和环节，并在计算机上显示结论；专题报告记录翔实、认识深刻。

第四章
专业方向模块课实验
第一节　项目评估实验

本课程较为系统地介绍了项目评估的基本理论及整个业务流程的操作技能。学习本课程能够使学生了解项目评估的一般内容，掌握项目评估的基本方法和评估要点。根据教学目标及课时安排，本课程实验教程紧扣项目财务评价的核心环节，设计了两个实验项目：一是项目投资估算；二是项目财务评价。

实验 1　项目投资估算

一、实验名称和性质

所属课程	项目评估
实验名称	项目投资估算
实验学时	2
实验性质	□验证√综合 □设计
必做/选做	√必做 □选做

二、实验目的和要求

项目投资估算是项目评估中的重要工作。本实验旨在使学生能够利用EXCEL软件，掌握项目投资的构成和项目投资估算的方法，并进一步巩固财务和会计的相关理论。

三、知识准备

1.前期要求掌握的知识、相关理论：财务管理学、会计学、投资学相关知识。

2.主要参考书目：

［1］王瑶琪，李桂君. 投资项目评估［M］. 北京：中国金融出版社，2011.

［2］余炳文. 项目评估学［M］. 2版. 大连：东北财经大学出版社，2017.

［3］联合国工业发展组织. 工业可行研究性编制手册［M］. 北京：中国财政经济出版社，1981.

［4］国家发展改革委建设部. 建设项目经济评价方法与参数［M］. 3版. 北京：中国计划出版社，2006.

［5］俞文青. 建设项目管理学［M］. 上海：立信会计图书用品社，1988.

［6］楼远. 投资项目评估学［M］. 北京：中国财政经济出版社，1989.

四、实验步骤和内容

（一）基本资料

某化工厂项目，设计生产能力 10 000 吨，计算期 20 年，其中，建设期 2 年，投产期 2 年（生产负荷分别为 70% 和 90%），达产期 16 年。

固定资产投资 11 565 万元，无形资产 1 800 万元，预备费按前两项合计的 5% 计算。建设投资分两次投入，第一次投入 60%，第二次投入 40%。长期贷款年利率为 6.03%，流动资金贷款年利率为 5.5%。流动资金 5 000 万元，按生产负荷投入。项目资金投入见表 4-1。

表 4-1　　　　　　　　　　　　　　　项目资金投入　　　　　　　　　　　　　单位：万元

项目	第1年	第2年	第3年	第4年	第5年
建设投资					
其中：自有资金	3 415.30				
贷款	5 004.81	5 613.41			
流动资金					
其中：自有资金			1 463.70		
贷款			2 036.30	1 000.00	500.00

（二）要求

1. 编制化工厂的投资估算表。
2. 编制化工厂的资金筹措表。
3. 编制化工厂建设期还本付息表。

五、实验组织和安排

以个人为单位，根据所给资料进行投资估算。

六、实验结果提交方式

实验结果：估算项目投资。

要求：方法恰当、预测合理、步骤清晰、结论准确。

七、实验考核方式和标准

根据方法选择、解题思路及计算结果进行综合评定。

八、注意事项

1. 投资估算中的利息计算。
2. 对于缺少的数据进行合理假设。

实验2　项目财务评价

一、实验名称和性质

所属课程	项目评估
实验名称	项目财务评价
实验学时	2
实验性质	□验证√综合 □设计
必做/选做	√必做 □选做

二、实验目的

项目财务评价是进行项目评估的关键。本实验旨在使学生能够利用EXCEL软件，掌握项目财务评价的方法和相关指标，并进一步巩固财务和会计的相关理论。

三、知识准备

1.前期要求掌握的知识、相关理论：财务管理学、会计学、投资学的相关知识。

2.主要参考书目：

[1] 王瑶琪，李桂君. 投资项目评估 [M]. 北京：中国金融出版社，2011.

[2] 余炳文. 项目评估学 [M]. 2版. 大连：东北财经大学出版社，2017.

[3] 联合国工业发展组织. 工业可行研究性编制手册 [M]. 北京：中国财政经济出版社，1981.

[4] 国家发展改革委建设部. 建设项目经济评价方法与参数 [M]. 3版. 北京：中国计划出版社，2006.

[5] 俞文青. 建设项目管理学 [M]. 上海：立信会计图书用品社，1988.

[6] 楼远. 投资项目评估学 [M]. 北京：中国财政经济出版社，1989.

四、实验步骤和内容

（一）基本资料

某化工厂项目生产三种产品，每种产品的销售价格及销售量见表4-2。

表4-2　　　　　　　　　　销售价格及销售量

产品名称	销售价格（元/吨）	销售量（吨）
甲	60 000	5 000
乙	70 000	3 000
丙	100 000	2 000

该项目缴纳增值税（13%）、城市建设维护税（7%）、教育费附加（3%）。

该项目的经营成本、固定成本和变动成本见表4-3。

表4-3　　　　　　　　　　　　　　　　**成本项目**　　　　　　　　　　　　　　　单位：万元

成本项目	第一年	第二年	第三年
经营成本	28 526.26	36 047.65	39 808.34
固定成本	12 172.63	14 030.06	15 195.14
变动成本	17 894.31	23 006.97	25 563.30

该项目净残值率为10%，折旧年限为18年，按直线折旧法折旧，无形资产摊销年限为18年。

利润分配次序：在建设期贷款没有还清之前，可供分配利润全部作为未分配利润，用于偿还建设投资借款。偿还借款结束后有盈余的年份，可提取15%作为盈余公积金，再以实际用于偿还借款的利润作为未分配利润，其余作为应付利润。借款全部还清以后，先提取15%的盈余公积金，其余全部作为应付利润。

其他材料如实验1所示，已知基准折现率为15%。

（二）要求

1.编制现金流量表。

2.评价项目盈利能力和偿债能力。

五、实验组织和安排

以个人为单位，根据所给资料，选择评估方法，对项目进行财务评价。

六、实验结果提交方式

实验结果：给出财务评价结果。

要求：方法恰当、预测合理、步骤清晰、结论准确。

七、实验考核方式和标准

根据方法选择、解题思路及计算结果进行综合评定。

八、注意事项

1.预测有关数据时应按照该行业的平均水平进行测算。

2.对于缺少的数据进行合理假设。

第二节　金融理财学实验

本课程较为系统地介绍了金融理财的基本理论及整个业务流程的操作技能。学习本课程能够使学生了解金融理财的一般内容，掌握金融理财的基本方法和要点。根据教学目标及课时安排，本课程的实验教程紧扣金融理财产品的核心环节，设计了两个实验项目：一是综合理财规划服务；二是制作理财规划书。

实验1 综合理财规划服务

一、实验名称和性质

所属课程	金融理财学
实验名称	综合理财规划服务
实验学时	2
实验性质	□验证 √综合 □设计
必做/选做	√必做 □选做

二、实验目的和要求

综合理财规划服务是金融理财的一个重要环节，理财对象的特殊性与复杂性使其成为一项涉及面广和技术性强的业务。本次实验的目的在于使学生进一步加深对综合理财规划的含义、基本原理和基本评估方法的理解，并在此基础上掌握综合理财规划的基本技能。本实验要求学生运用所学知识和技能，选择适当的方法，进行综合理财规划。

三、知识准备

1.前期要求掌握的知识、相关理论：金融学、金融市场学、商业银行经营管理学、金融会计、金融营销相关知识。

2.主要参考书目：

[1] 李燕. 个人理财 [M]. 北京：机械工业出版社，2014.

[2] 中国银行业协会银行业专业人员职业资格考试办公室. 个人理财 [M]. 北京：中国金融出版社，2019.

四、实验步骤和内容

1.综合理财规划基础技能：了解理财规划服务的分类；了解理财规划服务的特征；熟悉理财规划服务的主要内容。

2.家庭财务状况分析：掌握厘清服务对象的初步需求的方法；掌握家庭财务状况的收集、整理和分析方法。

3.明确理财目标：掌握全生涯模拟仿真分析的步骤和方法；掌握调整和明确理财目标的方法，从而帮助客户确立理财目标。

4.综合理财规划方案：掌握制订综合理财规划方案的方法，能够为客户提供专业建议和方案；掌握资产配置和产品推荐的技能。

5.熟悉理财规划方案的执行和跟踪服务。

五、实验组织和安排

以小组为单位，互相扮演理财师和顾客，根据所给的资料，完成综合理财规划服务。

六、实验结果提交方式

实验结果：完成综合理财规划服务结论书。

要求：方法恰当、步骤清晰、结论准确。

七、实验考核方式和标准

根据方法选择、思路及结果进行综合评定。

八、注意事项

1.预测有关数据时应按照相关规定进行测算；

2.对于缺少的数据进行合理假设。

实验2 制作理财规划书

一、实验名称和性质

所属课程	金融理财学
实验名称	制作理财规划书
实验学时	2
实验性质	□验证√综合 □设计
必做/选做	√必做 □选做

二、实验目的和要求

制作理财规划书是金融理财的一个重要环节。本次实验的目的在于使学生进一步加深对于个人理财的含义、理财规划基本原理和方法的理解，并在此基础上掌握个人理财规划的基本技能。本实验要求学生运用所学知识和技能，选择适当的方法，完成理财规划书的制作。

三、知识准备

1.前期要求掌握的知识、相关理论：金融学、金融市场学、商业银行经营管理学、金融会计、金融营销等相关知识。

2.主要参考书目：

[1] 李燕. 个人理财 [M]. 北京：机械工业出版社，2014.

[2] 中国银行业协会银行业专业人员职业资格考试办公室. 个人理财 [M]. 北京：中国金融出版社，2019.

四、实验步骤和内容

1.了解理财规划书的特点和制作标准。

2.了解理财规划书的"开场白"。

3.熟悉理财规划书的主要内容，学会制作完整的理财规划书。

4.了解理财规划书的其他内容：

（1）具体环节的规划和时间表。

（2）法律声明文件的基本内容。

（3）相关信息披露方法。

（4）方案执行确认书内容。

（5）持续理财规划服务协议要求。

五、实验组织和安排

以个人为单位，根据所给资料，完成规划书制作。

六、实验结果提交方式

实验结果：完成理财规划书。

要求：方法恰当、步骤清晰、结论准确。

七、实验考核方式和标准

根据方法选择、逻辑思路及结果进行综合评定。

八、注意事项

1.预测有关数据时应按照相关规定进行测算。

2.对于缺少的数据进行合理假设。

第三节　投资分析实验

本课程较为系统地介绍了投资分析的基本理论及整个流程的操作技能。学习本课程能够使学生了解投资分析的一般内容，掌握投资分析的基本方法，并理解如何分析证券、期货等金融工具。根据教学目标及课时安排，本课程实验教程紧扣投资分析流程的核心环节，设计了两个实验项目：一是行业与产业分析；二是投资技术分析。

实验1　行业与产业分析

一、实验名称和性质

所属课程	投资分析
实验名称	行业与产业分析
实验学时	2
实验性质	□验证√综合 □设计
必做/选做	√必做 □选做

二、实验目的和要求

查找相关资料，运用资料和相关分析方法，判断行业所处的生命周期阶段，了解环境、政策对行业的影响，选择有前景的行业进行投资。

三、知识准备

1.前期要求掌握的知识、相关理论：经济学、金融学、金融市场学、投资学、证券投资学相关知识。

2.主要参考书目：

［1］欧阳莹，章劼. 金融投资分析技术与技巧［M］. 上海：复旦大学出版社，2011.

　　〔2〕田文斌. 证券投资分析〔M〕. 2版. 北京：中国人民大学出版社，2017.

　　〔3〕中国期货业协会. 期货及衍生品分析与应用〔M〕. 2版. 北京：中国财政经济出版社，2017.

四、实验内容

　　1.分析不同行业和产业（至少五个行业）近年的发展及投资品表现。

　　2.收集上述行业过去几年的产业信息。

　　3.对比两个信息得出相关结论。

　　4.分析目标产业的周期变化及价格波动，分析产业周期对商品价格的影响。

五、实验组织和安排

　　以小组为单位，根据所给资料，完成投资行业/产业分析。

六、实验结果提交方式

　　实验结果：形成较为全面的投资行业/产业分析报告。

　　要求：方法恰当、步骤清晰、结论准确。

七、实验考核方式和标准

　　根据方法选择、思路及结果进行综合评定。

八、注意事项

　　1.预测有关数据时应按照相关规定进行测算。

　　2.对于缺少的数据进行合理假设。

实验2　投资技术分析

一、实验名称和性质

所属课程	投资分析
实验名称	投资技术分析
实验学时	2
实验性质	□验证√综合 □设计
必做/选做	√必做 □选做

二、实验目的和要求

　　投资技术分析是通过对市场行为本身的分析来预测市场价格的变动方向，即主要分析证券/期货市场以往的交易状态，包括价格的波动幅度、成交量与空盘量等资料，按照时间顺序绘制图形或图表，然后针对这些图形或图表进行分析研究，以预测期货价格走势。投资技术分析是一项技术性很强的业务。本实验的目的在于使学生更深入地理解投资分析基本原理和方法，并在此基础上掌握证券/期货市场投资分析的基本技能。

三、知识准备

1.前期要求掌握的知识、相关理论：经济学、金融学、金融市场学、投资学、证券投资学相关知识。

2.主要参考书目：

［1］欧阳莹，章劼. 金融投资分析技术与技巧［M］. 上海：复旦大学出版社，2011.

［2］田文斌. 证券投资分析［M］. 2版. 北京：中国人民大学出版社，2017.

［3］中国期货业协会. 期货及衍生品分析与应用［M］. 2版. 北京：中国财政经济出版社，2017.

四、实验内容

投资技术分析的方法主要包括K线理论、切线理论、形态理论、波浪理论和技术指标5大类。投资技术分析的最大优点是考虑问题较客观。

1.了解技术分析和基本分析的关系、道氏理论、波浪理论。

2.理解技术分析的三大假设前提、技术分析方法的本质。

3.掌握K线图分析法、趋势分析法、形态分析法、技术指标分析法等重要技术分析方法。

4.学会综合运用各种技术分析方法进行证券投资对象和投资时机的选择。

五、实验组织和安排

以个人为单位，根据所给资料，完成标的投资技术分析。

六、实验结果提交方式

实验结果：完成标的投资技术分析报告。

要求：方法恰当、步骤清晰、结论准确。

七、实验考核方式和标准

根据方法选择、逻辑思路及结果进行综合评定。

八、注意事项

1.预测有关数据时应按照相关规定进行测算。

2.对于缺少的数据进行合理假设。

第四节　期货原理实验

本课程较为系统地介绍了期货理论的基本知识及期货业务的基本操作技能。学习本课程能够使学生了解期货交易的起源、发展及我国期货的发展历程，掌握期货合约的内容、期货交易流程、期货交易制度等期货交易基础知识。在此基础上，本课程对套期保值、套期图利、基差交易理论与实际交易进行分析，以帮助学生掌握企业在期货市场上利用期货交易来规避风险或投机获利的方法和实施要领。根据教学目标及课时安排，本课程的实验教程紧扣期货交易流程和套期保值的核心环节，设计了两个实验项目：一是期货模拟交易；二是套期保值交易。

实验1　期货模拟交易

一、实验名称和性质

所属课程	期货原理
实验名称	期货模拟交易
实验学时	2
实验性质	√验证 □综合 □设计
必做/选做	√必做 □选做

二、实验目的和要求

本实验通过模拟实盘操作巩固课堂教学内容，加深学生对课堂知识的理解，培养学生的综合实践能力，使学生了解期货交易的流程，掌握期货价格分析和预测方法，能够进行期货投资对象和投资时机的选择并熟练进行期货交易。

本实验要求学生事前了解期货市场及其价格变动的规律，掌握期货市场行情分析的基本理论与技术，应用行情分析相关理论及知识对期货市场行情走势进行分析与研判，拟订期货投资计划，选择期货投资品种进行模拟交易。

三、知识准备

1.前期要求掌握的知识：

（1）期货市场和期货交易的基本概念。

（2）期货交易的基本程序、规则和制度。

（3）期货市场行情基本分析：期货商品的供求分析，影响期货价格变动的主要因素。

（4）期货市场行情技术分析：K线图分析、趋势分析、形态分析、技术指标分析。

2.实验相关理论或原理：道氏理论、波浪理论。

四、实验材料和原始数据

实验数据为期货市场行情历史数据。

五、实验要求和注意事项

1.充分利用期货市场的公开数据，注意理论与实践相结合。

2.遵守实验室管理制度。

3.实验之前要事先预习，做好相关准备，熟练操作计算机。

六、实验步骤和内容

1.开户：在模拟期货交易系统上按学生的学号分配账号，并设定登录密码。

2.分析市场行情并选定期货投资品种：学生登录系统，进入期货市场行情栏，运用所学知识进行市场行情分析，选择配对的期货投资品种，页面显示该配对的期货投资品种的K线图，运用下行和上行箭头可调整K线图的时间长短。根据K线图，运用基本分析和技术分析综合预判后市走势。

3.利用模拟期货交易系统进行模拟操作（下单、撤单、成交查询）。

七、实验结果和总结

实验结果：完成实验报告，阐明对期货后市行情研判的结论和操作策略。

要求：结论明确、资料翔实、论证充分。

八、实验成绩评价标准

根据报告情况评定成绩。

实验 2　套期保值交易

一、实验名称和性质

所属课程	期货原理
实验名称	套期保值交易
实验学时	2
实验性质	√验证 □综合 □设计
必做/选做	√必做 □选做

二、实验目的和要求

本实验通过模拟实盘操作巩固课堂教学内容，加深学生对课堂知识的理解，培养学生的综合实践能力，使学生在了解期货交易流程的基础上，综合应用套期保值的基本原理来独立完成套期保值的模拟操作，进而观察、描述、鉴定套期保值的实际效果，从而初步掌握套期保值的基本技能，形成运用套期保值来避险的意识。

本实验要求学生事前了解现货市场和期货市场及其价格变动的规律，掌握运用期货交易进行套期保值的基本原理，应用行情分析相关理论知识分析与研判现货市场和期货市场的基差变化，拟订套期保值计划，选择避险品种进行模拟套期保值操作。

三、知识准备

1.前期要求掌握的知识：

（1）期货市场和期货交易的基本概念和知识。

（2）期货交易的基本程序、规则和制度。

（3）期货市场行情基本分析：期货商品的供求分析、影响期货价格变动的主要因素。

（4）期货市场行情技术分析：K线图分析、趋势分析、形态分析、技术指标分析。

（5）现货价格和期货价格关系、套期保值的基本原理、持有成本理论、基差理论、套期保值策略。

2.实验相关理论或原理：道氏理论、波浪理论、套期保值的基本原理、持有成本理论、基差理论。

四、实验材料和原始数据

在实验时，教师可以根据当前商品的期货价格确定一个模拟的现货价格，期货市场的实验数据为期货市场行情的历史数据。

五、实验要求和注意事项

1.充分利用期货市场的公开数据，注意理论与实践相结合。

2.遵守实验室管理制度。

3.实验之前要事先预习，做好相关准备，熟练操作计算机。

六、实验步骤和内容

实验流程：选择保值品种和数量，分析市场行情和基差，建立保值头寸，跟踪基差变化情况，离市平仓保值头寸，分析保值效果。

套期保值的方法很多，卖期保值和买期保值是其基本方法。下面分别对这两种套期保值方法进行模拟交易实验，由于套期保值需要知道商品的现货价格，在实验时，教师可以根据当前商品的期货价格确定一个模拟的现货价格，以此为参照来计算模拟交易的盈亏。

（1）卖期保值

卖方套期保值是指卖方为了防止现货价格在交割时下跌而先在期货市场卖出与现货同样数量的合约。卖方套期保值通常是农场主为防止收割时农作物价格下跌，矿业主为防止矿产开采以后价格下跌，经销商或加工商为防止货物购进而未卖出时价格下跌而采取的保值方式。

现以CBOT（芝加哥期货交易所）玉米合约为例进行实验，其合约文本如图4-1所示。

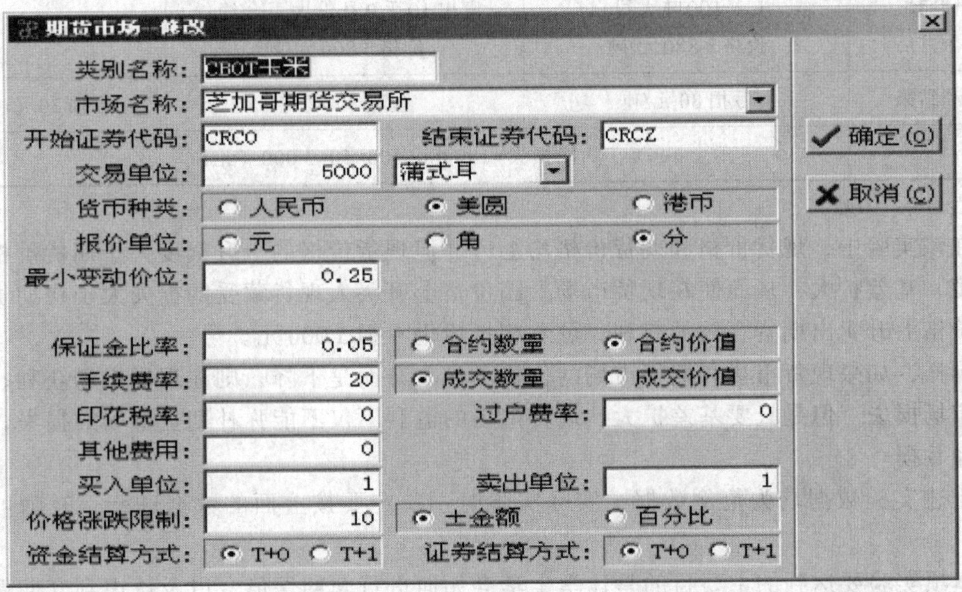

图4-1 合约文本

经过基本因素及技术因素的分析，预计玉米在7月份收割时价格会下跌，于是教师确定在7月份将现货售价锁定在327美分/蒲式耳。因此，学生在CBOT市场上以327美分/蒲式耳的价格卖出一份"七月玉米（合约代码CRCN）"合约以进行套期保值。

一周后，教师确定玉米现货价格下跌到300美分/蒲式耳，学生将现货玉米以此价卖出。同时，期货价格也同样下跌，跌至300美分/蒲式耳，学生以此价买回一份"七月玉米（合约代码CRCN）"期货合约来对冲初始的空头头寸，从中赚取的27美分/蒲式耳正好可以抵补现货市场上少收取的部分，而为此所付出的代价就是丧失了有利的价格变动可能带来的利益。由于期货交易须支付一定的手续费，所以本次套期保值的亏损就是两次交易所要支付的手续费。

本项实验的现货价格虽然是由教师确定的，但实验的主要目的是让学生理解卖期保值是如何操作的。

（2）买期保值

实验时教师确定黄豆的现货价格为每吨3 800元，卖出100吨现货大豆。为了避免将来现货价格可能上升，从而提高原材料的成本，教师决定在大连商品交易所进行大豆套期保值交易。此时，大豆9月份期货合约"0409黄豆"的价格为每吨3 750元，基差为50元/吨，学生在大连商品交易所开仓买入10手9月份黄豆合约"0409黄豆"。一个月后，教师确定黄豆现货价格为每吨3 880元，学生以每吨3 880元的价格买入100吨黄豆，同时在期货市场上以每吨3 800元卖出10手9月份"0409黄豆"合约，来对冲开仓建立的空头头寸。从基差的角度看，基差从50元/吨扩大到一个月后的80元/吨。交易情况见表4-4。

表4-4   交易情况

交易品种	现货市场	期货市场	基差
开仓日	卖出100吨黄豆： 价格3 800元/吨	买入10手9月份大豆合约： 价格3 750元/吨	50元/吨
平仓日 （一个月后）	买入100吨大豆： 价格3 880元/吨	卖出10手9月份大豆合约： 价格3 800元/吨	80元/吨
套利结果	亏损80元/吨	盈利50元/吨	亏损30元/吨
净损失=100×80−100×50=3 000（元）			

注：1手=10吨。

在该实验中，现货价格和期货价格均上升，但现货价格的上升幅度大于期货价格的下降幅度，基差扩大，从而使在现货市场上因价格上升买入现货蒙受的损失大于在期货市场上因价格上升卖出期货合约的获利，盈亏相抵后仍亏损5 000元。

同样，如果现货市场和期货市场的价格不是上升而是下降，则在现货市场获利，而在期货市场损失。但是只要基差扩大，现货市场的盈利不仅不能弥补期货市场的损失，还会出现净亏损。

上述实验数据均为范例数据，实际实验时不一定要按上面的数据进行，教师可灵活掌握。

本项实验要达到的主要目的是让学生学会如何进行套期保值，以及认识到套期保值有可能达不到完全保值的目的，甚至有可能出现亏损，当然也有可能盈利。

七、实验结果和总结

实验结果：完成实验报告或分析报告，阐明现货市场和期货市场的基差变动情况，及建立和结束套期保值头寸的依据，分析保值效果。

要求：分析过程明确、资料翔实、论证充分。

八、实验成绩评价标准

根据实验报告情况评定成绩。

第五章
专业任意选修课实验

第一节　国际投资学实验

本课程较为系统地介绍了国际投资的基本理论及整个流程的操作技能。学习本课程能够使学生了解国际投资的一般内容，掌握国际投资的基本方法及国际投资环境的评估方法，学会如何进行有效的国际投资。根据教学目标及课时安排，本课程的实验教程紧扣国际投资流程的核心环节，设计了两个实验项目：一是国际投资环境评估；二是国际投资案例分析。

实验1　国际投资环境评估

一、实验名称和性质

所属课程	国际投资学
实验名称	国际投资环境评估
实验学时	2
实验性质	□验证√综合 □设计
必做/选做	√必做 □选做

二、实验目的和要求

评价投资环境的方法有很多，它们大多是将众多投资环境因素分解为若干具体指标，然后进行综合评价。本次实验的目的在于使学生更深入地理解国际投资环境的含义、国际投资环境评估的基本原理和基本方法，并在此基础上掌握国际投资环境评估的基本技能。本实验要求学生运用所学知识和技能，选择适当的方法，对国际投资环境进行专业的评估。

三、知识准备

1.前期要求掌握的知识、相关理论：西方经济学（宏观、微观），国际经济学，投资学的相关知识。

2.主要参考书目：

［1］杜奇华，梁蓓. 国际投资［M］. 北京：对外经济贸易大学出版社，2006.

［2］卢进勇，杜奇华. 国际投资学［M］. 2版. 北京：北京大学出版社，2017.

［3］布鲁诺S，丹尼斯M. 国际投资［M］. 张成思，译. 6版. 北京：中国人民大学出版社，2010.

四、实验步骤和内容

1.熟练掌握多因素分析法：根据国际投资环境的八项关键项目的不同作用和影响程度确定不同的等级分数，再按每一个因素中的有利或不利的程度给予不同的评分，最后把各因素的等级得分进行加总，得出对投资环境的总体评价。

2.熟练掌握投资环境冷热比较分析法：把国际投资环境的好、坏归结为七大因素，以"冷""热"因素来表述环境优劣，从而对目标国家的投资环境进行评估，并得出结论。

3.自学其他任意一种国际投资评估方法并进行运用。

五、实验组织和安排

以个人为单位，根据所给资料，完成国际投资环境的评估。

六、实验结果提交方式

实验结果：至少运用一种评估方法，形成国际投资环境评估建议。

要求：方法恰当、步骤清晰、结论准确。

七、实验考核方式和标准

根据方法选择、思路及结果进行综合评定。

八、注意事项

1.预测有关数据时应按照相关规定进行测算。

2.对于缺少的数据进行合理假设。

实验2 国际投资案例分析

一、实验名称和性质

所属课程	国际投资学
实验名称	国际投资案例分析
实验学时	2
实验性质	□验证√综合 □设计
必做/选做	√必做 □选做

二、实验目的和要求

国际投资案例是现实存在的成功或者失败的国际投资事例，对它们进行专业分析有助于巩固学生的专业知识，使学生达到知行合一。本次实验的目的在于使学生更深入地理解国际投资基本原理和方法，并在此基础上掌握分析和判断国际投资事务的基本技能。

三、知识准备

1.前期要求掌握的知识、相关理论：西方经济学（宏观、微观），国际经济学，投资学的相关知识。

2.主要参考书目：

［1］杜奇华，梁蓓. 国际投资［M］. 北京：对外经济贸易大学出版社，2006.

［2］卢进勇，杜奇华. 国际投资学［M］. 2版. 北京：北京大学出版社，2017.

[3] 布鲁诺 S，丹尼斯 M．国际投资 [M]．张成思，译．6版．北京：中国人民大学出版社，2010.

四、实验内容

1.对国内外的优秀国际投资案例进行剖析，分析其成功的内在及外在因素。

2.对国内外的失败国际投资案例进行剖析，分析其失误的内在及外在因素。

3.选择一个有关"一带一路"的国际投资案例进行具体分析。

五、实验组织和安排

以小组为单位，根据上述要求完成国际投资案例分析报告。

六、实验结果提交方式

实验结果：完成国际投资案例分析报告。

要求：方法恰当、步骤清晰、结论准确。

七、实验考核方式和标准

根据方法选择、逻辑思路及结果进行综合评定。

八、注意事项

1.预测有关数据时应按照相关规定进行测算。

2.对于缺少的数据进行合理假设。

第二节　金融统计分析实验

本课程较为系统地介绍了金融统计分析的基本理论及整个业务流程的操作技能。学习本课程能够使学生了解金融统计数据的生成、挖掘与分析方法，以及金融数据与经济现象和经济理论之间的关系，提高学生应用统计方法、挖掘和处理金融数据、分析金融变量之间的关系、解决实际金融经济问题和验证金融投资分析模型的能力，使学生掌握撰写金融统计分析实践报告的规范和技能。根据教学目标及课时安排，本课程设计了八个实验项目：一是货币、信贷和债务总量统计分析；二是货币乘数和货币化率统计分析；三是股票收益率统计分析；四是股票波动相关性统计分析；五是股票Beta系数分析；六是人民币汇率与对外贸易差额的关系分析；七是国债利率期限结构分析及定价模型检验；八是VaR模型分析。

实验1　货币、信贷和债务总量统计分析

一、实验名称和性质

所属课程	金融统计分析
实验名称	货币、信贷和债务总量统计分析
实验学时	2
实验性质	□验证√综合 □设计
必做/选做	√必做 □选做

二、实验目的和要求

货币、信贷和债务统计是金融统计中的重要工作。本实验旨在使学生掌握金融基础数据收集的渠道、金融基础数据与公布的合成数据之间的联系，同时了解中国货币、信贷和债务总量的规模与构成，巩固金融学相关知识。

三、知识准备

1.前期要求掌握的知识、相关理论：金融学、统计学相关知识。

2.主要参考书目：

[1] 赵彦云. 金融统计分析 [M]. 北京：中国金融出版社，2000.

[2] 赵彦云. 金融统计分析学习指导 [M]. 北京：中国金融出版社，2000.

四、实验步骤和内容

（一）实验原理

1.基础货币的构成。中国的基础货币包括三部分：

（1）中央银行发行的货币，等于流通中的现金与其他存款性机构库存现金之和。

（2）金融性公司在中央银行的存款，也是中央银行对其他存款性机构、其他金融性公司的负债。

（3）非金融性公司在中央银行的存款，不含政府存款，与中央银行的活期存款（可转让存款）负债一致。

2.广义货币 M2。中国的广义货币 M2 由中央银行直接发布。其计算公式为：

$$M2 = M1 + \frac{定期}{存款} + \frac{储蓄}{存款} + \frac{其他}{存款} + \frac{证券公司的}{客户保证金} + \frac{住房}{公积金存款} + \frac{非存款类金融机构在}{存款类金融机构的存款}$$

其中，M1 为狭义货币，或者称货币，其计算公式为：

M1=流通中的现金（M0）+活期存款

3.信贷构成。中国的金融机构包括中国人民银行、政策性银行、国有商业银行、股份制商业银行、农村商业银行、农村合作银行、城市信用社、农村信用社、信托投资公司、财务公司、租赁公司、外资金融机构和中国邮政储蓄银行。通过观察上述金融机构的数据，可以得到贷款额数据变化、非股票证券投资和其他信贷占款的变化状况。目前，我国中央政府提供的信贷规模还没有专门的统计数据。

4.债务构成。债务按照债务人的类型划分为住户债务、商业债务、公共部门债务和外债。

（二）实验资料

在中国人民银行网站统计数据项下查找有关货币、信贷的数据；从《中国金融年鉴》、《中国统计年鉴》或《中国人民银行统计季报》中查找金融交易部分的资金流量表数据，据此测算住户部门债务的基础，利用《中国证券期货统计年鉴》的数据测算公共部门债务和商业债务等。

（三）要求

1.测算货币和信贷规模。

2.测算债务规模。

五、实验组织和安排

以个人为单位，根据所给资料，进行测算。

六、实验结果提交方式

实验结果：测算出中国的货币、信贷和债务规模。

要求：方法恰当、预测合理、步骤清晰、结论准确。

七、实验考核方式和标准

根据方法选择、解题思路及计算结果进行综合评定。

八、注意事项

1.公共部门的债务计算。

2.对于缺少的数据进行合理假设。

实验2　货币乘数和货币化率统计分析

一、实验名称和性质

所属课程	金融统计分析
实验名称	货币乘数和货币化率统计分析
实验学时	2
实验性质	□验证√综合 □设计
必做/选做	√必做 □选做

二、实验目的和要求

货币乘数和货币化率统计分析是金融统计中的重要工作。本实验旨在使学生测算出中国的货币乘数和货币化率指标，并分析原因，巩固金融学相关知识。

三、知识准备

1.前期要求掌握的知识、相关理论：金融学、统计学相关知识。

2.主要参考书目：

［1］赵彦云. 金融统计分析［M］. 北京：中国金融出版社，2000.

［2］赵彦云. 金融统计分析学习指导［M］. 北京：中国金融出版社，2000.

四、实验步骤和内容

（一）实验原理

货币乘数是狭义货币或广义货币与基础货币的比值，反映基础货币的扩张能力。货币乘数的计算公式为：

$m=M\div B=(C+D)\div(C+R)$

其中，m为货币乘数，M为货币供应量，B为基础货币，C为流通中现金，D为存款货币，R为银行准备金。

如果要计算狭义货币乘数m1，则公式中的M为狭义货币M1，D为活期存款；如果要计算广义货币乘数m2，则公式中的M为广义货币M2，D为各项存款。

货币化率是测量经济货币化程度的指标，反映的是经济活动需要货币媒介交易的程度。货币化率通常用广义货币 M2 与名义 GDP 之比来表示。其计算公式为：

R_M= M2÷名义 GDP

货币化率高于1，说明货币流通速度较慢，有一部分沉淀货币没有发挥媒介作用。

（二）实验数据

在中国人民银行网站查找有关基础货币、货币和广义货币的数据，结合《中国金融年鉴》补充 1999 年以前的数据；通过国家统计局网站或《中国统计年鉴》查找 GDP 数据。

（三）要求

1.计算我国的货币乘数 m1 和 m2，分析并解释其变化趋势。

2.计算我国的货币化率，分析、解释并预测我国货币化率的走势。对比国外货币化率的特征，对我国货币化率畸高的现象加以解释。

五、实验组织和安排

以个人为单位，根据所给资料，测算货币乘数和货币化率。

六、实验结果提交方式

实验结果：给出货币乘数和货币化率结果，分析差异，找到原因。

要求：方法恰当、预测合理、步骤清晰、结论准确。

七、实验考核方式和标准

根据方法选择、解题思路及计算结果进行综合评定。

八、注意事项

对于缺少的数据进行合理假设。

实验3 股票收益率统计分析

一、实验名称和性质

所属课程	金融统计分析
实验名称	股票收益率统计分析
实验学时	2
实验性质	□验证√综合 □设计
必做/选做	√必做 □选做

二、实验目的和要求

股票收益率统计分析是金融统计中的重要工作。本实验旨在使学生掌握股票收益率的衡量方法和统计技巧，巩固证券投资学相关知识。

三、知识准备

1.前期要求掌握的知识、相关理论：金融学、统计学的相关知识。

2.主要参考书目：

[1] 赵彦云. 金融统计分析 [M]. 北京：中国金融出版社，2000.

[2] 赵彦云. 金融统计分析学习指导 [M]. 北京：中国金融出版社，2000.

四、实验步骤和内容

（一）实验原理

股票收益率指投资股票所获得的收益总额与原始投资额的比率，包括股利收益率和持有期收益率。

1.股利收益率

股利收益率，又称获利率，是指股份公司以现金形式派发的股息或红利与股票市场价格的比率。其计算公式为：

股利收益率＝（每股股利/每股原市价）×100%

该收益率可用于计算已得的股利收益率，也可用于预测未来可能的股利收益率。

2.持有期收益率

持有期收益率指投资者持有股票期间的股息收入和买卖差价之和与股票买入价的比率。其计算公式为：

持有期收益率＝［现金股息+（股票卖出价-股票买入价）］÷股票买入价×100%

持有期收益率是投资者最关心的指标，但如果要把它与债券收益率及银行利率等其他金融资产的收益率做比较，必须注意时间的可比性，即要把持有期收益率转化为年化收益率。

（二）实验数据

通过同花顺等软件收集典型上市公司和上证综合指数的历史交易数据，即收盘价（时间跨度：2010年至今）。

（三）要求

1.计算对数收益率。

2.绘制股票收益率的时间序列图，从图中判断收益率的波动情况。

3.绘制各股票的 Quantile-Quantile 示意图，对收益率数据进行描述统计与检验（Descriptive Statistics & Tests），判断其是否符合正态分布。

五、实验组织和安排

以个人为单位，根据所给资料，完成股票收益率统计分析。

六、实验结果提交方式

实验结果：计算股票收益率，绘制收益率波动时间序列图，判断其是否为正态分布。

要求：方法恰当、预测合理、步骤清晰、结论准确。

七、实验考核方式和标准

根据方法选择、解题思路及计算结果进行综合评定。

八、注意事项

1.收益率为年化收益率。

2.对于缺少的数据进行合理假设。

实验4　股票波动相关性统计分析

一、实验名称和性质

所属课程	金融统计分析
实验名称	股票波动相关性统计分析
实验学时	2
实验性质	□验证√综合 □设计
必做/选做	√必做 □选做

二、实验目的和要求

股票波动相关性统计分析是金融统计中的重要工作。本实验旨在使学生掌握股票波动相关性统计分析的方法和技巧，巩固证券投资学的相关知识。

三、知识准备

1.前期要求掌握的知识、相关理论：金融学、统计学相关知识。

2.主要参考书目

［1］赵彦云．金融统计分析［M］．北京：中国金融出版社，2000.

［2］赵彦云．金融统计分析学习指导［M］．北京：中国金融出版社，2000.

四、实验内容

（一）实验原理

股票收益波动率统计通常使用ARCH模型和GARCH模型。ARCH模型是自回归条件异方差模型，GARCH模型是广义自回归条件异方差模型。GARCH模型在ARCH模型的基础上做了拓展，能够对在ARCH模型中产生的误差进一步建立模型，使结果更加完善。同时GARCH模型对于结果的预测更加准确，在分析波动性时比ARCH模型的预测结果更好。对于投资者来说，利用GARCH模型进行预测，可以更好地作出投资决策。

（二）实验数据

通过同花顺等软件收集典型上市公司和上证综合指数的历史交易数据，即收盘价（时间跨度：2010年至今）。

（三）要求

1.绘制股票收益率的时间序列图。

2.对收益率进行ADF单位根检验。

3.建立GARCH模型。

五、实验组织和安排

以个人为单位，根据所给资料，完成股票波动相关性统计分析。

六、实验结果提交方式

实验结果：绘制股票收益率的时间序列图，对收益率进行ADF单位根检验，建立GARCH模型。

要求：方法恰当、预测合理、步骤清晰、结论准确。

七、实验考核方式和标准

根据方法选择、解题思路及计算结果进行综合评定。

八、注意事项

1.收益率为年化收益率。

2.对于缺少的数据进行合理假设。

实验 5　股票 Beta 系数分析

一、实验名称和性质

所属课程	金融统计分析
实验名称	股票 Beta 系数分析
实验学时	2
实验性质	□验证 √综合 □设计
必做/选做	√必做 □选做

二、实验目的和要求

股票 Beta 系数分析是资本资产定价模型的重要组成部分，是金融统计分析的重要工作。本实验旨在使学生掌握股票 Beta 系数分析的方法和技巧，巩固金融市场的相关知识。

三、知识准备

1.前期要求掌握的知识、相关理论：金融学、统计学相关知识。

2.主要参考书目：

［1］赵彦云. 金融统计分析［M］. 北京：中国金融出版社，2000.

［2］赵彦云. 金融统计分析学习指导［M］. 北京：中国金融出版社，2000.

四、实验内容

（一）实验原理

从数理层面来说，β 其实是一个由线性回归模式实证所得到的回归系数，表示资产报酬与市场报酬间的依存程度，可以解释为市场报酬变动一个单位时，个别资产报酬的反应程度。对于 β 系数的确定需要综合考虑各种因素，计算方法主要有两种：

1.线性回归法

在多数情况下，人们习惯运用回归法对历史数据进行分析，以确定所谓的历史 β 值。根据数理统计的线性回归原理，β 系数可以通过同一时期内的资产收益率和市场组合收益率的历史数据，使用线性回归方程预测出来。β 系数就是该线性回归方程的回归系数。其公式如下：

$$R_i = \alpha_i + \beta_i R_m + e_i$$

式中：

R_i 为 i 股票的历史已获得收益率，即实际收益率；

R_m为市场组合历史已获得收益率；

α_i为i股票的纵轴截距；

β_i为i股票的Beta值，即回归线斜率；

e_i为随机误差，反映i股票在特定年度中的实际收益率与按照回归线预测的收益率之间的差异。

由此得出β值，其计算公式为：

$$\beta = \hat{b} = \frac{n\sum_{i=1}^{n}X_iY_i - \sum_{i=1}^{n}X_i \times \sum_{i=1}^{n}Y_i}{n\sum_{i=1}^{n}X_i^2 - (\sum_{i-1}^{n}X_i)^2}$$

用线性回归法计算β系数所需的资料不多，计算简便，但得出的结果较粗略。大家也可以用统计软件进行回归分析从而获得Beta系数。

2.公式计算法

直接利用证券与股票指数收益率的相关系数、股票指数的标准差和股票收益率的标准差进行计算，公式如下：

$$\beta_i = \frac{cov(R_i, R_m)}{\sigma_m^2} = \frac{r_{im}\sigma_i\sigma_m}{\sigma_m^2} = r_{im}\frac{\sigma_i}{\sigma_m}$$

式中：

$cov(R_i, R_m)$为第i种证券的收益与市场组合收益之间的协方差；

σ_i为风险资产i的收益率标准差；

σ_m为市场组合收益率的标准差；

r_{im}为风险资产i的收益率与市场组合收益率之间的相关系数；

R_i为风险资产i的收益率；

R_m为市场组合的收益率。

对应的市场收益率可以由上证综合指数计算得出，即：

$$R_m = \frac{P_t - P_{t-1}}{P_{t-1}}$$

式中：

P_t为第t年年末的市场指数；

P_{t-1}为第t年年初的市场指数。

（二）实验数据

通过同花顺等软件收集典型上市公司和上证综合指数的历史交易数据，即收盘价（时间跨度：2010年至今）。

（三）要求

1.计算所给股票的超额收益率。

2.计算所给股票的Beta系数。

五、实验组织和安排

以个人为单位，根据所给资料，完成Beta系数的计算。

六、实验结果提交方式

实验结果：计算所给股票的超额收益率，确定Beta系数。

要求：方法恰当、预测合理、步骤清晰、结论准确。

七、实验考核方式和标准

根据方法选择、解题思路及计算结果进行综合评定。

八、注意事项

1.收益率为年化收益率。

2.对于缺少的数据进行合理假设。

实验 6 人民币汇率与对外贸易差额的关系分析

一、实验名称和性质

所属课程	金融统计分析
实验名称	人民币汇率与对外贸易差额的关系分析
实验学时	2
实验性质	□验证√综合□设计
必做/选做	√必做□选做

二、实验目的和要求

人民币汇率与对外贸易差额的关系分析是金融统计中的重要工作。本实验旨在使学生掌握人民币名义汇率和实际汇率的计算，汇率变化与对外贸易差额变化的关系。本实验要求学生能够从相关数据来源中收集人民币汇率月度数据、中美消费者物价指数数据、中国进出口数据，能够运用相关统计软件计量贸易差额与汇率变化之间的数量关系。

三、知识准备

1.前期要求掌握的知识、相关理论：金融学、统计学相关知识。

2.主要参考书目：

[1] 赵彦云. 金融统计分析 [M]. 北京：中国金融出版社，2000.

[2] 赵彦云. 金融统计分析学习指导 [M]. 北京：中国金融出版社，2000.

四、实验内容

（一）实验原理

1.本币汇率升值会抑制出口，增加进口，减少贸易顺差或者增加贸易逆差。

2.贸易差额与名义汇率、实际汇率之间存在相关关系。

3.实际汇率，即用中国消费者物价指数与美国消费者物价指数的比值进行调整后的汇率。

4.构建贸易差额与汇率之间的线性回归模型。

（二）实验数据

在国家外汇管理局门户网站下载人民币汇率月度数据，在中华人民共和国海关总署网站下载贸易进出口月度数据，在中国国家统计局与美国劳动部统计局网站下载中美消费者物价指数月度数据。

（三）要求

1. 计算实际汇率。

2. 利用回归模型分析汇率和贸易差额之间的关系。

五、实验组织和安排

以个人为单位，根据所给资料，分析汇率和贸易差额之间的关系。

六、实验结果提交方式

实验结果：计算实际汇率，利用回归模型分析汇率和贸易差额之间的关系。

要求：方法恰当、预测合理、步骤清晰、结论准确。

七、实验考核方式和标准

根据方法选择、解题思路及计算结果进行综合评定。

八、注意事项

1. 进行回归分析时，汇率按照实际汇率计算。

2. 对于缺少的数据进行合理假设。

实验 7 国债利率期限结构分析及定价模型检验

一、实验名称和性质

所属课程	金融统计分析
实验名称	国债利率期限结构分析及定价模型检验
实验学时	2
实验性质	□验证 √综合 □设计
必做/选做	√必做 □选做

二、实验目的和要求

利率期限结构分析是金融统计中的重要工作。本实验旨在使学生掌握国债到期收益率的测算方法，能利用国债期限结构的拟合图形分析短期利率走势，能利用期限结构模型计算国债的理论价格并与实际价格做比较。本实验要求学生能够熟练运用统计分析软件，收集实验所需要的基础数据，分析国债收益曲线的形状及短期利率的走势，并检验国债期限结构模型定价的有效性。

三、知识准备

1. 前期要求掌握的知识、相关理论：金融学、统计学相关知识。

2. 主要参考书目：

［1］赵彦云. 金融统计分析［M］. 北京：中国金融出版社，2000.

［2］赵彦云. 金融统计分析学习指导［M］. 北京：中国金融出版社，2000.

四、实验内容

（一）实验原理

在国债市场中，合理的利率期限结构能够为基准利率的确定提供参考。本实验应用到期收益率原理，分析我国国债的利率期限结构。国债市价P的计算公式为：

$$P = \sum_{i=0}^{N} \frac{C}{(1+y)^{w+i}} + \frac{F}{(1+y)^{N}}$$

其中，y为到期收益率；F为债券面值；C为每期支付的利息（等于面值F乘以票面利率）；N为债券剩余期限；w为剩余期限非整数部分。

运用线性回归方法，对利率期限结构中的到期收益率和到期期限做线性回归，其公式可表示为：

$$Y_t = \hat{\beta}_0 + \hat{\beta}_1 X_t + e_t$$

其中，被解释变量Y为到期收益率，解释变量X为到期期限。利用该模型，可对国债的到期收益率进行估算，参照上述定价公式就能进一步得到债券的理论价格。

（二）实验数据

在上海证券交易所网站的证券品种中找到国债数据，并对数据作相应处理。

（三）要求

1.计算每只国债当前的到期收益率，绘制各年限国债收益率结构表。

2.画出国债的利率期限结构图。

3.利用国债利率期限结构数据拟合利率期限结构模型，表明年限与到期收益率之间的关系。

4.根据利率期限结构模型计算选定国债的理论价格，与国债市价作比较，分析其利率期限结构模型定价的有效性。

五、实验组织和安排

以个人为单位，根据所给资料，完成国债利率期限结构分析及定价模型检验。

六、实验结果提交方式

实验结果：计算国债到期收益率，分析利率期限结构和利率期限结构模型定价的有效性。

要求：方法恰当、预测合理、步骤清晰、结论准确。

七、实验考核方式和标准

根据方法选择、解题思路及计算结果进行综合评定。

八、注意事项

对于缺少的数据进行合理假设。

实验8　VaR模型分析

一、实验名称和性质

所属课程	金融统计分析
实验名称	VaR模型分析
实验学时	2
实验性质	□验证√综合 □设计
必做/选做	√必做 □选做

二、实验目的和要求

　　VaR模型分析是金融统计中的重要工作。本实验旨在使学生掌握VaR模型分析的方法和技巧，巩固风险管理的相关知识。

三、知识准备

　　1.前期要求掌握的知识、相关理论：金融学、统计学相关知识。

　　2.主要参考书目：

　　［1］赵彦云.金融统计分析［M］.北京：中国金融出版社，2000.

　　［2］赵彦云.金融统计分析学习指导［M］.北京：中国金融出版社，2000.

四、实验内容

（一）实验原理

　　VaR（Value at Risk）按字面解释就是"在险价值"，即在市场正常波动下，某一金融资产或证券组合的最大可能损失。更为确切地说，VaR是在一定概率水平（置信度）下，某一金融资产或证券组合价值在未来特定时期内的最大可能损失。

　　VaR用公式表示为：

　　$P（\Delta P\Delta t\leqslant VaR）=a$

式中：

　　P为资产价值损失小于可能损失上限的概率，即英文的Probability；

　　ΔP为某一金融资产在一定持有期Δt的价值损失额；

　　VaR为给定置信水平a下的在险价值，即可能的损失上限；

　　a为给定的置信水平。

　　VaR从统计意义上讲是个数字，是指面临"正常"的市场波动时"处于风险状态的价值"，即在给定的置信水平和一定的持有期限内，预期的最大损失量（可以是绝对值，也可以是相对值）。

（二）实验数据

　　通过同花顺等软件收集典型上市公司和上证综合指数的历史交易数据，即收盘价（时间跨度：2010年至今）。

（三）要求

　　1.选择一个具体的公司，计算其VaR。

　　2.给出风险分析建议。

五、实验组织和安排

　　以个人为单位，根据所给资料，完成VaR计算。

六、实验结果提交方式

　　实验结果：计算VaR，给出风险分析建议。

　　要求：方法恰当、预测合理、步骤清晰、结论准确。

七、实验考核方式和标准

　　根据方法选择、解题思路及计算结果进行综合评定。

八、注意事项

　　1.收益率为年化收益率。

　　2.对于缺少的数据进行合理假设。

第三节　中央银行学实验

中央银行学是一门以西方经济学、货币银行学、国际金融及商业银行经营管理等学科理论为基础的现代金融实务课程，介绍了中央银行制度的形成与发展，并详细讲述中央银行各项业务（包括资产、负债、支付清算服务等业务），侧重讲授中央银行货币政策的目标选择与决策，以及实施货币政策时工具的选择与使用，同时从宏观角度分析中央银行的金融监管及其在对外业务往来中的作用。为提高学生分析问题和解决问题的能力，本课程注重理论联系实际，运用现代经济学的分析方法对中国及其他国家央行所面临的问题予以具体分析。本课程要求学生掌握有关中央银行的基本理论和知识，增强对中央银行在现代经济中所处重要地位和作用的认识，熟悉中央银行的各项业务运作。本课程从宏观角度观察和分析总体经济的运行情况，提高学生对经济和金融发展规律的认识能力和把握能力。根据教学目标及课时安排，本课程设计了两个实验项目：一是中央银行再贷款业务；二是中央银行再贴现业务。

实验1　中央银行再贷款业务

一、实验名称和性质

所属课程	中央银行学
实验名称	中央银行再贷款业务
实验学时	2
实验性质	□验证√综合 □设计
必做/选做	√必做 □选做

二、实验目的和要求

本实验的目的是深化学生对中央银行学理论知识的理解，训练学生对中央银行再贷款业务的处理，使其熟悉再贷款业务的基本操作流程和业务规范。

三、知识准备

1.前期要求掌握的知识、相关理论：理解再贷款的含义和意义，掌握再贷款业务的操作流程及业务规范。

2.主要参考书目：

［1］童适平.中央银行学教程［M］.上海：复旦大学出版社，2016.

［2］王广谦.中央银行学［M］.北京：高等教育出版社，2017.

［3］李中山.中央银行学［M］.北京：中国人民大学出版社，2019.

四、实验步骤和内容

1.中央银行再贷款发放的核算操作

我国商业银行和其他金融机构向人民银行申请借款时，必须具备下列条件：（1）必须是人民银行的贷款对象；（2）信贷资金营运基本正常；（3）还贷资金来源有保证；（4）符合人民银行要求的其他条件。在符合上述各项条件的情况下，商业银行和其他金融机构在资金周转营运过程中遇到资金不足的困难时，都可向人民银行申请再贷款。

向人民银行申请贷款时，要填具一式五联的借款凭证。

借款凭证上应预留印鉴，并注明贷款种类，送人民银行信贷部门，信贷部门审核批准后将第四联留存，其余各联转会计部门办理转账。会计部门收到第四联借款凭证后，首先审核凭证是否已经信贷部门审核批准，明确贷款种类，验对印鉴与预留印鉴相符后，将第一、第二两联凭证作转账借、贷方传票，其会计分录为：

借：××银行（其他金融机构）——贷款户

　　贷：××银行（其他金融机构）——存款户

在借款凭证第三联（回单）上加盖印章后，退还给借款的商业银行或其他金融机构作为收账通知。第五联（到期后）由会计部门留存，按到期日排列，专项保管，并定期与贷款分户账核对，以保证账卡一致。

2.中央银行再贷款归还的核算操作

贷款到期，借款行应填制一式四联的还款凭证，并加盖预留印鉴。

会计部门收到商业银行及其他金融机构送来的四联还款凭证，应验对印鉴，核实存款余额后办理转账，将第一、二联凭证作转账借方、贷方传票，其会计分录为：

借：××银行（其他金融机构）往来——存款户

　　贷：××银行（其他金融机构）往来——贷款户

还款凭证第四联（回单）盖章后，退给还款的商业银行和其他金融机构作为取款通知；第三联送信贷部门，原借款凭证第五联作贷款收回方的传票附件。

3.再贷款逾期的核算操作

再贷款到期，借款的商业银行和其他金融机构无力偿还时，则将到期贷款转入逾期贷款。会计部门可填制特种转账借方、贷方传票，各两联，在转账原因栏目内注明"××贷款到期转逾期贷款户"字样，将借方、贷方传票各一联作逾期贷款的转账传票，其会计分录为：

借：××银行（其他金融机构）——逾期户

　　贷：××银行（其他金融机构）——××贷款户

在另一联转账贷方传票上注明"转入逾期贷款户"字样并盖章后，通知借款行，最后一联转账借方传票注明"备查"字样，送信贷部门。同时，在原借款凭证第五联"到期卡"上用红字注明"逾期"字样，按账号顺序排列，另行专项保管。当借款的商业银行或其他金融机构归还逾期贷款时，其核算手续同前，其会计分录为：

借：××银行（其他金融机构）往来——存款户

　　贷：××银行（其他金融机构）往来——逾期贷款户

五、实验组织和安排

以2个人为单位进行分析与模拟操作。

六、实验结果提交方式

实验结果：上机操作结果将由计算机软件自动生成。

要求：方法恰当、步骤清晰。

七、实验考核方式和标准

根据上机操作结果进行综合评定。

八、注意事项

本课程只涉及学生模拟实验系统。

实验2 中央银行再贴现业务

一、实验名称和性质

所属课程	中央银行学
实验名称	中央银行再贴现业务
实验学时	2
实验性质	□验证√综合 □设计
必做/选做	√必做 □选做

二、实验目的和要求

本实验的目的在于使学生深化对中央银行学理论知识的理解，训练学生对中央银行再贴现业务的处理，使其熟悉再贴现业务的基本操作流程和业务规范。

三、知识准备

1.前期要求掌握的知识、相关理论：理解再贴现的含义和意义，掌握再贴现业务的操作流程及业务规范。

2.主要参考书目：

［1］童适平. 中央银行学教程［M］. 上海：复旦大学出版社，2016.

［2］王广谦. 中央银行学［M］. 北京：高等教育出版社，2017.

［3］李中山. 中央银行学［M］. 北京：中国人民大学出版社，2019.

四、实验步骤和内容

1.中央银行受理再贴现业务的手续

商业银行持已贴现的承兑商业汇票申请再贴现时，应填制一式多联的再贴现凭证，在第一联加盖预留人民银行印鉴，连同汇票一并送交人民银行，经信贷部门审查批准后，再在贴现凭证上签注"同意"字样，在有关栏内填明再贴现率，加盖印章送会计部门。

会计部门对汇票和再贴现凭证进行审查：

（1）汇票填写是否完整；

（2）再贴现凭证及所附清单与汇票的有关内容、数字是否一致，再贴现金额及期限是否在汇票的金额和期限之内。

（3）印章是否真实齐全。经审查无误后，在汇票背面加盖"已办再贴现"字样戳记，退还商业银行，同时按照规定的再贴现率计算出再贴现利息和实付再贴现金额。

再贴现利息和实付再贴现金额的计算方法为：

再贴现利息=再贴现金额×再贴现天数×再贴现率

实付再贴现金额=再贴现金额−再贴现利息

其会计分录为（人民银行会计部门）：

借：××银行往来科目——存款

非营业收入科目——××银行利息收入

贷：再贴现科目——××银行再贴现

2.中央银行到期收回操作手续

再贴现到期后，人民银行从申请再贴现的商业银行存款户内收取到期的再贴现款，再由申请再贴现的商业银行向承兑申请人或承兑银行自行收回贴现款。如果在再贴现到期日，申请再贴现的商业银行在人民银行的存款账户余额不足以归还到期再贴现款，人民银行应将其不足款项转入该商业银行的"逾期贷款账户"处理。

具体操作程序为：

在再贴现凭证到期日，当商业银行有足够资金支付再贴现款时，做特种转账支票，从商业银行收回，会计分录为：

借：再贴现科目——××银行再贴现

贷：××银行往来科目——存款

当商业银行的资金不足以支付再贴现款时，应将不足部分转作逾期贷款，参照上述处理手续办理转账，但应在特种转账传票上注明"××号汇票××元再贴现款，已转入逾期贷款"字样交商业银行。

五、实验组织和安排

以2个人为单位进行分析与模拟操作。

六、实验结果提交方式

实验结果：上机操作结果将由计算机软件自动生成。

要求：方法恰当、步骤清晰。

七、实验考核方式和标准

根据上机操作结果进行综合评定。

八、注意事项

本课程只涉及学生模拟实验系统。

第四节　信用管理学实验

信用管理学是研究现代信用管理的基本理论和操作技术的一门应用型学科。本课程主要介绍巴塞尔新资本协议体系、客户内部信用评级与贷款风险分类、国别（地区）风险与行业风险分析、资产组合管理模型、商业银行经济资本度量及压力测试、RAROC及贷款风险定价、信用风险控制和外部信用评级等内容。

学习本课程能够使学生掌握信用管理的基本理论和评估方法，具备对商业银行信用进行管理的能力。根据教学目标及课时安排，本课程的实验教程设计了两个实验项目：一是企业信用的评级分析；二是贷后管理信贷档案管理。

实验1　企业信用的评级分析

一、实验名称和性质

所属课程	信用管理学
实验名称	企业信用的评级分析
实验学时	2
实验性质	□验证√综合 □设计
必做/选做	√必做 □选做

二、实验目的和要求

正确认识企业的信用评级，掌握企业信用评级所揭示的内容和含义，学会利用各种渠道收集所需信用评级资料。

三、知识准备

1.前期要求掌握的知识、相关理论：理解信用评级的含义，掌握信用评级的操作流程及业务规范。

2.主要参考书目：

［1］吴晶妹，韩家平. 信用管理学［M］. 北京：高等教育出版社，2015.

［2］刘澄，李锋. 信用管理［M］. 北京：人民邮电出版社，2015.

［3］陈雨露. 公司理财［M］. 3版. 北京：高等教育出版社，2014.

［4］罗斯. 公司理财［M］. 11版. 北京：机械工业出版社，2018.

四、实验步骤和内容

信用评级是对评级对象的特定债券或相关债务在其有效期内及时偿付的能力和意愿的评估。信用评级揭示的是特定的信用风险，而不是所有的投资风险，如利率风险、通货膨胀风险、再投资风险及外汇风险等。

（一）违约概率和违约损失率

违约概率和违约损失率是反映评级对象违约的可能性和违约损失严重程度的信用风险衡量参数。违约概率是针对评级对象而言的，它与受评对象的信用等级挂钩，同一信用等级的受评对象具有相同的违约概率。影响违约概率的主要因素是评级对象的信用水平，如经营因素、财务因素等，但不同行业的经营因素和财务因素有所区别。违约损失率具有与评级对象特定债项相关联的特性，其大小不仅受到评级对象信用水平的影响，还受到具体债项的特定信用保障措施设计，如合同的具体（抵押、担保等）条款的影响，同时还与债权人（如商业银行）的管理水平有关。

（二）主体信用评级与债项信用评级

1.信用评级的类型

按评级对象不同，信用评级主要分为两种类型：主体信用评级与债项信用评级。主体信用评级特指对企业发行主体的评级，反映了对受评主体按时偿还债务和履行经济合同义务的能力和意愿的判断，是对企业财务实力的评价。评级结果是对受评主体偿债能力的全面、综合评价，反映了受评主体的基本信用状况，并不针对某一项特定的债务。债项信用评级特指对主体发行的特定债项的评级，它反映了受评主体按期足额偿付某一特定债务本息的能力及其相对风险程度，是受评主体对特定债务的违约概率和违约损失率的评估。根据债务的期限，对债务的评级分为长期债务评级和短期债务评级。对偿还期限在一年以上的债务使用长期债务评级，对偿还期限在一年以内的债务则使用短期债务评级。短期债务评级是对企业按期偿还短期债务能力的判断，评级结果与特定短期债务的特性、相关条款和保障措施有直接关系；长期债务评级反映了企业按期足额偿付某一特定债务本息的能力及其相对风险程度，是对此长期债务违约可能性和违约后损失严重程度的评价，评级结果受此债务本身特性、相关条款及保障措施的直接影响。

2.主体信用评级和债项信用评级之间的关系

主体信用评级评估的是企业偿还所有债务的能力。因此，调查企业偿还某一特定债务的能力时，主体信用评级可能并不完全适用，因为在流动性、债项本身的特性、相关条款及保障措施等方面，债项信用评级和主体信用评级的级别可能有所不同。通常，主体的信用级别与其一般无担保债务的信用级别相等。如果债务存在担保等提高信用的措施，其信用级别可能会高于主体的信用级别；如果债务的清偿顺序低于一般债务，如次级债务、混合资本工具、某些结构融资工具等，则其信用级别可能要低于主体的信用级别。对同一主体而言，其主体评级与特定的债项评级可能一致，也可能存在差异，但即使存在差异，这种差异也不会太大。也就是说，主体评级与债项评级的差异是有限的，债项评级通过在主体评级的基础上进行调整而获得，这种调整不会使债项的风险评价相对于主体的风险评价发生根本的改变。

（三）发行短期债项的主体的流动性分析

流动性因素对于发行短期债项的主体的评级结果具有重要影响。基础信用状况相似的主体可能因为在流动性特征上存在的差异而获得不同的信用等级。对主体的流动性分析主要包括内部流动性分析、外部流动性分析和承受突发事件不利影响的能力三个方面。

1.内部流动性分析

流动性是指主体资源满足短期现金需要的能力。主体的内部流动性分析包括两个方面：对主体现有短期流动性资源，如货币资金、短期有价证券、应收类流动资产、存货等，通过观察其绝对数量和计算相关财务指标等方法来进行分析；对主体在特定期间内的现金流进行预测，结合经营活动现金流量的预测结果和企业现金存量进行分析，以判断主体对到期债务的偿付能力。

2.外部流动性分析

在内部流动性不足的情况下，主体的外部流动性来源是内部流动性的补充，可以在一定程度上弥补主体流动性的不足并改善主体的短期信用状况。外部流动性来源主要包括有协议支持的银行借款承诺或银行授信额度、资本市场融资能力、母公司或股东资金支持等。

3.承受突发事件不利影响的能力

在短期债务的存续期间内发生的任何影响主体现金流的突发事件都会对主体的现金流动性造成影响，进而影响主体的短期偿债能力。相对而言，突发事件对主体短期偿债能力的影响较其对长期偿债能力的影响更大。受突发事件影响较小或可以快速从不利事件的影响中恢复的主体相对具有更强的短期偿债能力。在衡量主体承受突发事件不良影响的能力时，主要从以下几个方面进行考虑：主体的规模及经营模式；管理层素质及处理以往突发事件的表现；是否存在可预见的事件；股东、行业组织或政府的支持等。

五、实验组织和安排

以2个人为单位进行分析与模拟操作。

六、实验结果提交方式

实验结果：上机操作，结果由计算机软件自动生成。

要求：方法恰当、步骤清晰。

七、实验考核方式和标准

根据上机操作及结果进行综合评定。

八、注意事项

本课程只涉及学生模拟实验系统。

实验2　贷后信贷档案管理

一、实验名称和性质

所属课程	信用管理学
实验名称	贷后信贷档案管理
实验学时	2
实验性质	□验证√综合 □设计
必做/选做	√必做 □选做

二、实验目的和要求

熟悉贷后档案的内容，熟悉贷后档案的移交及管理程序。

三、知识准备

1.前期要求掌握的知识、相关理论：理解信用评级的含义和意义，掌握信用评级的操作流程及业务规范。

2.主要参考书目：

[1] 吴晶妹，韩家平. 信用管理学 [M]. 北京：高等教育出版社，2015.

[2] 刘澄，李锋. 信用管理 [M]. 北京：人民邮电出版社，2015.

[3] 陈雨露. 公司理财 [M]. 3版. 北京：高等教育出版社，2014.

[4] 罗斯. 公司理财 [M]. 11版. 北京：机械工业出版社，2018.

四、实验步骤和内容

（一）贷后档案内容

贷后档案应是贷款情况和管理的真实记录，完整的贷后档案有利于公司业务人员连续、动态地掌握本级和辖内行借款人、贷款、担保等情况，并及时采取相应的贷后管理措施，防范授信风险。贷后档案包括以下内容：

（1）在贷后管理中更新的借款人（保证人、抵押人、质押人）已办理年检手续的营业执照、组织机构代码证、税务登记证复印件。

（2）在贷后管理中更新的借款人（保证人、抵押人、质押人）的公司章程。

（3）在贷后管理中更新的借款人（保证人、抵押人、质押人）的贷款卡号、密码。

（4）在贷后管理中更新的借款人（保证人）的信用评级及评级调整通知书。

（5）在贷后管理中更新的借款人的年度、半年财务报表。

（6）在贷后管理中更新的保证人的年度财务报表。

（7）重大突发事件报告。

（8）借款人贷款催收通知书。

（9）保证人履行担保责任通知书。

（10）与借款人（保证人、抵押人、质押人）的一般往来函件。

（11）与其他银行的一般往来函件。

（12）贷款还本、结清的会计凭证或相应证明。

（13）贷后取得或形成的抵押品权证、法律文书。

（14）贷后检查报告。

（15）借款人资金流向监控表。

（16）借款人资金定期监测台账。

（17）贷后管理工作日志。

（18）公司业务人员向授信执行部门移交档案的交接清单。

（19）公司业务人员之间的贷后档案交接清单。

（10）重点项目贷后管理监控汇总表。

（21）辖内行报送的其他贷后管理资料。

（22）其他贷后资料。

以上第1—17项资料交授信执行部门保管，第18—22项资料由公司业务部门保管。

（二）贷后档案移交与管理

1.贷后档案移交

各级分行业务部门将贷后管理中取得或形成的第1—17项资料移交授信执行部门保管时需遵循以下原则：

（1）移交时间。

①第1—12项资料取得或形成后，及时移交授信执行部门。

②第13项资料按银行档案管理规定及时移交授信执行部门。

③第14项资料按规定频率在报批或报备回复后的3个工作日内移交授信执行部门。

④每次年2月底前将上年度第15—17项资料按借款人分类移交授信执行部门。

（2）移交贷后档案时须填写移交清单。

（3）档案移交清单须由授信执行部门签收后交公司业务部门档案管理专人。

（4）如以上资料已录入相关系统，则不在移交范围内（抵押品凭证等重要文件统一保管，原始文件应移交原件）。

2.其他贷后档案管理

其他贷后档案管理是指相关贷后资料移交授信执行部门后，公司业务人员对贷后档案内容的第18—22项贷后资料的管理，建议一级分行公司业务部门设置专人对贷后档案进行管理，随时补充、更新资料，避免丢失和遗漏，保证贷后档案的连续性。

（三）内部档案移交

前、后任公司业务人员移交档案时必须严格遵守工作交接规定，实行一个月的共管期，杜绝因工作调动、人员调整形成的管理真空。移交过程中需注意以下问题：

（1）移交双方应进行全方位的交接，除对客户进行现场交接外，还必须移交贷后档案和电子文档，同时将前、后任移交清单交授信执行部门备查。

（2）如果借款人的档案资料不齐，前任公司业务人员必须帮助后任公司业务人员查漏补缺，直至补齐相关资料为止，使后任公司业务人员能顺利管理贷款；后任公司业务人员应认真整理档案资料，理清思路，弄清贷款的来龙去脉，特别应该注意贷款的诉讼时效和相关法律文件。

（3）档案的移交必须遵守"上不清、下不接"的原则。

（4）未包括在档案内容中的未尽事项需以书面形式说明，需特别说明近期工作计划、尚未解决的问题及需要说明的其他情况。

（5）对新一代信贷系统中的柜员号、密码及时移交。

五、实验组织和安排

以2个人为单位进行分析与模拟操作。

六、实验结果提交方式

实验结果：上机操作结果由计算机软件自动生成。

要求：方法恰当、步骤清晰。

七、实验考核方式和标准

根据上机操作及其结果进行综合评定。

八、注意事项

本课程只涉及学生模拟实验系统。

第五节　Python数据分析实验

本课程较为系统地介绍了Python数据分析的基本理论和方法，为专业选修课。学生通过学习Python语言基本语法、Python函数、Python面向对象程序设计、Python模块、函数式编程、I/O编程、图形界面编程等方法，为将来从事金融领域相关研究、分析现实数据、解决实际问题奠定良好的基础。

本课程的实验教程设计了八个实验项目：一是Python语言基础；二是Python函数；三是Python面向对象程序设计；四是Python模块；五是函数式编程；六是I/O编程；七是图形界面编程；八是Python综合运用。

实验1　Python语言基础

一、实验名称和性质

所属课程	Python数据分析
实验名称	Python语言基础
实验学时	2
实验性质	□验证√综合 □设计
必做/选做	√必做 □选做

二、实验目的和要求

Python语言基础是Python数据分析的基础性工作。本实验旨在使学生了解Python语言的基本语法和编码规范，了解Python语言的数据类型、运算符、常量和变量，学习使用Python语言常用语句。

三、知识准备

1.前期要求掌握的知识、相关理论：VFP。

2.主要参考书目：

［1］王欣，王文兵. Python基础教程［M］. 北京：人民邮电出版社，2018.

［2］马伟明. Python金融数据分析［M］. 张永翼，霍达，张彤，译. 北京：机械工业出版社，2018.

四、实验内容

（一）使用变量

练习用id（）函数输出变量地址。

（二）使用运算符

```
x =4
x += 4
print（x）
x -= 4
print（x）
x *= 4
print（x）
x /= 4
print（x）
```

（三）练习使用常用语句

1.赋值语句

练习：a=10，将a分别赋值为11，110，121 000，并打印。

2.if语句

if 条件：语句1

else：语句2

当if后面的条件成立，则执行语句1；否则，执行语句2。

练习：写个小游戏，判断对方是不是叛徒。

用键盘输入y或n，如果输入y，则打印："他不是叛徒"；如果输入n，则打印："他是叛徒！"；否则，打印："input wrong"。

3.while语句

while条件：循环执行的语句

程序执行到while处，"当"条件为True时，就执行while内部的代码，"当"条件为False时，就跳过。

练习：接着上面的小游戏，如果输入的不是y或n，让程序一直运行下去，直到输入正确的答案。

4.for语句

语法：for ... in ...

练习：使用for语句循环计算从1累加到100的结果。

5.continue语句

练习：计算1~200间偶数之和

6.break语句

练习：计算从1累加到100的结果，当和大于80时终止程序。

7.try-except语句

练习：当发生除0错误时进行异常处理程序。

五、实验组织和安排

以个人为单位，根据所给资料，完成实验。

六、实验结果提交方式

实验结果：输出所有练习结果。

要求：方法恰当、预测合理、步骤清晰、结论准确。

七、实验考核方式和标准

根据实验态度、实验报告等进行综合评定。

八、注意事项

各种语句的适用条件和使用规则。

实验2　Python函数

一、实验名称和性质

所属课程	Python数据分析
实验名称	Python函数
实验学时	2
实验性质	□验证√综合 □设计
必做/选做	√必做 □选做

二、实验目的和要求

Python 函数为程序员共享代码提供了很大方便，是 Python 数据分析的基础性工作。本实验旨在使学生掌握自定义函数和创建函数的方法。

三、知识准备

1.前期要求掌握的知识、相关理论：VFP。

2.主要参考书目：

［1］王欣，王文兵．Python 基础教程［M］．北京：人民邮电出版社，2018.

［2］马伟明．Python 金融数据分析［M］．张永翼，霍达，张彤，译．北京：机械工业出版社，2018.

四、实验内容

（一）定义函数

def 函数名（）：函数体

练习：定义一个简单参数 Print Welcome，并打印"欢迎学习 Python 数据分析！"

（二）调用函数

练习：调用 Print Welcome（）函数，显示"欢迎学习 Python 数据分析！"

（三）参数和返回值

1.练习在函数中按值传递参数

2.练习计算 1~100 的和，并通过函数返回值返回相加结果。

（四）内置函数使用

1.调用 abs（x）、pow（x，y［，z］）、round（x［，n］）、divmod（a，b）等函数练习返回 X 绝对值、返回 X 的 Y 次幂、保留指定小数位数、返回 a 除以 b 的商和余数。

2.调用 lower（）、upper（）、swapcase（）、capitalize（）、title（）等函数将字符串的字母转换为大写字母，小写字母，大小写互换，首字母大写、其余小写，每个单词首字母大写、其余为小写等。

3.练习搜索和替换字符串的内置函数。

4.练习使用 help（）函数显示指定参数帮助信息。

5.练习使用 type（）函数显示指定对象的数据类型。

五、实验组织和安排

以个人为单位，根据所给资料，完成实验。

六、实验结果提交方式

实验结果：输出所有练习结果。

要求：方法恰当、预测合理、步骤清晰、结论准确。

七、实验考核方式和标准

根据实验态度、实验报告等进行综合评定。

八、注意事项

各种函数的适用条件和使用规则。

实验3　Python面向对象程序设计

一、实验名称和性质

所属课程	Python数据分析
实验名称	Python面向对象程序设计
实验学时	2
实验性质	□验证√综合 □设计
必做/选做	√必做 □选做

二、实验目的和要求

面向对象编程是Python采用的基本编程思想，它可以将属性和代码集成在一起，定义为类，从而使程序设计更加简单、规范、有条理。本实验旨在通过学习使学生掌握对象、类、封装、继承、方法、构造函数和析构函数等面向对象的程序设计的基本概念和方法。

三、知识准备

1.前期要求掌握的知识、相关理论：VFP。

2.主要参考书目：

［1］王欣，王文兵．Python基础教程［M］．北京：人民邮电出版社，2018．

［2］马伟明．Python金融数据分析［M］．张永翼，霍达，张彤，译．北京：机械工业出版社，2018．

四、实验内容

（一）声明类

练习用类的方法，打印学生成绩

```
class Student（object）：
    def __init__（self，name，score）：
        self.name = name
        self.score = score
    def print_score（self）：
        print '%s：%s' % （self.name，self.score）
```

（二）类的继承和多态

1．练习类的继承：定义一个父类C，从C派生一个类D，从类D中可以访问类C中的成员变量和成员函数。

2．练习抽象和多态：定义一个抽象类Shape，包含所有绘图类所包含的Color变量和Draw（）方法，创建类Shape的子类Circle。

（三）复制对象

1.练习通过赋值操作复制对象。在抽象类和多态基础上，定义一个类circle的对象，对其设置成员变量的值，将其赋值到新的对象newcircle中。

2.练习通过函数参数复制对象。在抽象类和多态基础上，定义函数，实现对对象的复制。

五、实验组织和安排

以个人为单位，根据所给资料，完成实验。

六、实验结果提交方式

实验结果：输出所有练习结果。

要求：方法恰当、预测合理、步骤清晰、结论准确。

七、实验考核方式和标准

根据实验态度、实验报告等进行综合评定。

八、注意事项

Python和其他语言在面向对象程序设计方面的区别。

实验4　Python模块

一、实验名称和性质

所属课程	Python数据分析
实验名称	Python模块
实验学时	2
实验性质	□验证√综合 □设计
必做/选做	√必做 □选做

二、实验目的和要求

Python模块是Python语言的一个重要概念，它可以将函数按功能划分到一起，以便日后使用或共享给他人。本实验旨在使学生掌握sys模块、platform模块、time模块，练习自定义和使用模块。

三、知识准备

1.前期要求掌握的知识、相关理论：VFP。

2.主要参考书目：

［1］王欣，王文兵. Python基础教程［M］. 北京：人民邮电出版社，2018.

［2］马伟明. Python金融数据分析［M］. 张永翼，霍达，张彤，译. 北京：机械工业出版社，2018.

四、实验内容

（一）sys模块

练习用sys模块打印当前操作系统平台、打印命令行参数、退出应用程序。

（二）platform模块

　　练习使用platform模块获取当前操作系统的名称、版本号、命令行参数及路径计算机类型、计算机的网络名称、计算机处理器信息、包含上述信息的全部信息。

（三）time模块

　　1.练习将字符串的时间转换为时间戳。

　　2.练习将日期转换成平常我们所见的格式。

　　3.练习设计一个倒计时程序。

（四）练习自定义和使用模块

　　1.创建一个新模块，其中包括printstring（）和sum（）函数。

　　2.将新创建的模块保存，引用其中的printstring（）和sum（）函数。

五、实验组织和安排

　　以个人为单位，根据所给资料，完成实验。

六、实验结果提交方式

　　实验结果：输出所有练习结果。

　　要求：方法恰当、预测合理、步骤清晰、结论准确。

七、实验考核方式和标准

　　根据实验态度、实验报告等进行综合评定。

八、注意事项

　　自定义模块不要和系统内置的模块名称重复。

实验5　Python函数式编程

一、实验名称和性质

所属课程	Python数据分析
实验名称	Python函数式编程
实验学时	2
实验性质	□验证√综合 □设计
必做/选做	√必做 □选做

二、实验目的和要求

　　函数式编程是一种编程的基本风格，也就是构建程序的结构和元素的方式。函数式编程将计算过程看作数学函数，即可以使用表达式编程。本实验旨在使学生掌握Python函数式编程常用的函数，学会使用闭包和递归函数，以及迭代器和生成器等。

三、知识准备

　　1.前期要求掌握的知识、相关理论：VFP。

　　2.主要参考书目：

　　［1］王欣，王文兵. Python基础教程［M］. 北京：人民邮电出版社，2018.

　　［2］马伟明. Python金融数据分析［M］. 张永翼，霍达，张彤，译. 北京：机械工

业出版社，2018.

四、实验内容

（一）Python 函数式编程常用的函数

1.创建一个 Lambda 函数，比较它和使用 def 函数定义关键字的区别。

2.练习使用 filter（）函数过滤［1，2，3，4，5，6，7，8，9，10］中的奇数。

3.练习使用 zip（）函数。

已知：x =［1，2，3］；y =［4，5，6］；z =［7，8，9，10］。

比较：xyz = zip（x，y，z）、xy = zip（x，y）和 xz = zip（x，z）。

（二）闭包和递归函数

1.使用闭包计算一个数的 n 次幂。

2.使用递归函数完成计算。

已知 f（0）= 1，f（1）=4，f（n+2）=2*f（n+1）+f（n），其中 n 是大于 0 的整数，求 f（10）的值。

（三）迭代器和生成器

1.练习使用 iter（）函数获取序列的迭代器对象。

2.练习使用 addlist（）函数生成一组新数据。

五、实验组织和安排

以个人为单位，根据所给资料，完成实验。

六、实验结果提交方式

实验结果：输出所有练习结果。

要求：方法恰当、预测合理、步骤清晰、结论准确。

七、实验考核方式和标准

根据实验态度、实验报告等进行综合评定。

八、注意事项

闭包和递归函数的运用。

实验 6　I/O 编程

一、实验名称和性质

所属课程	Python 数据分析
实验名称	I/O 编程
实验学时	2
实验性质	□验证 √综合 □设计
必做/选做	√必做 □选做

二、实验目的和要求

I/O是Input/Output的缩写，即输入输出接口。I/O接口的功能是实现CPU通过系统总线把I/O电路和外围设备联系在一起。I/O编程是一个程序设计语言的基本功能。本实验旨在使学生学会用键盘输入数据、在屏幕上打印信息和读写硬盘等。

三、知识准备

1.前期要求掌握的知识、相关理论：VFP。

2.主要参考书目：

［1］王欣，王文兵．Python基础教程［M］．北京：人民邮电出版社，2018.

［2］马伟明．Python金融数据分析［M］．张永翼，霍达，张彤，译．北京：机械工业出版社，2018.

四、实验内容

（一）输入和显示数据

1.练习使用input（）函数提示输入地区，并将用户输入的地区字符串赋值到新变量。

2.练习使用print（）函数输出"您好，欢迎学习Python数据分析！"。

（二）文件操作

1.练习使用open（）函数打开指定文件。

2.练习使用close（）函数关闭文件。

3.练习使用read（）函数读取文件内容。

4.练习使用write（）函数向文件写入数据。

5.练习使用copy（）函数将某文件从C盘复制到D盘。

6.练习使用move（）函数将某文件从C盘移动到D盘。

7.练习使用remove（）函数删除D盘某文件。

8.练习使用rename（）函数将C盘某文件重命名。

（三）目录编程

1.练习使用getcwd（）函数获取当前目录。

2.练习使用listdir（）函数获取C盘目录中内容。

3.练习使用mkdir（）函数在C盘创建新目录。

4.练习使用rmdir（）函数删除新创建的目录。

五、实验组织和安排

以个人为单位，根据所给资料，完成实验。

六、实验结果提交方式

实验结果：输出所有练习结果。

要求：方法恰当、预测合理、步骤清晰、结论准确。

七、实验考核方式和标准

根据实验态度、实验报告等进行综合评定。

实验7　图形界面编程

一、实验名称和性质

所属课程	Python数据分析
实验名称	图形界面编程
实验学时	2
实验性质	□验证√综合 □设计
必做/选做	√必做 □选做

二、实验目的和要求

图形界面编程是Python程序设计的重要组成部分。本实验旨在使学生掌握用Tkinter模块构建图形用户界面应用程序的方法，学习使用Tkinter组件，设计Tkinter窗体布局，设置Tkinter字体，学习Tkinter事件处理等。

三、知识准备

1.前期要求掌握的知识、相关理论：VFP。

2.主要参考书目：

［1］王欣，王文兵．Python基础教程［M］．北京：人民邮电出版社，2018.

［2］马伟明．Python金融数据分析［M］．张永翼，霍达，张彤，译．北京：机械工业出版社，2018.

四、实验内容

（一）Tkinter组件

1.练习使用Tkinter组件弹出窗口信息。

2.练习使用Tkinter组件创建Windows窗口。

3.练习使用Label组件。

4.练习使用Button组件。

5.练习使用Canvas组件。

6.练习使用Checkbutton组件。

7.练习使用Entry组件。

8.练习使用Frame组件。

9.练习使用Scale组件。

10.练习使用Text组件。

（二）设计窗体布局和组件字体

1.练习使用Pack（）方法组织组件。

2.练习使用Grid（）方法组织组件。

3.练习使用Place（）方法组织组件。

4.练习使用Label（）方法设置组件字体。

（三）Tkinter 事件处理

1.练习触发 KeyPress 事件的例子。

2.练习触发 KeyRelease 事件的例子。

3.练习触发 ButtonPress 事件的例子。

4.练习触发 FocusIn 事件的例子。

5.练习触发 FocusOut 事件的例子。

五、实验组织和安排

以个人为单位，根据所给资料，完成实验。

六、实验结果提交方式

实验结果：输出所有练习结果。

要求：方法恰当、预测合理、步骤清晰、结论准确。

七、实验考核方式和标准

根据实验态度、实验报告等进行综合评定。

八、注意事项

Tkinter 组件运用方法。

实验 8　Python 综合运用

一、实验名称和性质

所属课程	Python 数据分析
实验名称	Python 综合运用
实验学时	2
实验性质	□验证 √综合 □设计
必做/选做	√必做 □选做

二、实验目的和要求

本实验旨在使学生综合运用前面所学的相关知识，解决金融领域的实际问题，包括资本资产定价模型、套利定价理论和股票债券估值等。

三、知识准备

1.前期要求掌握的知识、相关理论：VFP。

2.主要参考书目：

［1］王欣，王文兵．Python 基础教程［M］．北京：人民邮电出版社，2018.

［2］马伟明．Python 金融数据分析［M］．张永翼，霍达，张彤，译．北京：机械工业出版社，2018.

四、实验内容

（一）β 值计算

选择一只股票，利用 Scipy 库的 Stats 模块，求出 β 值。

（二）因子模型的多元线性回归

构建一个含有 5 因子的 APT 模型，利用 Statsmodels 模块的 ols 函数，进行最小二乘法回归，求解各因子的敏感度。

（三）YTM 计算

利用 Scipy.optimize 包计算任一债券的 YTM。

（四）债券（股票）定价

编写计算债券（股票）定价的程序。

（五）久期和凸度计算

编写计算债券久期和凸度的程序，并计算任一债券的久期和凸度。

五、实验组织和安排

以个人为单位，根据所给资料，完成实验。

六、实验结果提交方式

实验结果：输出所有练习结果。

要求：方法恰当、预测合理、步骤清晰、结论准确。

七、实验考核方式和标准

根据实验态度、实验报告等进行综合评定。

八、注意事项

Python 各种模块和函数的综合应用方法。

第六节　Matlab 入门实验

实验 1　Matlab 操作环境熟悉

一、实验名称和性质

所属课程	Matlab 入门
实验名称	Matlab 操作环境熟悉
实验学时	2
实验性质	□验证 √综合 □设计
必做/选做	√必做 □选做

二、实验目的

1.初步了解 Matlab 操作环境。

2.学习使用图形函数计算器命令 funtool。

三、实验的软硬件环境要求

装载 Windows 操作系统及 Matlab 应用软件的计算机。

四、实验基本原理

1.初次接触Matlab应该注意函数表达式的文本式描述。

2.在使用图形函数计算器命令funtool时，注意观察1号和2号窗口中函数的图形。

五、实验步骤和内容

熟悉Matlab操作环境，认识命令窗口、内存工作区窗口、历史命令窗口；学会使用format命令调整命令窗口的数据显示格式；学会使用变量和矩阵的输入，并进行简单的计算；学会使用who和whos命令查看内存变量信息；学会使用图形函数计算器命令funtool，并进行下列计算：

1.单函数运算操作。

求下列函数的符号导数：

（1）y=sin（x）

（2）y=（1+x）^3*（2-x）

求下列函数的符号积分：

（1）y=cos（x）

（2）y=1/（1+x^2）

（3）y=1/sqrt（1-x^2）

（4）y=（x-1）/（x+1）/（x+2）

求下列函数的反函数：

（1）y=（x-1）/（2*x+3）

（2）y=exp（x）

（3）y=log（x+sqrt（1+x^2））

求下列代数式的化简：

（1）（x+1）*（x-1）*（x-2）/（x-3）/（x-4）

（2）sin（x）^2+cos（x）^2

（3）x+sin（x）+2*x-3*cos（x）+4*x*sin（x）

2.函数与参数的运算操作。

从y=x^2通过参数的选择来观察下列函数的图形变化：

（1）y1=（x+1）^2

（2）y2=（x+2）^2

（3）y3=2*x^2

（4）y4=x^2+2

（5）y5=x^4

（6）y6=x^2/2

3.两个函数之间的操作。

求和：

（1）sin（x）+cos（x）

（2）1+x+x^2+x^3+x^4+x^5

乘积：

（1）exp（-x）*sin（x）

（2）sin（x）*x

求商：

（1）sin（x）/cos（x）

（2）x/（1+x^2）

（3）1/（x-1）/（x-2）

求复合函数：

（1）y=exp（u）　　u=sin（x）

（2）y=sqrt（u）　　u=1+exp（x^2）

（3）y=sin（u）　　　u=asin（x）

（4）y=sinh（u）　　u=-x

六、实验报告要求

1.针对图形函数计算器命令 funtool，记录每一类型计算的图形曲线。

2.编写实验报告时要结构合理、层次分明，在分析、描述的时候，要注意语言的流畅。

实验2　M 文件和 Mat 文件操作

一、实验名称和性质

所属课程	Matlab 入门
实验名称	M 文件和 Mat 文件操作
实验学时	2
实验性质	□验证 √综合 □设计
必做/选做	√必做 □选做

二、实验目的

1.定制自己的工作环境。

2.编写简单的 M 文件。

3.保存内存工作区中的变量到".mat"文件。

4.学会使用 Matlab。

三、实验的软硬件环境要求

装载 Windows 操作系统及 Matlab 应用软件的计算机。

四、实验基本原理

1.可以用命令语句、菜单或按钮等多种方式执行命令。

2.用于编辑 M 文件的文本编辑器还可以执行和调试程序。

3.不同的工具箱可能包含同名的函数，查看帮助时应注意在左侧栏选择相应的工具箱类别。

五、实验步骤和内容

1.使用 format 命令和 File|Preferences 菜单定制自己的工作环境。

2.编写如下 M 文件，试调整参数 a 的大小，观察并记录 y1、y2 的波形特征。

```
%example1.m
t=0：pi/100：4*pi
a=3
y2=exp（-t/a）
y1=y2.*sin（a*t）
plot（t，y1，'-r'，t，y2，'：b'，t，-y2，'：b'）
```

3.保存内存工作区变量 a、t、y1、y2 到 "example1.mat" 文件；关闭 Matlab，再重新启动；观察内存工作区；重新根据 ".mat" 文件恢复原来的工作区变量。

4.在命令窗口中查看 exp 函数的帮助；运行 helpwin 查看超文本格式的帮助文件，试翻译并记录信号处理工具箱（Signal Processing Toolbox）中的函数分类（Functions—Categorical List）。

六、实验报告要求

1.对实验内容 2，说明参数 a 的大小对 y1、y2 波形特征的影响。

2.翻译命令窗口中的 exp 函数的帮助信息。

3.运行 helpwin，试翻译并记录信号处理工具箱中的函数分类。

4.编写实验报告时要结构合理、层次分明，在分析、描述的时候，要注意语言的流畅。

实验 3 矩阵运算与元素群运算

一、实验名称和性质

所属课程	Matlab 入门
实验名称	矩阵运算与元素群运算
实验学时	2
实验性质	□验证 √综合 □设计
必做/选做	√必做 □选做

二、实验目的

1.掌握数组与矩阵的创建。

2.掌握矩阵运算与数组运算。

3.掌握基本元素群运算。

4.掌握向量与矩阵的特殊处理。

三、实验的软硬件环境要求

装载 Windows 操作系统及 Matlab 应用软件的计算机。

四、实验基本原理

1.等比数列可利用首项和公比的元素群的幂乘积生成。

2.提取子矩阵，可灵活应用":"号或空阵［ ］。

3.尽量用Matlab函数生成上述矩阵或向量，不要用手工逐个输入。

五、实验步骤和内容

1．":"号的用法。用":"号生成行向量a=［1 2 3 4 5 6 7 8 9 10］、b=［5 3 1 –1 –3 –5］。

2．用线性等分命令linspace重新生成上述a和b向量。

3．在100和10 000之间用对数等分命令logspace生成10维的向量c。

4．生成范围在［0，10］、均值为5的3×5维的均匀分布随机数矩阵D。

5．利用magic函数生成5×5维的魔方矩阵，取其对角向量e，并根据向量e生成一个对角矩阵E。（所谓魔方矩阵就是各行、各列、各对角线元素之和相等）

6．AA是3×3维魔方矩阵；BB由A旋转180°得到；CC是一个复数矩阵，其实部为AA，虚部为BB；DD是CC的转置；EE是CC的共轭。分别计算CC和EE的模和幅角。

7．f 是一个首项为20、公比为0.5的10维等比数列；g是一个首项为1、公差为3的10维等差数列。试计算向量f和g的内积s。

8．生成一个9×9维的魔方矩阵，提取其中心的3×3维子矩阵M，利用sum函数检验其各行和各列的和是否相等。

9．已知 $T = \begin{bmatrix} 1 & 2 & 3 & 4 \\ 2 & 3 & 4 & 5 \\ 3 & 4 & 5 & 6 \\ 4 & 5 & 6 & 7 \end{bmatrix}$，利用函数生成左上三角矩阵 $T_1 = \begin{bmatrix} 1 & 2 & 3 & 4 \\ 2 & 3 & 4 & 0 \\ 3 & 4 & 0 & 0 \\ 4 & 0 & 0 & 0 \end{bmatrix}$。

六、实验报告要求

1．编写第二节实验内容中所使用的函数命令，并记录相应的生成结果。

2．思考题：是否存在2×2维的魔方矩阵？

3．编写实验报告时要结构合理、层次分明，在分析、描述的时候，要注意语言的流畅。

实验4　线性方程组的求解

一、实验名称和性质

所属课程	Matlab 入门
实验名称	线性方程组的求解
实验学时	2
实验性质	□验证 √综合 □设计
必做/选做	√必做 □选做

二、实验目的

1.掌握恰定方程组的解法。

2.了解欠定方程组、超定方程组的解法。

3.掌握左除法求解线性方程组。

4.学会测试程序的运行时间。

三、实验的软硬件环境要求

装载Windows操作系统及Matlab应用软件的计算机。

四、实验基本原理

1.在计算程序的执行时间之前，应注意用clear命令将内存变量清空。

2.求得线性方程组的解之后，代入原方程验证是否正确。

五、实验步骤和内容

1.用两种方法求下列方程组的解，并比较两种方法的执行时间。

$$\begin{cases} 7x_1 + 14x_2 - 9x_3 - 2x_4 + 5x_5 = 100 \\ 3x_1 - 15x_2 - 13x_3 - 6x_4 - 4x_5 = 200 \\ -11x_1 - 9x_2 - 2x_3 + 5x_4 + 7x_5 = 300 \\ 5x_1 + 7x_2 + 14x_3 + 16x_4 - 2x_5 = 400 \\ -2x_1 + 5x_2 + 12x_3 - 11x_4 - 4x_5 = 500 \end{cases}$$

2.判定下列方程是恰定方程组、欠定方程组还是超定方程组，并求解。

$$\begin{cases} 6x_1 + 9x_2 + 14x_3 - 11x_4 + 5x_5 = 68 \\ x_1 + 14x_2 - 7x_3 - 15x_4 - 6x_5 = 294 \\ -2x_1 + x_2 - 7x_3 + 12x_4 - x_5 = -441 \\ 6x_1 + 11x_2 + 11x_3 - 9x_4 - 13x_5 = 103 \end{cases}$$

3.用网孔电流法求如下电路（如图5-1所示）的各支路电流。

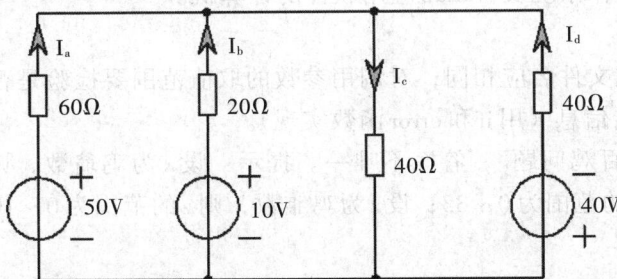

图5-1　电路1

4.用结点电压法求如下电路（如图5-2所示）的结点电压un1、un2。

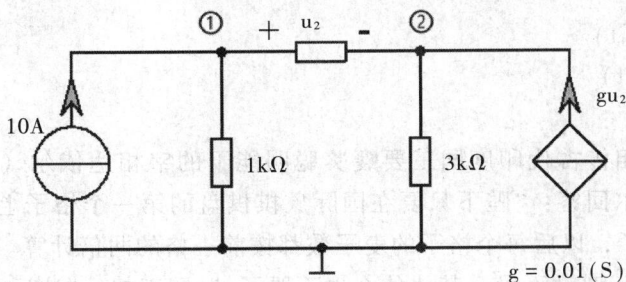

图5-2　电路2

六、实验报告要求

1.编写第二节实验内容中所使用的函数命令，并记录相应的生成结果。

2.对于电路的求解，应列出相应的网孔方程和结点方程，并注意方向。

3.编写实验报告时要结构合理、层次分明，在分析、描述的时候，要注意语言的流畅。

实验5　函数编写与程序设计

一、实验名称和性质

所属课程	Matlab 入门
实验名称	函数编写与程序设计
实验学时	2
实验性质	□验证 √综合 □设计
必做/选做	√必做 □选做

二、实验目的

1.掌握函数的编写规则。

2.掌握函数的调用。

3.会用 Matlab 程序设计、实现一些工程算法问题。

三、实验的软硬件环境要求

装载 Windows 操作系统及 Matlab 应用软件的计算机。

四、实验基本原理

1.函数名和函数文件名应相同；对调用参数的取值范围要检验是否符合要求，如不符合要求，应给出出错信息（用 if 和 error 函数实现）。

2.程序设计："百鸡问题"，答案不唯一。提示：设 x 为鸡翁数，则 x 的范围为 0～19；设 y 为鸡母数，则 y 的范围为 0～33；设 z 为鸡雏数，则 z 的范围为 0～100。

五、实验步骤和内容

1.编写一个 [y, y1, y2] =mwave（f1, m1, f2, m2）函数，实现以下功能，并绘出 y1、y2、y 在 t∈ [0, 2π] 区间 500 个样点的图形。（其中，调用参数 $2 \leqslant f1$、$f2 \leqslant 20$ Hz；$0.5 \leqslant m1$、$m2 \leqslant 2$）

$y_1 = m_1 \sin(2\pi f_1 t)$

$y_2 = m_2 \sin(2\pi f_2 t)$

$y = y_1 + y_2$

2.程序设计：相传古代印度国王要褒奖聪明能干的宰相达依尔（国际象棋发明者），问他要什么？达依尔回答："陛下只要在国际象棋棋盘的第一个格子上放一粒麦子，第二个格子上放二粒麦子，以后每个格子的麦子数都按前一格的两倍计算。如果陛下按此法给我 64 格的麦子，我就感激不尽，其他什么也不要了。"国王想："这还不容易！"他让人扛了一袋麦子，但很快用光了，再扛出一袋还不够……请你为国王计算一下总共要给达依尔多少粒小麦（1袋小麦约1.4×108粒）？

3.程序设计：公元前5世纪，我国古代数学家张丘建在《算经》一书中提出了"百鸡问题"：鸡翁一值钱五，鸡母一值钱三，鸡雏三值钱一。百钱买百鸡，问鸡翁、母、雏各几何？

六、实验报告要求

1.编写第二节实验1所使用的函数文件。

2.程序设计用M文件编写，并记录执行结果。"百鸡问题"答案不唯一，要给出所有答案。

3.编写实验报告时要结构合理、层次分明，在分析、描述的时候，要注意语言的流畅。

实验6　二维图形和三维图形的创建

一、实验名称和性质

所属课程	Matlab入门
实验名称	二维图形和三维图形的创建
实验学时	2
实验性质	□验证 √综合 □设计
必做/选做	√必做 □选做

二、实验目的

1.掌握二维图形的绘制。

2.掌握图形的标注。

3.了解三维曲线和曲面图形的绘制。

三、实验的软硬件环境要求

装载Windows操作系统及Matlab应用软件的计算机。

四、实验基本原理

1.Matlab允许在一个图形中画多条曲线：plot（x1，y1，x2，y2，…）指令绘制 $y_1 = f_1(x_1)$，$y_2 = f_2(x_2)$ 等多条曲线。Matlab自动给这些曲线标以不同颜色。标注可用text函数。

2.绘图时可以考虑极坐标和直角坐标的转换。

3.三维曲线绘图函数为plot3。

五、实验步骤和内容

1.生成1×10维的随机数向量a，分别用红色、黄色、蓝色、绿色绘出其连线图、脉冲图、阶梯图和条形图，并分别标注标题"连线图""脉冲图""阶梯图""条形图"。

2.在同一个图形窗口中，绘制曲线 $y_1 = 2^x$ 和 $y_2 = (1/2)^x$，并分别在靠近相应的曲线处标注其函数表达式。

3. 编写一个 mcircle（r）函数，调用该函数时，根据给定的半径 r，以原点为圆心画一个如图 5-3 所示的红色空心圆（图例半径 r=5）。

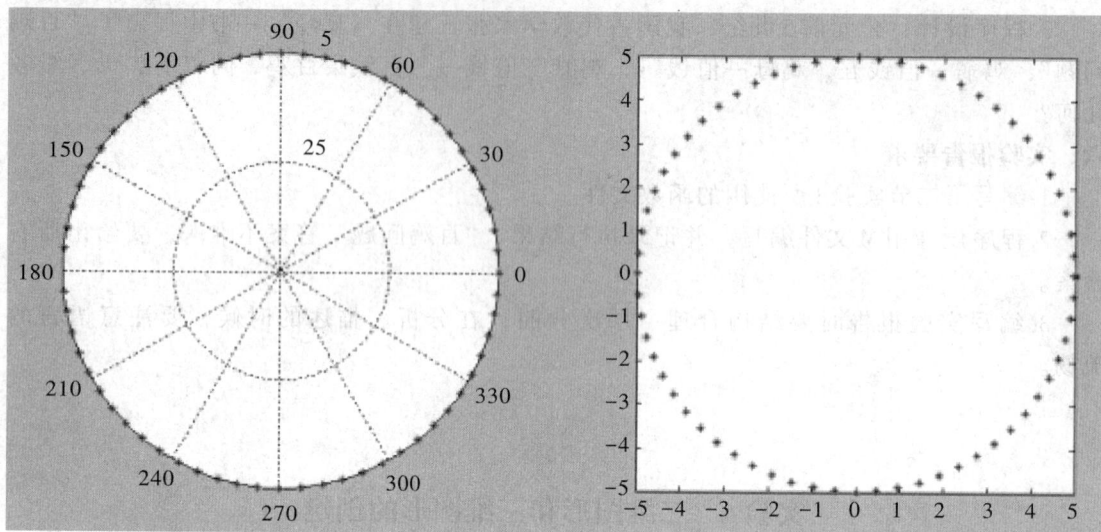

图 5-3　红色空心圆

4. （1）绘制一个圆柱螺旋线（形似弹簧）图。圆柱截面直径为 10，高度为 5，每圈上升高度为 1。如图 5-4 左图所示。

（2）利用（1）的结果，对程序做少许修改，得到如图 5-4 右图所示的图形。

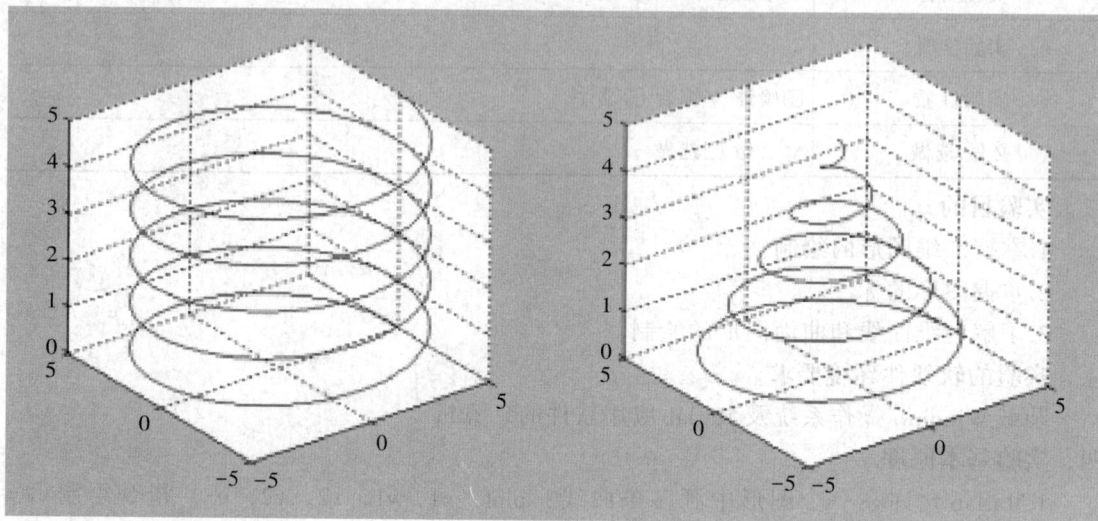

图 5-4　圆柱螺旋线（形似弹簧）图

六、实验报告要求

1. 编写第二节实验内容中所使用的函数命令，并记录相应的生成结果。

2. 编写实验报告时要结构合理、层次分明，在分析、描述的时候，要注意语言的流畅。

实验7　线性时不变系统的时域响应

一、实验名称和性质

所属课程	Matlab入门
实验名称	线性时不变系统的时域响应
实验学时	2
实验性质	□验证 √综合 □设计
必做/选做	√必做 □选做

二、实验目的

1.掌握线性时不变系统的三种描述形式：传递函数描述法、零极点增益描述法、状态空间描述法。

2.掌握三种描述形式之间的转换。

3.掌握连续和离散系统频率响应的求解。

三、实验的软硬件环境要求

装载Windows操作系统及Matlab应用软件的计算机。

四、实验基本原理

1.显示传递函数模型用tf（b，a）；显示零极点增益模型用zpk（z，p，k）。注意，z、p为列向量。

2.连续系统频率响应用freqs函数；离散系统用freqz函数。

3.连续系统冲激响应用impulse函数；离散系统用impz函数。

五、实验步骤和内容

边做实验，边将生成结果和图形拷贝到Word文档中。

1.生成20个点的单位脉冲信号、单位阶跃信号，并记录函数命令和波形。

2.生成占空比为30%的矩形波。

3.将连续系统 $H(s) = 0.5\dfrac{(s-1)(s+3)}{(s+1)(s+2)(s+4)}$ 转化为传递函数的形式，并显示其表达式。

4.将离散系统 $H(z) = \dfrac{3 + 5z^{-1} + 2z^{-2}}{1 - 1.6z^{-1} + 1.3z^{-2} - 0.9z^{-3} + 0.5z^{-4}}$ 转化为零极点增益的描述形式，并显示其表达式。

5.分别求实验内容3和4的频率响应（对离散系统取256样点，采样频率取8000Hz）。

6.分别求实验内容3和4的单位冲激响应（对离散系统作60样点图）。

六、实验报告要求

1.编写第二节实验内容中所使用的函数文件，并记录相应的生成结果。

2.编写实验报告时要结构合理、层次分明，在分析、描述的时候，要注意语言的流畅。

实验8　数字滤波器设计与语音信号处理

一、实验名称和性质

所属课程	Matlab 入门
实验名称	数字滤波器设计与语音信号处理
实验学时	2
实验性质	□验证 √综合 □设计
必做/选做	√必做 □选做

二、实验目的

1.掌握 Butterworth 滤波器、Chebyshev Ⅰ型、Ⅱ型滤波器的设计，并将其用于对语音信号子频带的提取。

2.了解 FIR 滤波器的设计。

三、实验的软硬件环境要求

装载 Windows 操作系统及 Matlab 应用软件的计算机。

四、实验基本原理

1.设计滤波器时，注意频率的归一化。

2.Chebyshev Ⅱ型模拟高通滤波器设计，用函数 cheby2（n，Rs，Wn，'high'，'s'）。其中，Rs=30（表示阻带纹波不超过−30dB）。

3.设计 IIR 带通或带阻滤波器时，若给定滤波器函数的参数为 n，则设计出来的是 2n 阶的滤波器。

4.设计高通滤波器，用'high'关键字；设计带通滤波器用'bandpass'关键字。

5.查看模拟滤波器的频率响应曲线用 freqs 函数；查看数字滤波器的频率响应曲线用 freqz 函数。

6.对于 FIR 滤波器的设计，第一带通如果从 0 开始，则应加关键字'DC−1'。

五、实验步骤和内容

边做实验，边将生成结果和图形拷贝到 Word 文档中。

1.将"Test1.wav"和"Test2.wav"两个语音文件复制到"C：\Matlab6p5\work\"目录下。

2.设计一个4阶的 Chebyshev Ⅱ型模拟高通滤波器，要求截止频率 $f_c = 1kHz$，阻带纹波不超过−30dB。取采样频率 $F_s = 10kHz$。要求给出该滤波器的传递函数表达式，并画出该滤波器的频率响应曲线图。

3.设计一个6阶的 Butterworth 数字带通滤波器，要求截止频率 $f_{c1} = 1000Hz$，$f_{c2} = 3000Hz$，取采样频率 $f_s = 10kHz$。要求给出该滤波器的传递函数表达式，并画出该滤波器的频率响应曲线图。

4.设计一个6阶的Butterworth数字低通滤波器，从一段含噪声语音信号"Test2.wav"（0～4kHz，Fs=8kHz）中提取出500Hz以下的子带信号。在一个图形窗口中分上下两个子窗口，分别显示原始语音信号波形和滤波后的500Hz以下子带信号波形。

5.设计一个65阶的FIR数字滤波器，带通（归一化）：0～0.45、0.65～0.85。画出该滤波器的频率响应曲线图。

六、实验报告要求

1.编写第二节实验内容所使用的M文件，并在Word文档中记录相应的生成结果和图形。

2.编写实验报告时要结构合理、层次分明，在分析、描述的时候，要注意语言的流畅。

第七节 互联网金融实验

互联网金融是一门以技术应用为核心、以能力培养为重点的金融业务与管理课程。本课程以技术应用与业务管理能力为主线，以互联网经济特征和电子商务为引导，以电子货币、互联网金融产生与发展、互联网金融业务、互联网金融服务与清算、互联网金融经营管理、互联网金融业务监督、互联网金融安全为主要内容。而这些内容都对学生的动手能力及实际操作能力有极高的要求，根据教学目标及课时安排，本课程设计了两个实验项目：一是银行网上业务调查（含网商银行）；二是互联网证券业务查询。

实验1 银行网上业务调查（含网商银行）

一、实验名称和性质

所属课程	互联网金融
实验名称	银行网上业务调查（含网商银行）
实验学时	2
实验性质	□验证 √综合 □设计
必做/选做	√必做 □选做

二、实验目的

1.了解银行网上业务，对比各银行（含网商银行）网上业务（个人和企业业务），并通过列表形式比较分析各银行网上业务的特点。

2.通过金融网站查询金融相关信息，包括网上银行、网上保险、网上证券、网上信息咨询和网上投资理财等信息。选择至少三家银行，对其特色业务作出评价总结和对比，其中必须有一家网商银行。

3.了解网站购物常用的支付方式；掌握电子支付的基本过程和流程；比较各网站的支

付方式，以列表形式形成实验报告并回答实验思考题，其中必须有一家网商银行。

三、实验的软硬件环境要求

1. 硬件环境要求：学生使用教室电脑，并需要联网。

2. 使用的软件名称、版本号及模块：使用IE浏览器、EXCEL表格。

四、知识准备

1. 前期要求掌握的知识：各金融机构具体业务形式，电子支付流程。

2. 实验相关理论或原理：银行网上业务、电子支付。

五、实验材料和原始数据

各金融机构在网上公开的各项数据，包括银行具体业务、电子支付具体数据。

六、实验要求和注意事项

充分利用网上的具体数据及信息，注意理论与实践相结合。

七、实验步骤和内容

1. 在百度等搜索引擎上查询招商银行、中国银行、中国工商银行、中国建设银行和网商银行的网址，登录这些银行的网站，查看其开展的网上个人业务和企业业务（以个人银行为例，有账务查询、网上支付、转账汇款、自助缴费、外汇买卖、国债投资、证券服务、功能申请等业务），并以列表形式记录到实验报告中，银行网上企业业务表格项目自己确定。

2. 登录当当网、京东、国美电器网上商城、虹桥花网、淘宝网、易趣网的网站。查询这六个网站的支付方式有哪些（如货到付款、邮局汇款、银行卡支付、直接付费、银行电汇等），然后列表对比，谈谈你对各种支付方式的看法。

八、实验结果和总结

通过列表形式（见表5-1、表5-2）比较分析各银行网上业务的特点，并记录到实验报告中（银行网上企业业务表格项目自己确定）。

表5-1　　　　　　　　　　　**银行网上个人业务的比较**

	招商银行	中国银行	工商银行	网商银行
账务查询	支持	支持	支持	支持
网上支付	支持	支持	支持	支持
转账汇款	支持	支持	支持	支持
自助缴费	支持	支持	支持	支持
…				

表5-2　　　　　　　　　　　**银行网上企业业务的比较**

	招商银行	中国银行	工商银行	网商银行
账务查询	支持	支持	支持	支持
资金划转	支持	支持	支持	支持
资金管理	支持	支持	支持	支持
财务内控管理	支持	支持	支持	支持
…				

九、实验成绩评价标准

完成实验报告，并根据报告情况评定成绩。

实验 2　互联网证券业务查询

一、实验名称和性质

所属课程	互联网金融
实验名称	互联网证券业务查询
实验学时	2
实验性质	□验证 √综合 □设计
必做/选做	√必做 □选做

二、实验目的

了解我国互联网证券的发展情况，并掌握具体的互联网证券操作。

三、实验的软硬件环境要求

1.硬件环境要求：学生使用教室电脑，并需要联网。

2.使用的软件名称、版本号及模块：使用 IE 浏览器。

四、知识准备

1.前期要求掌握的知识：证券业务具体操作流程。

2.实验相关理论或原理：互联网金融网上业务操作原理。

五、实验材料和原始数据

利用网络公开的各证券公司的数据进行具体记录（其中一家为同花顺上市公司）。

六、实验要求和注意事项

充分利用网上具体数据及信息，注意理论与实践相结合。

七、实验步骤和内容

1.在同花顺等提供模拟炒股系统的网站注册，进行模拟股票交易，具体步骤为：模拟炒股—免费注册新用户—接受同花顺网用户注册条款—第一步：选择用户名、密码、邮箱地址—下一步—第二步：填写个人资料—恭喜您，您已经注册成功，成为正式用户—立即登录—参加比赛—你已有 10 万元开始模拟比赛—委托买入—输入股票代码—行情查询—查询股票信息、资金账户、交易情况。

2.登录"同花顺财经""深圳证券交易所""上海证券交易所""和讯网"等证券财经类网站，了解我国证券电子商务的发展情况、证券交易方式、网上证券交易的具体内容及网上证券交易的风险。

八、实验结果和总结

通过填写表 5-3 和表 5-4，将网上证券交易与其他交易方式进行比较，了解网上证券交易的优势及同花顺证券交易平台的优点。

（1）行情与分析

表5-3　　　　　　　　　　　　　　　　行情与分析

交易方式	互联网	柜台委托	电话委托	自助终端	可视电话	STK手机
委托操作地						
直接下单						
设备利用						

（2）证券信息接收与互动

表5-4　　　　　　　　　　　　　　证券信息接收与互动

方式	互联网	柜台委托	电话委托	自助终端	可视电话	STK手机
获取证券资讯						
费用						

九、实验成绩评价标准

完成实验报告，并根据报告情况评定成绩。

第八节　金融营销学实验

实验1　营销环境分析

一、实验名称和性质

所属课程	金融营销学
实验名称	营销环境分析
实验学时	2
实验性质	□验证√综合 □设计
必做/选做	√必做 □选做

二、实验目的

本实验旨在使学生理解影响营销环境的内在和外在因素，学会利用SWOT分析法来分析某项创业计划，训练学生的创业计划的设计能力。

三、实验的软硬件环境要求

无特殊要求，本实验在教室进行即可。

四、知识准备

1.前期要求掌握的知识：营销环境，SWOT分析法。

2.实验相关理论或原理：

1）营销环境

（1）营销环境的概念

营销环境，指存在于企业营销部门外部的不可控制的因素和力量，这些因素和力量是影响企业营销活动及其目标实现的外部条件。

（2）营销环境的构成

营销环境，泛指一切影响、制约企业营销活动的最普遍的因素。企业的营销环境可以分为微观环境和宏观环境两大类：

①微观环境，指与企业紧密相连，直接影响企业营销能力的各种参与者。微观环境包括企业内部因素和企业外部的供应商、营销中介、顾客、竞争者和公众等因素。

②宏观环境，指影响微观环境的一系列巨大的社会力量，代表企业不可控制的变量。宏观环境包括人口、经济、自然、技术、政治法律和文化六大因素。

（3）市场营销活动与市场营销环境

市场营销环境通过其内容的不断扩大及其自身各因素的不断变化，对企业营销活动产生影响。首先，市场营销环境的内容随着市场经济的发展而不断变化。其次，市场环境因素经常处于不断变化之中。

营销环境是企业营销活动的制约因素，营销活动依赖于这些环境才得以正常进行。营销管理者必须注意营销决策不得超越环境的限制；企业营销活动所需的各种资源，需要在环境许可的条件下取得，企业生产与经营的各种产品，也需要被消费者或用户认可与接纳。

虽然企业营销活动必须与其所处的外部和内部环境相适应，但营销活动绝非只能被动地接受环境的影响，营销管理者应采取积极、主动的态度能动地去适应营销环境。在一定条件下，也可运用自身的资源改变环境因素，创造更有利于企业营销活动的空间。

2）SWOT分析法

SWOT分析，有时被称为内外部分析，是指一个公司需要界定其内在资源的优势与劣势，以及外在环境的机会和威胁。SWOT分析实际上是对企业内部和外部各方面内容进行综合和概括，进而分析企业的优势（Strengths）、劣势（Weaknesses）、面临的机会（Opportunities）和威胁（Threats）的一种方法。

运用SWOT分析法研究企业的战略性营销规划，就是强调寻找四个方面中与企业战略性营销密切相关的主要因素。

五、实验步骤和内容

1.选择一项创业项目。

2.利用SWOT分析法对项目进行论证分析。

3.写出一份简单的创业计划书。

六、实验要求和注意事项

每位同学根据自身情况进行个性化分析。

七、实验结果和总结

能够综合考虑各种环境因素的影响，并根据自身素质的发展水平合理设计。

实验2　营销技能实验1

一、实验名称和性质

所属课程	金融营销学
实验名称	营销技能实验1
实验学时	2
实验性质	□验证√综合 □设计
必做/选做	√必做 □选做

二、实验目的

实践基本公共礼仪。

三、实验的软硬件环境要求

无特殊要求，本实验在教室进行即可。

四、知识准备

1.前期要求掌握的知识：基本个人礼仪常识。

2.实验相关理论或原理：个人礼仪，服饰礼仪，仪容礼仪，行为举止。

五、实验要求和注意事项

各小组分别选择导演，再由导演选择编导，完成一个关于礼仪方面的小品剧本，并选择演员进行编排。

六、实验内容

礼仪小品的演出中必须打造一名绅士或淑女：

1.仪容礼仪

（1）清洁仪容。

（2）化妆技巧。

2.仪表礼仪

（1）职场着装规范。

（2）基本三姿训练（站姿、走姿和坐姿）。

（3）手势、鞠躬及微笑的运用与训练。

（4）公众场合仪态规范与禁忌。

七、实验成绩评价标准

教师与观众依据小品生动程度和教育水平分别打分，取其平均分为该组的最终分数。

实验3　营销技能实验2

一、实验名称和性质

所属课程	金融营销学
实验名称	营销技能实验2
实验学时	2
实验性质	□验证√综合 □设计
必做/选做	√必做 □选做

二、实验目的

在模拟情景下帮助学生掌握通用的最基本的金融营销技巧。

三、实验的软硬件环境要求

无特殊要求，本实验在教室进行即可。

四、知识准备

1.前期要求掌握的知识：常用商务礼仪。

2.实验相关理论或原理：见面礼仪，握手礼仪，名片礼仪，交谈艺术。

五、实验要求和注意事项

学生按小组选择某金融行业的具体情境进行设计表演。

六、实验内容

进行一次从电话约访、初次见面、相互介绍、相互握手、互递名片到进行业务交谈的仿真模拟活动。

七、实验成绩评价标准

教师与观众依据小品的生动程度和教育水平分别打分，取其平均分为该组的最终分数。

第九节　投资银行学实验

投资银行学是金融学专业的模块选修课程。该课程借鉴国外投资银行理论，结合我国投资银行业的实践，系统阐述了作为资本市场中介和核心的投资银行的基本理论、基本业务知识和基本操作技能。本课程的主要内容包括证券发行与承销、证券交易、证券投资基金管理、公司并购、项目融资、风险投资及资产证券化等资本市场主要业务活动。本课程旨在使学生对资本市场的运作方式与规程、主要业务操作技能有一定的把握。本课程具有较强的实务性，根据教学目标及课时安排选择了风险投资作为实验章节，相应设置了两个实验：一是风险投资项目选择；二是商业计划书编制。

实验1　风险投资项目选择

一、实验名称和性质

所属课程	投资银行学
实验名称	风险投资项目选择
实验学时	2
实验性质	□验证√综合 □设计
必做/选做	√必做 □选做

二、实验目的和要求

项目选择与调查是风险投资流程的一个至关重要的环节，对于规避投资风险、保障项目顺利完成有着重要意义。本实验旨在使学生加深对风险投资性质与特征的理解，明确风险投资的整个过程与投资银行在风险投资中的主要工作与职责。本实验要求学生在明确风险投资的整个过程的基础上，筛选投资项目，进行前期调查、分析，并拟订投资方案。

三、知识准备

1.前期要求掌握的知识、相关理论：

（1）风险投资的含义及基本特征。

（2）风险投资流程及投资银行在风险投资中的主要职责。

（3）商业计划书。

2.主要参考书目：

［1］李子白. 投资银行学［M］. 北京：清华大学出版社，2005.

［2］戴维 G，劳拉 G. 风险投资操作手册［M］. 复旦大学中国风险投资研究中心，译. 北京：北京大学出版社，2008.

［3］胡海峰. 风险投资学［M］. 北京：首都经济贸易大学出版社，2006.

［4］冯晓琦. 风险投资［M］. 北京：清华大学出版社，2008.

四、实验步骤和内容

1.根据科技发展情况、产品及服务创新，结合市场要求，进行风险投资项目筛选。

2.进行项目调查与分析，拟订投资方案。（调查的具体内容参见下个项目的附件"商业计划书参考格式"）

五、实验组织和安排

1.学生可以5人组成小组，合理分工，明确各自职责，共同完成相关工作。

2.课堂内容在于明确目的、要求、主要工作内容与职责分工，拟订行动计划。

3.利用课外时间进行调查研究、资料分析，形成投资方案。

4.实验步骤可按风险投资流程进行操作。

六、实验结果提交方式

实验结果：投资方案报告。

要求：格式规范、内容正确、完整。

七、实验考核方式和标准

以小组编制的投资方案为依据，从内容到形式对学生的掌握情况进行考核。

八、注意事项

1.结合社会现实情况，避免空想或闭门造车。

2.严格按风险投资流程进行操作，注意分工与配合。

实验2　商业计划书编制

一、实验名称和性质

所属课程	投资银行学
实验名称	商业计划书编制
实验学时	2
实验性质	□验证√综合 □设计
必做/选做	√必做 □选做

二、实验目的和要求

加深对风险投资性质与特征的理解，明确风险投资的整个过程与投资银行在风险投资中的主要工作与职责。

商业计划书是风险投资的核心环节，本实验要求学生明确国际或我国商业计划书的格式规范要求，完成商业计划书的编制。

三、知识准备

1.前期要求掌握的知识、相关理论：

（1）风险投资的含义及基本特征。

（2）风险投资流程及投资银行在风险投资中的主要职责。

（3）商业计划书。

2.主要参考书目：

［1］李子白. 投资银行学［M］. 北京：清华大学出版社，2005.

［2］戴维 G，劳拉 G. 风险投资操作手册［M］. 复旦大学中国风险投资研究中心，译. 北京：北京大学出版社，2008.

［3］胡海峰. 风险投资学［M］. 北京：首都经济贸易大学出版社，2006.

［4］冯晓琦. 风险投资［M］. 北京：清华大学出版社，2008.

四、实验内容

拟定商业计划书：

1.科技创新项目：检索我国或国际专利发明，结合市场需求，进行分析，拟定投资草案，并形成商业计划书。

2.设定环境与条件，进行项目设计，拟定商业计划书。

例：根据学生学习、生活需要，结合学校周边服务设施的建设情况，选择拟投资项目，并完成商业计划书。设定条件：投资额不超过××万元。

五、实验组织和安排

1.学生可以5人组成小组，合理分工，明确各自职责，共同完成相关工作。

2.前期工作：投资预案。

3.拟定商业计划书。

六、实验结果提交方式

实验结果：商业计划书。

要求：格式规范、内容正确、完整。

七、实验考核方式和标准

以小组编制的商业计划书为依据，从内容到形式对学生的掌握情况进行考核。

八、注意事项

1.结合社会现实情况，避免空想或闭门造车。

2.严格按风险投资流程进行操作，注意分工与配合。

九、附件：商业计划书参考格式

××公司（或××项目）商业计划书

编号：

日期：

（项目公司资料）

地址：

邮政编码：

联系人及职务：

电话：

传真：

网址／电子邮箱：

保密

本商业计划书属商业机密，所有权属于××公司（或××项目持有人）。所涉及的内容和资料只限于已签署投资意向书的投资者使用。收到本计划书后，收件方应即刻确认，并遵守以下的规定：

1.在未取得××公司（或××项目持有人）的书面许可前，收件人不得将本计划书之内容复制、泄露、散布；

2.收件人如无意进行本计划书所述之项目，请按上述地址尽快将本计划书完整退回。

目录

报告目录

第一部分　摘要（整个计划的概括）

（文字在2～3页以内）

一、公司简单描述

二、公司的宗旨和目标（市场目标和财务目标）

三、公司目前股权结构

四、已投入的资金及用途

五、公司目前主要产品或服务介绍

六、市场概况和营销策略

七、主要业务部门及业绩简介

八、核心经营团队

九、公司优势说明

十、目前公司为实现目标的增资需求：原因、数量、方式、用途、偿还

十一、融资方案（资金筹措及投资方式）

十二、财务分析

1.财务历史数据（前3～5年销售汇总、利润情况、成长情况）

2.财务预计（后3～5年）

3.资产负债情况

第二部分　综述

第一章　公司介绍

一、公司的宗旨（公司使命的表述）

二、公司简介资料

三、各部门职能和经营目标

四、公司管理

1.董事会

2.经营团队

3.外部支持（外聘人士／会计师事务所／律师事务所／顾问公司／技术支持／行业协会等）

第二章　技术与产品

一、技术描述及技术持有

二、产品状况

1.主要产品目录（分类、名称、规格、型号、价格等）

2.产品特性

3.正在开发／待开发产品简介

4.研发计划及时间表

5.知识产权策略

6.无形资产（商标／知识产权／专利等）

三、产品生产

1.资源及原材料供应

2.现有生产条件和生产能力

3.扩建设施、要求及成本，扩建后生产能力

4.原有主要设备及添置设备

5.产品标准、质检和生产成本控制

6.包装与储运

第三章　市场分析

一、市场规模、市场结构与划分

二、目标市场的设定

三、产品消费群体、消费方式、消费习惯及影响市场的主要因素分析

四、目前公司产品市场状况，产品所处市场发展阶段（空白／新开发／高成长／成熟／饱和），产品排名及品牌状况

五、市场趋势预测和市场机会

六、行业政策

第四章　竞争分析

一、无行业垄断

二、从市场细分看竞争者市场份额

三、主要竞争对手情况：公司实力、产品情况（种类、价位、特点、包装、营销、市场占有率等）

四、潜在竞争对手情况和市场变化分析

五、公司产品竞争优势

第五章　市场营销

一、概述营销计划（区域、方式、渠道、预估目标、份额）

二、销售政策的制定（以往／现行／计划）

三、销售渠道、方式、行销环节和售后服务

四、主要业务关系状况（代理商／经销商／直销商／零售商／加盟者等），各级资格认定标准及政策（销售量/回款期限／付款方式／应收账款／货运方式／折扣政策等）

五、销售队伍情况及销售福利分配政策

六、促销和市场渗透（方式及安排、预算）

1.主要促销方式

2.广告／公关策略媒体评估

七、产品价格方案

1.定价依据和价格结构

2.影响价格变化的因素和对策

八、销售资料统计和销售记录方式，销售周期的计算

九、市场开发规划，销售目标（近期、中期），预估（3年～5年）销售额、占有率及计算依据

第六章　投资说明

一、资金需求说明（用量／期限）

二、资金使用计划及进度

三、投资形式（贷款／利率／利率支付条件／转股-普通股、优先股、任股权／对应价格等）

四、资本结构

五、回报／偿还计划

六、资本原负债结构说明（每笔债务的时间／条件／抵押／利息等）

七、投资抵押（是否有抵押／抵押品价值及定价依据／定价凭证）

八、投资担保（是否有抵押／担保者财务报告）

九、吸纳投资后股权结构

十、股权成本

十一、投资者介入公司管理之程度说明

十二、报告（定期向投资者提供的报告和资金支出预算）

十三、杂费支付（是否支付中介人手续费）

第七章　投资报酬与退出

一、股票上市

二、股权转让

三、股权回购

四、股利

第八章　风险分析

一、资源（原材料／供应商）风险

二、市场不确定性风险

三、研发风险

四、生产不确定性风险

五、成本控制风险

六、竞争风险

七、政策风险

八、财政风险（应收账款／坏账）

九、管理风险（含人事／人员流动／关键雇员依赖）

十、破产风险

第九章　管理

一、公司组织结构

二、管理制度及劳动合同

三、人事计划（配备／招聘／培训／考核）

四、薪资、福利方案

五、股权分配和认股计划

第十章　经营预测

增资后3年~5年公司销售数量、销售额、毛利率、成长率、投资报酬率预估及计算依据

第十一章　财务分析

一、财务分析说明

二、财务数据预测

1.销售收入明细表

2.成本费用明细表

3.薪金水平明细表

4.固定资产明细表

5.资产负债表

6.利润及分配明细表

7.现金流量表

8.财务指标分析

（1）反映财务盈利能力的指标

a.财务内部收益率（FIRR）

b.投资回收期（PT）

c.财务净现值（FNPV）

d.投资利润率

e.投资利税率

f.资本金利润率

g.不确定性分析：盈亏平衡分析、敏感性分析、概率分析

（2）反映项目清偿能力的指标

a.资产负债率

b.流动比率

c.速动比率

d.固定资产投资借款偿还期

第三部分　附录

一、附件

1.营业执照影印本

2.董事会名单及简历

3.主要经营团队名单及简历

4.专业术语说明

5.专利证书／生产许可证／鉴定证书等

6.注册商标

7.企业形象设计／宣传资料（标识设计、说明书、出版物、包装说明等）

8.简报及报道

9.场地租用证明

10.工艺流程图

11.产品市场成长预测图

二、附表

1.主要产品目录

2.主要客户名单

3.主要供货商及经销商名单

4.主要设备清单

5.主场调查表

6.预估分析表

7.各种财务报表及财务预估表

第十节　信托与租赁实验

本课程较为系统地介绍了信托与租赁这两项金融领域非常重要的业务，主要研究信托与租赁的基本含义、作用、特点、业务种类、业务操作程序及业务管理等，是一门理论性和实践性都较强的金融专业基础课程。随着我国金融体制的完善，金融机构的业务趋于规范，对这两项业务的认识和把握也越来越重要。学习本课程能够使学生全面、准确地掌握信托与租赁业务。根据教学目标及课时安排，本课程的实验教程紧扣信托与租赁的核心环节，设计了两个实验项目：一是公益信托问题分析；二是融资租赁问题分析。

实验1　公益信托问题分析

一、实验名称和性质

所属课程	信托与租赁
实验名称	公益信托问题分析
实验学时	2
实验性质	√验证 □综合 □设计
必做/选做	√必做 □选做

二、实验目的和要求

本实验旨在使学生加深对公益信托的含义的理解，了解我国现行公益信托的有关法律制度，明确我国公益信托的现状、特点、存在的主要问题及相应的对策。本实验要求学生运用所学知识和技能，选择适当的方法，对目标公益信托项目做深入分析，提出解决方案。

三、知识准备

1.前期要求掌握的知识、相关理论：公益信托的含义，公益信托的特点，公益信托的种类，我国的信托立法，公益信托的管理与监督。

2.主要参考书目：

［1］王浩. 信托理论与实务［M］. 沈阳：辽宁大学出版社，2007.

［2］叶伟春. 信托与租赁［M］. 上海：上海财经大学出版社，2008.

［3］李曜. 证券投资基金管理学［M］. 2版. 北京：清华大学出版社，2005.

四、实验步骤和内容

实验材料——公益信托：莫让"爱心捐赠"变成"爱心官司"

1995年7月，广西横县地税局公务员余辉确诊患上白血病。为筹集巨额医疗费，横县地税局主动向全国部分税务机关发出"紧急求援信"，募集医疗费，并成立"抢救余辉资金管理委员会"，对捐款的使用进行监督。至1996年6月，该委员会收到单位及个人捐款（并利息）合计24万余元。捐款汇款单上大多标注"余辉治疗费""余辉住院费""捐给余辉治病"等字样。

余辉于 1998 年 11 月 2 日病亡。此时尚余捐款 14 万多元。余父余其山与横县地税局就捐款余额的处置产生纠纷。2000 年 5 月，余其山向横县法院提起诉讼，请求法院判令横县地税局将捐款余额交付自己支配。

此案历经一审、二审、上诉、败诉，折腾了若干年，终于在 2003 年 8 月 14 日由广西壮族自治区高级人民法院作出终审判决，提出司法建议：该款属于公益财产，在余辉已经死亡、捐款不能继续用于治疗余辉疾病的情况下，建议横县地税局将该款交给当地慈善机构或民政部门，以更好地实现捐款人的愿望。

分析与思考

这起著名的"爱心捐款官司"一波三折，前后历经 8 年方尘埃落定，在法律界和社会上引起广泛争议和热烈讨论。2002 年和 2003 年，全国各地的多家报刊、电台、电视台等媒体以极大的热情关注了此案的进展和结果。新华社、央视《社会经纬》《今日说法》栏目均对其做了报道。各类专家学者也是见仁见智，侃侃而谈，一时热闹非凡。

现在看来，在此案山重水复、柳暗花明的过程中，争议的焦点主要如下：

（1）爱心捐款的性质之争：是"赠与"还是"捐赠"。

（2）情理与法理、道德与法律之争：是"法不容情"还是"司法空白"。

从根本来说，只有把本案中的当事人之间的行为确认为信托法律关系，适用《中华人民共和国信托法》（以下简称《信托法》）及其法理，才能对本案的性质作出准确的判断，进行恰当的司法判决。

这并不是一种简单的主张和纯粹的判断，上述看似难以化解的悖论、矛盾、冲突、困惑，只有用信托法律关系来解释、应对，才会迎刃而解。这是由信托作为一种关于财产转移和财产管理的基本法律设计所独具的特性和优势所决定的。

《信托法》第六章是关于公益信托的规定。其中，第六十三条明确规定：公益信托的信托财产及其收益，不得用于非公益目的。第七十二条明确规定：公益信托终止，没有信托财产权利归属人或者信托财产权利归属人是不特定的社会公众的，经公益事业管理机构批准，受托人应当将信托财产用于与原公益目的相近似的目的，或者将信托财产转移给具有近似目的的公益组织或者其他公益信托。

本案例终审判决的司法建议提出："该款属于公益财产，在余辉已经死亡，捐款不能继续用于治疗余辉疾病的情况下，建议横县地税局将该款交给当地慈善机构或民政部门，以更好地实现捐款人的捐款愿望。"这笔财产既然是公益财产，笔者又论证当事人行为是信托行为，那么法院得出这样的结论合理合法、结果圆满。

在信托的定义中，"为受益人的利益或者特定目的"这一限定性从句在公益信托业务中应予特别强调。"爱心官司"确实是一个非常特殊的案例，其信托关系中受益人和信托目的是特定的，但又符合公益信托的特征，适用公益信托相关条款顺理成章。因此，对于公益信托"受益人必须是不特定社会公众"的特征描述不可作机械僵化的理解。

现今在中国，信托观念远未深入人心，关于信托的投资者教育工作任重道远。有很多在人们身边眼前的信托关系和行为，也很难被人们以信托的法理来认识和处理。例如，证券投资基金所依据的信托契约、公司治理中的信托设计、如何在公益事业中区分事务管理性工作和投资理财性工作、用信托来帮助造就公益事业的"透明玻璃口袋"，以及本文所提及的"爱心官司"等，都是信托领域值得思考的题目。

现在，信托法律工作者和信托从业人员需要不断努力，积极扩大信托的影响、弘扬信托的精神、彰显信托的优势，使信托观念深入人心，拥有可以广泛开展信托业务的社会环境、社会土壤、社会信誉，使人们把信托作为应对社会矛盾、解决经济问题的一种常用武器，使之多层次、全方位地介入社会经济生活。到那时，中国的信托事业定将蒸蒸日上、日新月异。

五、实验组织和安排

1.建议以小组为单位，对有一定规模的公益信托项目做较为深入的调查，掌握第一手资料，应用相关理论进行剖析，明确存在的问题，提出解决策略和建议。

2.实验步骤：

（1）拟定调查提纲与表格。

（2）选定一个有一定规模的公益信托项目进行调查。

（3）整理、分析资料，明确现状与存在的问题，提出解决举措。

（4）形成调研报告。

六、实验结果提交方式

实验结果：完成调研报告。

要求：资料翔实，分析有理有据，结论明确，对策可行。

七、实验考核方式和标准

根据调查研究报告完成情况进行考核。

八、注意事项

调查问卷力求内容充实、系统、简明。

实验2　融资租赁问题分析

一、实验名称和性质

所属课程	信托与租赁
实验名称	融资租赁问题分析
实验学时	2
实验性质	√验证 □综合 □设计
必做/选做	√必做 □选做

二、实验目的和要求

本实验旨在使学生加深对融资租赁含义的理解，了解我国现行关于融资租赁的法律制度、国内外融资租赁的现状、特点，明确我国融资租赁存在的主要问题及相应的对策。本实验要求学生充分考虑企业融资的政策和市场环境，提出完善融资租赁方式的具体措施。

三、知识准备

1.前期要求掌握的知识、相关理论：融资租赁立法概况，租赁合同的基本内容，租赁合同的签订，租赁合同的履行，租赁合同变更和解除的条件，租赁合同变更和解除的程序，租赁项目决策，租赁机构与管理。

2.主要参考书目：

[1] 王浩.信托理论与实务 [M].沈阳：辽宁大学出版社，2007.

[2] 叶伟春.信托与租赁 [M].上海：上海财经大学出版社，2008.

[3] 李曜.证券投资基金管理学 [M].2版.北京：清华大学出版社，2005.

四、实验内容

实验材料——融资租赁合同案

1984年9月1日和同年12月25日，甲租赁有限公司和乙市电子工业局（以下简称 电子局）签订了两份融资租赁合同。按该两份租赁合同约定和承租人电子局的要求，出租人甲租赁公司从国外购进年产五百万只充气塑料打火机的全套设备和生产技术，及一台气罐车和生产设备的零配件，租赁给电子局。第一份租赁合同的租赁期为1986年1月1日至1989年1月1日；第二份租赁合同租赁期为1986年3月1日至1989年3月1日。两份合同租金总额共397 501 834日元，约定分六次还清，每六个月还一次，未能支付的到期租金应付延迟利息。合同还约定，如电子局不支付租金，甲公司可要求即时付清租金的一部分或全部，或径行终止合同，收回租赁物件，并由电子局赔偿损失。上述两份合同均由乙市国际经济技术合作公司（以下简称国际合作公司）为承租人提供担保。合同订立后，甲租赁公司从日本购入设备，安装在乙市某无线电二厂（以下简称无线电二厂）使用。经电子局和无线电二厂检验，设备质量合格。设备投产后，因生产原料需从国外进口，成本高，加之产品销路不好，致使设备开工不久就停产。承租人电子局和无线电二厂自约定偿还第一期租金起，就未能按合同约定如数支付租金，前后两次仅支付租金41 639 002日元，付利息5 319 467日元（均系无线电二厂支付），尚欠租金355 862 832日元及逾期利息。原告多次催要未果，遂向人民法院起诉。

问题：

（1）融资租赁合同中途是否可以解除，造成的损失应由谁承担？

（2）甲租赁公司与电子局签订的融资租赁合同是否有效？

（3）无线电二厂是否应承担责任？

（4）国际合作公司应承担什么责任？

材料分析：

人民法院审理认为：甲租赁公司和电子局所签订的融资租赁合同符合国家法律，应为有效合同。国际合作公司为承租人所做的担保，不违反国家法律，亦应认定为有效。电子局作为承租人未按合同规定交付租金，违反了租赁合同的规定，国际合作公司未履行担保人代承租人支付租金的义务，也构成违约。电子局应支付租赁合同项下的全部租金和迟延利息，国际合作公司对此应承担连带清偿责任。无线电二厂虽是租赁物件的使用人，但不是租赁合同的当事人，不应承担直接还款之责。被上诉人关于上诉人未及时采取措施，致使损失扩大的主张没有事实、法律依据，国际合作公司关于甲租赁公司超过诉讼时效的主张亦无事实依据，本院不予采纳。电子局偿还所欠甲租赁公司租金和利息。国际合作公司对前述债务承担连带清偿责任。

五、实验组织和安排

1.建议学生以小组为单位，根据浙江特色，对有一定规模的企业的融资租赁情况做较为深入的调查，掌握第一手资料，应用相关理论进行剖析，明确存在的问题，提出解决策略和建议。

2.实验步骤：

（1）拟定调查提纲与表格。

（2）选定一家有一定规模的企业就融资租赁问题进行调查。

（3）整理、分析资料，明确现状与存在的问题，提出解决措施。

（4）形成调研报告

六、实验结果提交方式

实验结果：完成调研报告。

要求：资料翔实，分析有理有据，结论明确，对策可行。

七、实验考核方式和标准

根据调查研究报告完成情况进行考核。

八、注意事项

1.调查问卷力求内容充实、系统、简明。

2.尽可能与企业进行事前沟通。

第十一节　金融工程实验

本课程较为系统地介绍了远期、期货、互换、期权等衍生金融产品的基本原理，衍生金融产品定价的基本原理，运用衍生金融产品进行套期保值的基本原理，以及金融工程的基本理论和技术。学习本课程能够使学生初步掌握运用工程技术的方法，如进行数学建模、数值计算、网络图解、仿真模拟等设计，开发和实施新型金融产品，创造性地解决金融问题，培养学生的金融工程思维。根据教学目标及课时安排，本课程的实验教程紧扣金融工程的核心环节，设计了两个实验项目：一是认购权证估值；二是认沽权证的估值与投资分析。

实验1　认购权证估值

一、实验名称和性质

所属课程	金融工程
实验名称	认购权证估值
实验学时	2
实验性质	□验证√综合 □设计
必做/选做	√必做 □选做

二、实验目的和要求

认购权证估值是金融工程衍生产品定价中的核心内容。由于权证的估值与其标的资产的波动性有相当紧密的关系，而股票波动性的测算又相当复杂，因此认购权证估值涉及面广、技术性强。本次实验旨在使学生深入理解认购权证的含义、基本原理，并在此基础上掌握认购权证估值的基本方法。本实验要求学生运用所学知识和技能，选择适当的模型，初步估算认购权证的价值。

三、知识准备

1. 前期要求掌握的知识、相关理论：

（1）认购权证的含义及特点；

（2）我国有关权证的管理暂行办法；

（3）认购权证估值的模型及适用情形。

2. 主要参考书目：

[1] 约翰 H. 期权、期货及其他衍生产品 [M]. 9版. 王勇，索吾林，译. 北京：机械工业出版社，2014.

[2] 郑振龙. 金融工程 [M]. 北京：高等教育出版社，2003.

[3] 郑振龙，等. 衍生证券 [M]. 武汉：武汉大学出版社，2004.

[4] 斯科特 M，罗伯特 M，安德鲁 P，等. 金融工程案例 [M]. 胡维熊，译. 大连：东北财经大学出版社，2001.

四、实验内容

从公开信息来看，宝钢股份于2005年8月18日实施股改方案，与第二批其他股改个股不同的是，宝钢股份的对价方案中含有一个存续期为378天的欧式认购权证，其发行数量为每10股派发1份，而每1份权证未来可认购1股宝钢股票，行权价格是4.5元。宝钢方案中的权证是认购权证。

（一）宝钢权证基本条款

（1）发行人：宝钢集团有限公司（备兑权证）。

（2）存续期：378天（自认购权证被划入流通股股东账户之日起算，含该日）。

（3）权证类型：欧式认购权证，即于认购权证存续期间，权证持有人仅有权在行权日行权。

（4）发行数量：38 770万份。

（5）行权日：权证存续期的最后一个交易日。

（6）行权比例：权证持有人所持每份认购权证可按行权价向宝钢集团有限公司购买宝钢股份（A股）股票的数量。本认购权证初始行权比例为1，即1份认购权证可按行权价向宝钢集团有限公司购买1股宝钢股份（A股）股票。

（7）行权价：4.50元。

（8）宝钢股份A股股票除权、除息的，行权价和行权比例将按以下规则调整：

当宝钢股份A股除权时，认购权证的行权价、行权比例将按以下公式调整：

新行权价=原行权价×（宝钢股份A股除权日参考价/除权前一日宝钢股份A股收盘价）

新行权比例=原行权比例×（除权前一日宝钢股份A股收盘价/宝钢股份A股除权日参考价）

当宝钢股份A股除息时，认购权证的行权比例保持不变，行权价格按下列公式调整：

新行权价=原行权价×（标的证券除息日参考价/除息前一日标的证券收盘价）

（9）结算方式：股票给付方式结算，即宝钢集团公司按行权价格向行权者收取现金并支付股份。

（二）宝钢权证理论价值估算

业界普遍应用B-S模型对模拟权证进行定价。

Black-Scholes期权定价模型是一个反向问题，即已知时刻T的值，而求初始时刻的值。其建模的一个基本思路是套期保值，即交易者为减少风险而采取的投资组合策略。B-S公式中的因素包括标的资产的市场价格、行权价格、波动率、到期时间和无风险利率等。

我们从上述影响权证的因素可以看出，在对宝钢权证进行估价时，首先要明确上述参数的取值。根据宝钢股份认购权证的发行公告，我们可以明确的是行权价格X=4.50，T-t=378，无风险利率r按1年期定期存款利率2.25%取值（宝钢股份认购权证上市公告中，无风险利率按7年期国债到期收益率3.3%估算，但业界普遍认为该取值偏高）。

宝钢股价的历史波动率见表5-5。

表5-5 宝钢股价的历史波动率

时间段	波动率（%）	涨跌幅（%）
2001年1月19日至2001年10月22日	22.8	-42.4
2001年10月23日至2002年6月20日	23.9	1.2
2002年6月27日至2003年1月6日	13.8	-13.1
2003年1月7日至2003年4月15日	28.0	43.8
2003年9月29日至2004年1月7日	30.7	50.2
2004年1月8日至2004年4月19日	27.6	-19.7
2004年4月27日至2004年5月24日	47.2	-22.9
2004年1月8日至2005年5月24日	29.2	-38.9
平均	26.4	

我们选取波动率的平均值0.264。

由于宝钢集团承诺，在股改方案通过后的6个月内，如果股价低于4.53元，将在二级市场上增持股份，这可以作为宝钢的均衡价位。宝钢股改上市后的首日收盘价为4.58元。

（三）测算宝钢认购权证的合理价值

五、实验组织和安排

以小组为单位，根据所选资料，选择权证估计模型，对所选权证进行估值。

六、实验结果提交方式

实验结果：估算出所选认购权证的理论价值。

要求：方法恰当、预测合理、步骤清晰、结论准确。

七、实验考核方式和标准

根据方法选择、定价思路及计算结果进行综合评定。

八、注意事项

1.预测权证影响因素波动率时应根据具体情况采用历史波动率或隐含波动率进行测算。

2.对于缺少的数据进行合理假设。

实验2　认沽权证的估值与投资分析

一、实验名称和性质

所属课程	金融工程
实验名称	认沽权证的估值与投资分析
实验学时	2
实验性质	□验证√综合 □设计
必做/选做	√必做 □选做

二、实验目的和要求

根据权利的行使方向，权证又可以分为认购权证和认沽权证，认购权证属于期权中的"看涨期权"，认沽权证属于"看跌期权"。

认沽权证作为我国的一种新型金融产品，根据国际通行的Black-Scholes模型来测算市场价值。其估值同样跟标的资产的波动性有相当紧密的关系，而股票波动性的测算又有相当的复杂性，波动率的测算是否准确直接影响到权证定价的准确性。本次实验旨在使学生进一步理解认沽权证的含义、基本原理，并在此基础上掌握认沽权证估值的基本方法。本实验要求学生运用所学知识和技能，初步估算认沽权证的价值，并在此基础上根据权证的市场表现及资金参与情况来分析其投资价值。

三、知识准备

1.前期要求掌握的知识、相关理论：

（1）认沽权证的含义及特点。

（2）我国有关权证的管理暂行办法。

（3）认沽权证估值的模型及适用情形。

2.主要参考书目：

［1］约翰 H. 期权、期货及其他衍生产品［M］. 9版. 王勇，索吾林，译. 北京：机械工业出版社，2014.

［2］郑振龙. 金融工程［M］. 北京：高等教育出版社，2003.

［3］郑振龙，等. 衍生证券［M］. 武汉：武汉大学出版社，2004.

［4］斯科特 M，罗伯特 M，安德鲁 P，等. 金融工程案例［M］. 胡维熊，译. 大连：东北财经大学出版社，2001.

四、实验内容

（一）海尔权证基本条款

在青岛海尔股份有限公司（以下简称青岛海尔）的股份对价方案中，非流通股股东向方案实施股权登记日登记在册的流通股股东每10股流通股派送1股股份和9份认购权证。海尔认沽权证的条款归纳如下：

（1）发行人：青岛海尔股份有限公司。

（2）存续期：方案实施之日起12个月。

（3）权证类型：欧式认沽权证，即于认购权证存续期间，权证持有人仅有权在行权日行权。

（4）发行数量：607 361 050份。

（5）行权日：权证存续期内最后五个交易日，即2007年5月10日至5月16日的5个交易日。

（6）行权比例：1∶1。

（7）行权价：4.39元/股。

（8）行权结算方式：股票给付方式，即认沽权证持有人行权时，应向海尔集团公司交付相应数量的青岛海尔股份有限公司的股票，并获得依行权价格及相应股票数量计算的价款。

（二）青岛海尔股票波动率

海尔权证是欧式认沽权证，可以采用布莱克–斯科尔斯–莫顿期权模型进行定价。截至2006年5月19日，"G海尔"收盘价为4.66元，认沽权证执行价格为4.39元，处于价外状态，根据所选时间区间，估计青岛海尔剔除股改因素后的短期、中期和长期历史波动率。

（三）理论估值与投资分析

五、实验组织和安排

以小组为单位，根据所给资料，选择认沽权证估计模型，对所选权证进行合理估值。

六、实验结果提交方式

实验结果：估算出所选认沽权证的价值。

要求：方法恰当、预测合理、步骤清晰、结论准确。

七、实验考核方式和标准

根据模型选择、解题思路及估算结果进行综合评定。

八、注意事项

1.预测权证影响因素波动率时应根据具体情况采用历史波动率或隐含波动率进行测算。

2.对于缺少的数据进行合理假设。

第十二节　金融会计分析实验

金融会计分析是企业经营管理的重要组成部分，是各项业务工作的基础。本课程以金融理论和会计理论为理论基础，着重研究如何运用会计方法，为促进金融宏观调控、实现金融业务活动目标、完成金融企业各项职责任务并服务于社会经济而发挥作用。学习本课程能够使学生了解金融会计工作内容，以及核算、监督、检查、分析的基本理论知识和基本技能，掌握金融企业会计的基本核算方法和各项业务处理方法。根据教学目标及课时安排，本课程的实验教程紧扣金融会计分析的核心环节，设计了三个实验项目：一是个人储蓄业务操作；二是对公业务操作；三是对公日终处理操作。

实验1　个人储蓄业务操作

一、实验名称和性质

所属课程	金融会计分析
实验名称	个人储蓄业务操作
实验学时	4
实验性质	□验证√综合 □设计
必做/选做	√必做 □选做

二、实验目的和要求

学生应通过实验，深化对理论知识的理解，了解金融会计核算业务流程，掌握会计核算的基本技能；训练银行个人储蓄业务账务组织处理、记账规则，以及记账、算账与结账的基本方法；学会开立客户号及相关账户开户、存取款操作的方法，体会普通柜员角色的业务处理过程。

三、实验的软硬件环境要求

1.硬件环境要求：学生使用教室电脑，连接校园网即可。

2.使用的软件名称、版本号及模块：电脑装载 Windows 2000 以上版本系统即可。

四、知识准备

1.前期要求掌握的知识、相关理论：熟悉储蓄业务操作流程和会计核算，尤其是活期储蓄、定期储蓄等常见业务及其他储蓄业务的核算；掌握如何为个人储蓄客户开立客户号及活期存款账户、整存整取账户、定活两便账户，如何进行存取款业务操作，理解商业银行个人业务处理的业务规范和操作流程；掌握存本取息、通知存款、普通支票的业务规范及操作流程。

2.主要参考书目：

［1］李燕. 金融企业会计［M］. 2版. 大连：东北财经大学出版社，2018.

［2］嘉兴学院商学院金融系. 金融学专业实验（实训）指导书［M］. 北京：经济科学出版社，2012.

五、实验内容

需要完成的案例操作		说明	操作	分值
个人储蓄业务	一、开立客户号 1.开立普通客户号：为第一次来本行办理开户业务的个人客户×××开设普通客户号一个 2.开立一卡通客户号：为×××开设一卡通客户号一个	输入个人客户的基本资料后，系统会自动生成一个客户号，记下此客户号	［个人储蓄>>客户管理>>开普通客户］	1
			［个人储蓄>>客户管理>>开一卡通客户］	1
	二、活期储蓄 1.用上一步操作生成的普通客户号为×××开设普通存折存款账户及一卡通存款账户各一个，开户存款金额各为5 000元 2.×××的普通活期存款账户存款2 000元，一卡通活期存款账户存款8 000元 3.×××的普通活期存款账户取款1 000元，一卡通活期存款账户取款2 000元	储蓄账号共15位，由前10位的客户号和5位的账号后缀组成。其中，账号后缀前4位为顺序号，第5位为校验位	［个人储蓄>>活期储蓄］	3
	三、整存整取 1.为×××开设普通整存整取账号一个，开户金额为2 000元，存期为三个月 2.对普通整存整取账号提前支取1 000元 3.为×××开设一卡通整存整取账号一个，开户金额为6 000元，存期为一年 4.对一卡通整存整取账户提前支取1 500元	客户号仍为之前开设的普通客户号和一卡通客户号，账户后缀改变	［个人储蓄>>整存整取］	4
	四、定活两便 1.为×××开设普通定活两便账户一个，开户金额为2 500元 2.为×××开设一卡通定活两便账户一个，开户金额为3 000元 3.将普通定活两便账户销户 4.将一卡通定活两便账户销户	客户号不变	［个人储蓄>>定活两便］	4
	五、零存整取 1.为×××开设普通零存整取账户一个，存期为1年，开户金额为3 000元 2.普通零存整取账户存款2 000元 3.普通零存整取账户销户	用普通客户号开立零存整取账户	［个人储蓄>>零存整取］	3
	六、存本取息 1.为×××开设存本取息账号一个，开户金额为10 000元，存期为1年（输入存期代码：301），取息间隔为1个月 2.存本取息销户	客户号为普通客户号，存折号为普通存折凭证号	［个人储蓄>>存本取息］	2
	七、通知存款 1.为×××开设普通通知存款账户一个，开户金额为80 000元 2.普通通知存款部分支取5 000元，通知期录入101或107 3.普通通知存款账户销户，将该账户余额全部取出，通知期录入101或107	客户号为普通客户号，存折号为普通存折凭证号，通知存款起存金额为5万元，超出5万元的业务操作要输入其他柜员的柜员号及密码进行复核	［个人储蓄>>通知存款］	3
	八、普通支票 1.为×××开设普通支票账户一个，开户金额为20 000元，印鉴类别为：印鉴 2.向普通支票账户存入现金3 000元 3.将之前已出库的25张支票出售给该支票账户 4.从该支票账户中用支票取款1 000元 5.对该支票账户进行结清操作 6.对该支票账户进行销户操作	客户号为普通客户号，支票出售为1元/张	［个人储蓄>>普通支票］	6

六、实验组织和安排

1.个人进行模拟实验操作。

2.模拟实验时间安排在课程的中后期。

七、实验结果提交方式

实验结果：系统自动生成上机结果。

要求：方法恰当、步骤清晰、正确。

八、实验考核方式和标准

成绩组成内容有：考勤，占20%；上机操作及结果，占80%。要求学生详细阐述操作程序及心得，以理论方法运用是否正确作为成绩评价依据。

九、注意事项

当账号、存折号、货币和交易码输入完毕后，光标移到下一个输入框时，系统自动在窗口的上半部分显示该客户的详细信息。操作需小心谨慎，切不可随意。

实验2　对公业务操作

一、实验名称和性质

所属课程	金融会计分析
实验名称	对公业务操作
实验学时	6
实验性质	□验证√综合 □设计
必做/选做	√必做 □选做

二、实验目的和要求

本实验旨在使学生深入理解理论知识，了解金融会计核算业务流程，掌握会计核算的基本技能，以及银行对公业务的账务处理的基本方法，学会对公存贷业务和结算业务的操作方法。

三、实验的软硬件环境要求

1.硬件环境要求：学生使用教室电脑，连接校园网即可。

2.使用的软件名称、版本号及模块：电脑装载Windows 2000以上版本系统即可。

四、知识准备

1.前期要求掌握的知识、相关理论：对公基本账户、定期账户、汇票业务的含义；对公客户号的意义；对公存贷业务的基本操作流程和业务规范；结算业务中辖内业务及同城业务之间的区别；结算业务中各种业务的操作流程及业务规范。

2.主要参考书目：

［1］李燕. 金融企业会计［M］. 2版. 大连：东北财经大学出版社，2018.

［2］嘉兴学院商学院金融系. 金融学专业实验（实训）指导书［M］. 北京：经济科学出版社，2012.

五、实验内容

需要完成的案例操作（必做）	说明	操作	分值
一、新开户业务 1.新开客户号：为深圳××××科技有限公司开客户号一个 2.开基本存款账户：为深圳××××科技有限公司开对公存款"基本账户"一个（账户类别：工业存款；分析码：任意三个数字；存期：000；账户标志：基本户。其他项按默认内容） 3.开定期存款账户：为深圳××××科技有限公司开对公存款"一年以内定期存款"账户一个（账户类别：工业存款；分析码：任意三个数字；存期：301；账户标志：专用户。其他项按默认内容）	一个企业只能有一个"基本账户"，此账户须在人民银行备案，可以提取现金	［对公存贷>>新开户业务>>新开客户号］ ［对公存贷>>新开户业务>>开存款账户］	2
二、一般活期及临时存款 1.现金存款：深圳××××科技有限公司出纳到本支行柜台存入现金200 000元到其基本账户 2.现金取款：深圳××××科技有限公司出纳到本支行柜台从该公司基本账户中提取现金1 000元 3.账户转账：深圳××××科技有限公司开出转账支票一张，用于支付往来货款1 800元，收款方为在本支行开户的对公存款客户（转出账户为深圳××××科技有限公司基本账户，转入账户为其他公司在本支行开设的对公存款基本账户）	在进行此案例操作前应将已出库的支票出售给深圳××××科技有限公司	［对公存贷>>一般活期及临时存款］	3
三、定期存款账户 1.新开户转账存款：从深圳××××科技有限公司基本账户中转出50 000元到深圳××××科技有限公司定期存款账户 2.新开户现金存款：存入100 000元现金到深圳××××科技有限公司定期存款账户 3.部分提取转账：从深圳××××科技有限公司定期存款账户提前支取8 000元（通知期为101或107） 4.销户转账：对深圳××××科技有限公司定期存款账户进行销户处理，该账户余额全部转账取出	应为深圳××××科技有限公司开立两个定期存款账户，一个用于转账存入资金，另一个用于现金存入资金	［对公存贷>>定期存款账户］	4
四、贷款业务 1.贷款借据管理：为深圳××××科技有限公司新建借据。（存款账户为深圳××××科技有限公司的基本账户，贷款类别为"中期流动资金抵押质押贷款"，贷款金额为500 000元，贷款利率为5‰，担保方式为抵押，贷款借据号为15位数） 2.贷款发放：将深圳××××科技有限公司的500 000元贷款发放（借据号为上一步操作所用借据号） 3.部分还贷：将上一笔贷款部分还贷200 000元 4.贷款展期确认：将上一笔贷款的还款期限延长3个月 5.全部还贷：将上一笔贷款全部还清	在银行业务中，给企业发放贷款应经信贷部门的审批。本系统的贷款管理主要是处理贷款业务中的会计账务，不做贷款审批	［对公存贷>>贷款管理］ ［对公存贷>>贷款业务］	5
五、汇票兑付 1.商业汇票承兑：深圳××××科技有限公司出纳到本支行申请开出一张票面金额为5 000元的银行承兑商业汇票 2.汇票到期付款：持有深圳××××科技有限公司所开出汇票的持票人到本行要求兑付票款	申请开出汇票后，按票面金额的100%扣除保证金，手续费为票面金额的万分之五，汇票到期兑付后将保证金退回给汇票申请人	［对公存贷>>汇票兑付］	2

对公存贷

需要完成的案例操作（选做）		说明	操作	分值
结算业务	一、辖内业务 1.现金通存管理：深圳××××软件技术有限公司是在本行其他支行网点开户的对公存款账户客户，该公司出纳到本支行网点存入现金28 000元 2.转账通存管理：深圳××××科技有限公司为在本支行开户的客户，该公司通过转账支票向深圳××××软件技术有限公司（本行其他支行网点开户客户）支付一笔金额为2 000元的货款。"转出账号"为深圳××××科技有限公司的对公账户，"转入账号"为深圳××××软件技术有限公司的对公账户 3.现金通兑管理：深圳××××软件技术有限公司（本行其他支行网点开户客户）出纳到本支行柜台支取现金1 000元 4.转账通兑管理：深圳××××软件技术有限公司（本行其他支行网点开户客户）向深圳××××科技有限公司（本支行开户客户）开出一张2 120元的支票，用于支付货款。其中，付款人账号为深圳××××软件技术有限公司对公活期账户，收款人账号为深圳××××科技有限公司（本支行开户客户）对公活期账户	操作本案例前，应先在其他支行网点为深圳××××软件技术有限公司开立一个对公基本账户，并购买支票。复核时需要换其他柜员进行操作	[结算业务>>辖内业务]	4
	二、同城业务 1.提出代付业务：深圳××××科技有限公司（本支行开户客户）持有一张其他公司（开户行：工商银行深圳市分行深圳湾支行）开出的票面金额为58 000元的转账支票，深圳××××科技有限公司出纳持该支票到本支行办理支票入账	凭证号码为他行开出的支票号码，本系统不校验	[结算业务>>同城业务>>提出代付业务]	3
	2.提出代付退票：深圳××××科技有限公司（本支行开户客户）持有一张其他公司（开户行：工商银行深圳市分行深圳湾支行）开出的票面金额为6 000元的转账支票，深圳××××科技有限公司出纳持该支票到本支行办理支票入账手续，经场次切换后支票还未进行入账操作，此时同城票据交易中心发现该支票有问题，退回本支行，本支行作退票处理	未入账的支票才可以作退票处理	[结算业务>>同城业务>>提出代付业务>>报单退票]	1
	3.提出代收业务：深圳××××科技有限公司（本支行开户客户）开出一张票面金额为1 200元的转账支票给深圳AAA技术有限公司（开户行：中国银行深圳市分行福田支行），用于支付货款。深圳AAA技术有限公司出纳持该支票到本支行网点办理进账，经票据交换中心交换后再传递到本支行网点，本支行网点柜员按票面金额从深圳××××科技有限公司账户中扣除对应金额	当天场次切换操作完成后，经同城票据交换中心交换回来的支票才可以进行提出代收业务处理	[结算业务>>同城业务>>提出代收业务]	1
	4.提出代收退票：深圳××××科技有限公司（本支行开户客户）开出一张票面金额为500元的转账支票给深圳BBB系统有限公司（开户行：工商银行深圳市分行深圳湾支行），经场次切换后，该支票经票据交换中心传递到本支行网点，本支行柜员作"同城提出代收录入"及"报单复核"处理后从深圳××××科技有限公司账户上记借方500元（支付），后本支行柜员发现该支票有问题，作退票处理	退票时输入的场次应大于提出代收切换的场次。空场次切换为-1，-2，-3	[结算业务>>同城业务>>提出代收业务>>报单退票]	1

续表

	需要完成的案例操作（选做）	说明	操作	分值
	5.提入代付业务：深圳××××科技有限公司（本支行开户客户）开出一张票面金额为2 500元的转账支票给深圳AAA公司（收款人），深圳AAA公司开户行为工商银行深圳市分行深圳湾支行，账户为8963236910001，深圳AAA公司出纳持该支票到工商银行深圳市分行深圳湾支行要求进账，工商银行深圳市分行深圳湾支行进行账务处理后将该支票及深圳AAA公司填写的进账单一并传递至票据交换中心，经本支行场次切换后再传递到本支行，该支票经本支行柜员作“提出代付录入”账务处理后，记深圳××××科技有限公司账户借方金额2 500元	注意，提入代付业务与提出代收业务之间的区别在于：提出代收业务是在本支行办理入账手续，而提出代收业务是在他行办理进账手续	[结算业务>>同城业务>>提入代付业务]	1
	6.提入代付退票：重复上一案例操作，操作完成后，本支行网点柜员发现支票有问题，需作退票处理	退票处理后，系统并不会实时将退票款返回给开票人，而是等票据交换中心返回相关退票凭证后再将退票款退回给开票人	[结算业务>>同城业务>>提入代付业务>>报单退票]	1
结算业务	7.提入代收业务：深圳××××科技有限公司（本支行开户客户）持有一张深圳XX股份有限公司（开户行：工商银行深圳市分行深圳湾支行）开给它的一张票面金额为5 600元的转账支票。深圳××××科技有限公司出纳持该支票到工商银行深圳市分行深圳湾支行办理进账手续。手续办理完成后，该支票经工商银行深圳市分行深圳湾支行提交到同城票据交换中心，同城票据交换中心再传递到本支行网点，本支行网点场次切换后即可作入账处理。票款转入深圳××××科技有限公司账户。同时，本支行网点将该支票进账单回执通过下一场次切换传递到票据交换中心	业务录入“票交场次”为当日切换的场次	[结算业务>>同城业务>>提入代收业务]	1
	8.提入代收退票：重复上面操作内容，将票面金额改为2 000元。支票入账后，本支行网点发现该支票有误，需作退票处理	退票处理后系统并不会实时将已入账的票款扣除，而是等对方行通过票据交换中心返回相关凭证后再作账务处理	[结算业务>>同城业务>>提入代收业务>>报单退票]	1
	三、特约汇款业务 1.记联行往账：统计出“开出特约汇款证”总金额，进行“记联行往账”业务操作，报单类别为“QYDB全国联行邮划贷方报单”，发报行为“工商银行深圳市分行深圳湾支行”，收报行为“招商银行深圳市深纺大厦支行”	处理联行汇票资金清算业务	[结算业务>>特约汇款业务>>记联行往账]	1
	2.记联行来账：深圳××××科技有限公司（本支行开户客户）收到一笔汇款5 800元。联行报单号为“QYDB全国联行邮划贷方报单”凭证号，收款人账号为深圳××××科技有限公司账号，付款人为他行开户客户，系统不检验。发报行为“交通银行深圳市分行深南中支行”，收报行为“招商银行深圳市深纺大厦支行”	处理异地汇款业务	[结算业务>>特约汇款业务>>记联行来账]	1

六、实验组织和安排

1.个人进行模拟实验操作。

2.模拟实验时间安排在课程的中后期。

七、实验结果提交方式

实验结果：计算机系统自动生成上机结果。

要求：方法恰当、步骤清晰、正确。

八、实验考核方式和标准

成绩组成：考勤，占20%；上机操作及结果，占80%。要求学生详细阐述操作程序及心得，以理论方法运用是否正确作为成绩评价依据。其中，本实验上机成绩将结合系统评分采用五级制：

A：能够熟练使用软件和提供的原始数据进行实际操作，正确完成各项任务，步骤完全正确。

B：能够熟练使用软件和提供的原始数据进行实际操作，完成各项任务，步骤大部分正确。

C：能够使用软件和提供的原始数据进行实际操作，完成大部分任务，步骤基本正确。

D：能够使用软件和提供的原始数据进行大部分操作，步骤基本正确。

E：不能够使用软件和提供的原始数据进行实际操作完成各项任务。

九、注意事项

1.有关数据或者事项的假定应符合我国国情和银行实际。

2.对于缺少的数据进行合理假设。

实验3　对公日终处理操作

一、实验名称和性质

所属课程	金融会计分析
实验名称	对公日终处理操作
实验学时	2
实验性质	□验证 √综合 □设计
必做/选做	√必做 □选做

二、实验目的和要求

本课程以培训学生的动手操作能力为重要目标。本实验旨在深化学生对理论知识的理解，使学生掌握其他业务和银行日终结算的相关账务处理的基本方法与流程，理解日终轧账与部门轧账之间的区别。

三、实验的软硬件环境要求

1.硬件环境要求：学生使用教室电脑，连接校园网即可。

2.使用的软件名称、版本号及模块：电脑装载Windows 2000以上版本系统即可。

四、知识准备

1.前期要求掌握的知识、相关理论：熟悉和理解日终轧账与部门轧账之间的区别，了解银行日常管理中对于重要凭证、特殊凭证的处理程序，并能结合前面课程了解银行日终结算主要内容。

2.主要参考书目：

［1］李燕.金融企业会计［M］.2版.大连：东北财经大学出版社，2018.

［2］嘉兴学院商学院金融系.金融学专业实验（实训）指导书［M］.北京：经济科学出版社，2012.

五、实验内容

	需要完成的案例操作	说明	操作	分值
对公日终处理及报表打印	1.日终轧账：对柜员个人钱箱进行轧账处理，查看个人钱箱中现金收付及凭证余额情况	只有实验室服务器作日终结算处理后，才能打印当天的营业报表，否则只能在第二天打印前一天的营业报表	［通用模块>>钱箱管理］	2
	2.凭证入库：将所有未使用的凭证均进行"凭证入库"操作，入库到部门钱箱中			
	3.现金入库：将个人钱箱中的现金入库到部门钱箱中			
	4.部门轧账：查看部门钱箱中凭证及现金情况			
	5.报表打印：打印当天营业报表			

六、实验组织和安排

1.个人进行模拟实验操作。

2.模拟实验时间安排在课程的中后期。

七、实验结果提交方式

实验结果：计算机系统自动生成上机结果。

要求：方法恰当、步骤清晰、正确。

八、实验考核方式和标准

成绩组成：考勤，占20%；上机操作及结果，占80%。要求学生详细阐述操作程序及心得，以理论方法运用是否正确作为成绩评价依据。

九、注意事项

1.遵守实验室管理的制度。

2.实验之前要事先预习，做好相关准备；熟练进行计算机操作。

第十三节　金融实证分析实验

实验1　金融计量软件EViews的基本操作

一、实验名称和性质

所属课程	金融实证分析
实验名称	金融计量软件EViews的基本操作
实验学时	2
实验性质	√验证 □综合 □设计
必做/选做	√必做 □选做

二、实验目的和要求

本实验旨在使学生熟悉EViews软件的窗口与界面，掌握EViews的命令与菜单的操作，掌握数据的输入方法。

三、实验的软硬件环境要求

1.硬件环境要求：学生使用教室电脑。

2.使用的软件名称、版本号及模块：电脑装载Windows操作系统及EViews应用演示软件。

四、知识准备

1.前期要求掌握的知识、相关理论：初步认识EViews软件，掌握金融计量研究的步骤。

2.主要参考书目：

［1］唐勇. 金融计量学［M］. 北京：清华大学出版社，2016.

［2］张雪莹. 金融计量学教程［M］. 上海：上海财经大学出版社，2018.

［3］张成思. 金融计量学［M］. 北京：中国人民大学出版社，2012.

五、实验内容

（一）EViews窗口认识

1.EViews的启动

进入Windows系统，双击EViews快捷方式，即可进入EViews窗口；或点击"开始"—"程序"—"EViews"，进入EViews窗口（如图5-5所示）。

2.EViews窗口结构

（1）标题栏

EViews窗口的顶部是标题栏，标题栏的右端有三个按钮：最小化、最大化和关闭，点击这三个按钮可以控制窗口的大小或关闭窗口。

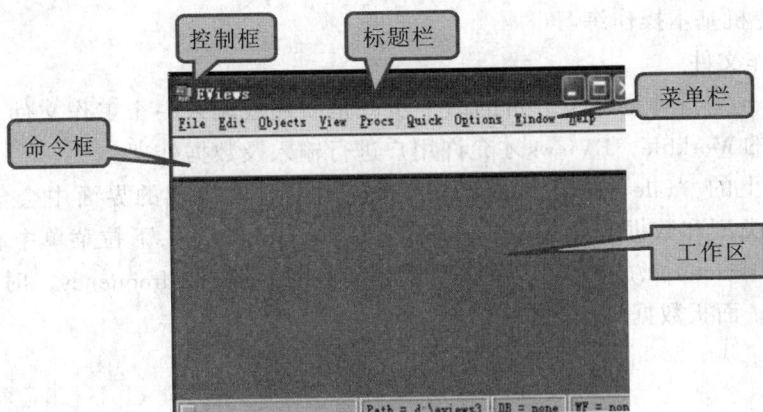

图 5-5　EViews 窗口

（2）菜单栏

标题栏下是主菜单栏，主菜单栏上共有九个选项：File，Edit，Objects，View，Procs，Quick，Options，Window，Help。用鼠标点击可打开下拉式菜单，点击某个选项，电脑就执行对应的操作。

（3）命令窗口

主菜单栏下是命令窗口，窗口最左端闪烁的"│"是提示符，它允许用户在提示符后面通过键盘输入各种 EViews 命令，按 Enter 键即可执行该命令。

（4）工作区

命令窗口下面是主窗口，以后操作产生的各种窗口（称为子窗口）均在工作区内显示，不能移出工作区外。

3.退出 EViews

选择"File"—"Exit"，用户就可以退出 EViews。

（二）EViews 对象认识

EViews 的所有数据信息都存储在对象中，如序列对象中存储着各期观测值数据的有关信息。用户对于数据的操作可通过查看对象的属性或使用其操作方法来实现。

1.工作文件（Workfile）

工作文件是用来保存和组织对象的容器。我们进行任何分析的第一步就是建立一个新的 Workfile（或打开一个已有的 Workfile）。Workfile 创建后就一直保存在内存中。

2.对象（Object）

对象用于保存计量经济分析所需的信息。根据保存信息的不同，对象类型分为数据对象和非数据对象，如序列、方程等为数据对象，文本、图形等为非数据对象。

3.视图（View）

除了数据之外，对象中所保存的信息还有视图（View）和过程（Procs）。视图是一些图标，它以一种特殊方式来表达对象。

4.过程（Procs）

大多数过程的结果在对象窗口中都显示为图表，但与视图不同的是，过程会改变对象本身的数据或其他对象的数据。

（三）EViews上机基本操作练习

1.创建工作文件

使用EViews进行计量经济分析的第一步就是新建或调入一个工作文件。只有新建或打开一个已有的Workfile，EViews才允许用户进行输入及数据处理。

点击菜单上的"File"—"Open"—"Workflie"。在出现的界面中会显示两部分内容：指定数据类型和数据起止期。在"Workfile structure type"下拉菜单中有三种数据类型可选择：Unstructured/undated，横截面数据；Dated-regular frequency，时间序列数据；Balanced panel，面板数据（如图5-6所示）。

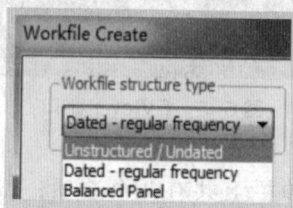

图5-6　备选数据类型

在Date specification下拉菜单中选择输入格式（如图5-7所示）：Annual，每年；Semi-annual，半年；Quarterly，季度；Monthly，月份；Weekly，星期；Daily，日期。

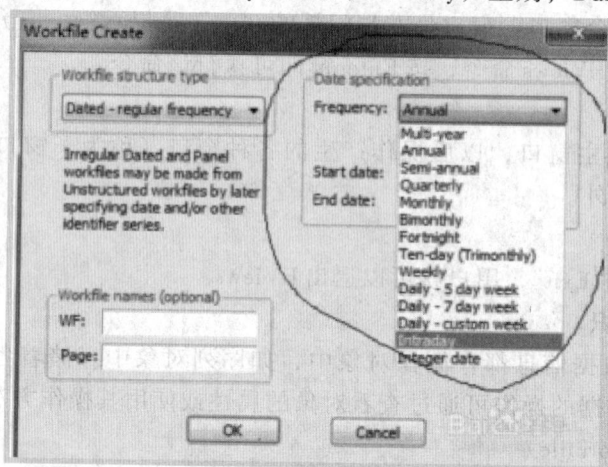

图5-7　日期输入格式

若为年度变量，则输入起始年份和终止年份（如图5-8所示），点击"OK"即可。

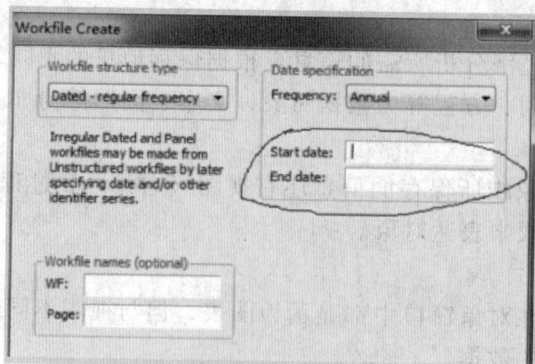

图5-8　输入起止年份

点击工具栏中的"Save"，系统会弹出"Save as"窗口，用户可在该窗口中选择 Workfile 保存的路径和名称。

2.输入数据练习

在 EViews 窗口或工作文件窗口点击"Objects"——"New Object"，将会弹出如图 5-9 所示的窗口。

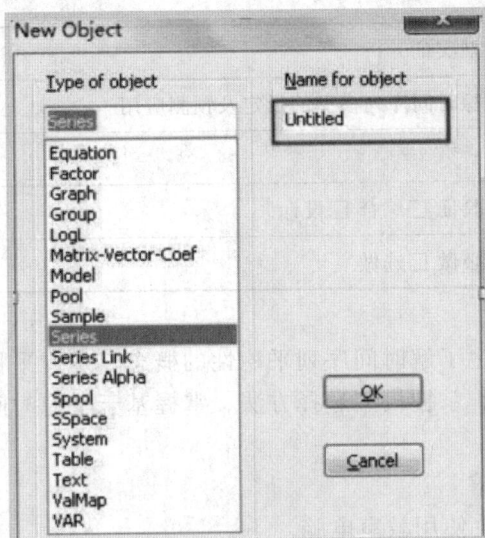

图 5-9　输入序列名

用户可在"Type of Object"中选择"Series"类型。在"Name for Object"中输入序列名称，点击"OK"，则回到 Workfile 界面。点击输入相应的序列名"数据序列"，就可以打开数据编辑窗口，再点击"Edit+/-"就能进入数据编辑状态输入数据了。

六、实验组织和安排

以个人为单位，完成时间序列数据、横截面数据和面板数据的工作文件的创建与相应数据输入。

七、实验结果提交方式

将本次练习的三类工作文件的创建及进行数据输入的工作文件保存在电脑桌面相应的文件夹里，以备考核。

八、实验考核方式和标准

根据实验过程中学生的学习态度、操作规范性及结果的正确性综合评定。

九、注意事项

1.对于缺少的数据进行合理假设。

2.所需数据自己收集。

实验 2　平稳时间序列模型的设定及预测应用

一、实验名称和性质

所属课程	金融实证分析
实验名称	平稳时间序列模型的设定及预测应用
实验学时	4
实验性质	√验证 □综合 □设计
必做/选做	√必做 □选做

二、实验目的和要求

本实验的目的是使学生了解时间序列平稳性的概念，掌握平稳性的各种检验法，了解平稳时间序列模型的类型，掌握模型选择方法，掌握基于平稳时间序列模型进行分析预测的方法。

三、实验的软硬件环境要求

1. 硬件环境要求：学生使用教室电脑。

2. 使用的软件名称、版本号及模块：电脑装载 Windows 操作系统及 EViews 应用演示软件。

四、知识准备

1. 前期要求掌握的知识、相关理论：

（1）经典计量经济模型常用到的数据类型

①时间序列数据（time-series data），即单一变量按时间的先后次序产生的数据。

②截面数据（cross-sectional data），即多个变量在同一个时间点（截面空间）上产生的数据。

③平行/面板数据（panel data/time-series cross-section data），也称时间序列截面数据（time series and cross section data）或混合数据（pool data），是多个变量的时间序列的组合（或称时间序列数据与截面数据的结合）。

在这三类数据中，时间序列数据及截面数据都是一维数据；而面板数据则是统计分析人员在时间和截面空间上取得的二维数据。在经济计量实践中，时间序列数据使用的频率最高。

（2）时间序列平稳性的定义

时间序列的平稳性指时间序列的统计规律不会随着时间的推移而发生变化，即生成时间序列的随机过程特征不随时间的变化而变化。直观上，一个平稳的时间序列可以看作一条围绕其均值上下波动的曲线。

如果 X_t 满足下列条件：

①均值 $E(X_t)=u$，与时间 t 无关的常数。

②方差 $Var(X_t)=\sigma^2$，与时间 t 无关的常数。

③协方差 Cov（X_t X_{t+k}）=y_k，只与时期间隔 k 有关，与时间 t 无关的常数。

如果一个时间序列的均值或方差或两者都与时间有关，即该时间序列不存在可收敛的长期平均水平，且方差会随着时间推移而无限地增大，则称该时间序列是非平稳的，该随机过程是一非平稳随机过程。

（3）时间序列平稳性的重要意义

建立经济计量模型的主要目的是基于随机变量的历史和现状来推测经济系统（或其相关变量）在未来可能出现的状况，即预测经济系统（或其相关变量）的走势。这就需要假设随机变量的历史和现状具有代表性或可延续性。换句话说，随机变量的基本特性必须能在包括未来阶段的一个长时期里维持不变。否则，基于历史和现状来预测未来的思路便是错误的。

（4）平稳时间序列模型的认识

时间序列分析最重要的应用是分析表征观察值之间的相互依赖性与相关性，若对这种关系进行量化处理，就可以方便地根据系统的过去值预测将来的值。

线性回归模型很好地表达了因变量 Y 的观测值对自变量观测值 X_1，X_2，X_3，…的相关性，但却无法描述一组随机观测数据，即一个时间序列内部的相关关系。这时，就需要采用这个时间序列本身观测数据之间的依赖关系来揭示这个序列的规律。

最基本的平稳时间序列模型包括：AR 模型、MA 模型、ARMA 模型和 ARIMA 模型。

AR 模型，即自回归模型（Auto Regressive model），就是变量对变量自身的滞后期项进行回归的过程。自回归模型也可以称为自回归过程。根据模型滞后期数（阶数）的不同，AR 模型可以分为 AR（1）过程、AR（2）过程，一直到 AR（p）过程。

AR（p）：

$$y_t = \alpha_1 y_{t-1} + \alpha_2 y_{t-2} + \cdots + \alpha_p y_{t-p} + \varepsilon_t$$

MA 模型，即移动平均模型（Moving Average model），或滑动平均过程，是指将时间序列过程 y_t 写成一系列不相关的随机变量的线性组合。MA 过程也分为 MA（1）、MA（2）和 MA（p）。

MA（q）：

$$y_t = \varepsilon_t + \beta_1 \varepsilon_{t-1} + \beta_2 \varepsilon_{t-2} + \cdots + \beta_q \varepsilon_{t-q}$$

注意第一项的系数 $\beta_0 = 1$

ARMA 模型，即自回归移动平均模型（Auto Regressive and Moving Average model），或回归移动平均过程，事实上是 AR 模型和 MA 模型的组合。通常一个一般的 ARMA（p，q）过程可表示如下：

ARMA（p，q）：

$$y_t = \alpha_1 y_{t-1} + \alpha_2 y_{t-2} + \cdots + \alpha_p y_{t-p} + \varepsilon_t + \beta_1 \varepsilon_{t-1} + \beta_2 \varepsilon_{t-2} + \cdots + \beta_q \varepsilon_{t-q}$$

不要再去想什么 ARMA 是 AR 和 MA 的组合，记住形式就好。

ARMA（1，1）：

$$y_t = \alpha_1 y_{t-1} + \varepsilon_t + \beta_1 \varepsilon_{t-1}$$

ARIMA 模型，即差分自回归移动平均模型。如果获得的时间序列数据不是平稳的就不能直接用 AR 过程、MA 过程及 ARMA 过程进行估计判断。但是，如果运用一定的方法——通常是差分法——消除不平稳性，将原本不平稳的过程变为平稳过程，就可以建立

AR、MA和ARMA模型了。

2.主要参考书目：

[1] 唐勇. 金融计量学 [M]. 北京：清华大学出版社，2016.

[2] 张雪莹. 金融计量学教程 [M]. 上海：上海财经大学出版社，2018.

[3] 张成思. 金融计量学 [M]. 北京：中国人民大学出版社，2012.

五、实验内容

（一）时间序列平稳性检验

用EViews软件进行时间序列平稳性检验的基本方法：

1.时序图判断法

通过序列的时序图，我们可以大致看出序列的平稳性，平稳序列的时序图显示序列始终围绕一个常数值波动，且波动的范围不大。如果序列的时序图显示该序列有明显的趋势或周期，那么它通常不是平稳序列。如图5-10所示，图形有明显的上升趋势，则该序列是不平稳的。将图5-10经过一阶差分后消除趋势，变成平稳序列，如图5-11所示。

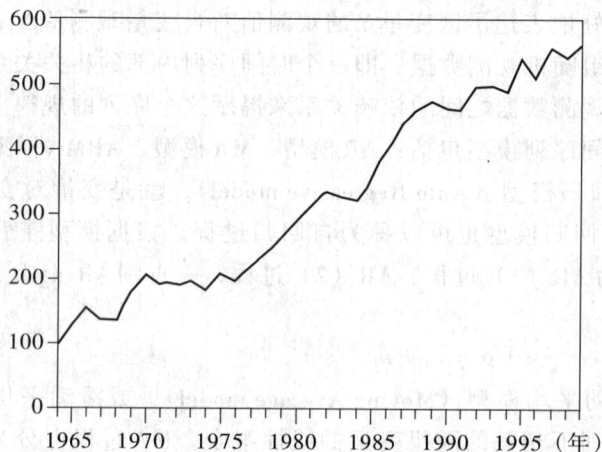

图5-10　不平稳序列

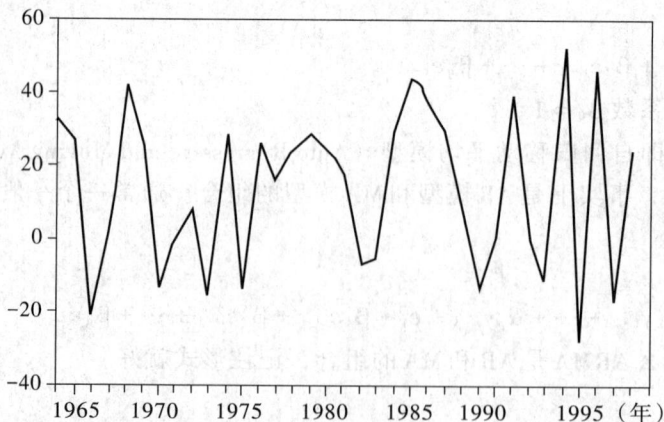

图5-11　平稳序列

在EViews中制作时序图的步骤及操作：

第一，建立时间序列工作文件，根据收集的数据的时间频率填入数据频率和起止时间，生成工作文件；第二，点击"Object-new object"，进入数据导入窗口，输入数据；第三，在数据输入窗口点击"View"—"Graph"就可以作图了。选择折线图（Line graph），点击"OK"，就会出现相关序列的时序图。

　　同学们可以到中国金融经济数据库（CCER）中收集金融数据，或者登录国家统计局网站（www.stats.gov.cn）收集宏观经济数据进行练习。

　　2.自相关图判断法

　　为了进一步判断序列的平稳性，需要绘制出该序列的自相关图。在工作文件窗口双击序列名，出现序列观测值的电子表格工作文件，点击"View"-"Correlogram"，出现相关图设定对话框，在选项中选择对谁计算自相关系数：原始序列（Level）、一阶差分（1st difference）和二阶差分（2nd difference），默认是对原始序列显示自相关图。假定有如图5-12所示的自相关图。

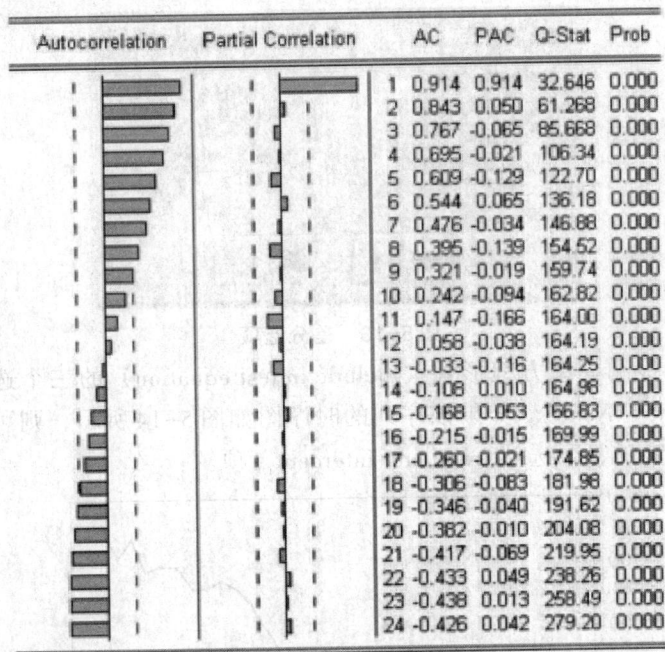

Autocorrelation	Partial Correlation		AC	PAC	Q-Stat	Prob
		1	0.914	0.914	32.646	0.000
		2	0.843	0.050	61.268	0.000
		3	0.767	-0.065	85.668	0.000
		4	0.695	-0.021	106.34	0.000
		5	0.609	-0.129	122.70	0.000
		6	0.544	0.065	136.18	0.000
		7	0.476	-0.034	146.88	0.000
		8	0.395	-0.139	154.52	0.000
		9	0.321	-0.019	159.74	0.000
		10	0.242	-0.094	162.82	0.000
		11	0.147	-0.166	164.00	0.000
		12	0.058	-0.038	164.19	0.000
		13	-0.033	-0.116	164.25	0.000
		14	-0.108	0.010	164.98	0.000
		15	-0.168	0.053	166.83	0.000
		16	-0.215	-0.015	169.99	0.000
		17	-0.260	-0.021	174.85	0.000
		18	-0.306	-0.083	181.98	0.000
		19	-0.346	-0.040	191.62	0.000
		20	-0.382	-0.010	204.08	0.000
		21	-0.417	-0.069	219.95	0.000
		22	-0.433	0.049	238.26	0.000
		23	-0.438	0.013	258.49	0.000
		24	-0.426	0.042	279.20	0.000

图5-12　自相关图

　　图5-12左半部分是自相关（Autocorrelation）和偏自相关（Partial Correlation）分析图，垂立的两道虚线表示2倍标准差；右半部分是滞后阶数、自相关系数、偏自相关系数、Q统计量和相伴的概率。从自相关和偏自相关分析图可以看出，自相关系数趋向0的速度相当缓慢，且滞后6阶之后自相关系数才落入2倍标准差范围以内，并且呈现一种三角对称的形式，这是具有单调趋势的时间序列典型的自相关图的形式，表明该序列是非平稳的。

　　一个时间序列是否有分析价值，要看序列观测值之间是否有一定的相关性，若序列各项之间不存在相关，即相应滞后阶数的自相关系数与0没有显著性差异，序列为白噪声序列，即纯随机序列。白噪声序列虽然是平稳的，但没有任何分析价值。Q统计量正是对序列是否是白噪声序列，即纯随机序列进行的统计检验，Q检验的原始假设是滞后各期值之间没有相关性，如果Q-Stat右边对应的Prob概率显示为0，说明原始假设成立可能性很小，则可以否定纯随机序列的假设。

进行时间序列分析时，我们希望序列是平稳的，且非随机的，若随机，前后观察值之间没有任何关系，没有信息可以提取。所以我们在研究时间序列之前，首先要对其平稳性和随机性进行检验，目的是对平稳且非随机序列进行研究。

3.ADF检验判断法

步骤一：在工作文件窗口双击序列图标，在电子表格工作文件窗口，点击"View"-"unit root test"，出现图5-13的对话框，在检测类型（test type）下拉菜单中选择"Augmented Dickey-Fuller"检测法，即ADF检验。在检测序列的状态（Test for unit root in）下，有三个选项："level"，原始的；"1st different"，一阶差分；"2st different"，二阶差分（如图5-13所示）。我们先对序列本身进行单位根检验，即选择"level"。在"lag length"滞后阶数对话框选择"SC准则"，自动选择阶数。

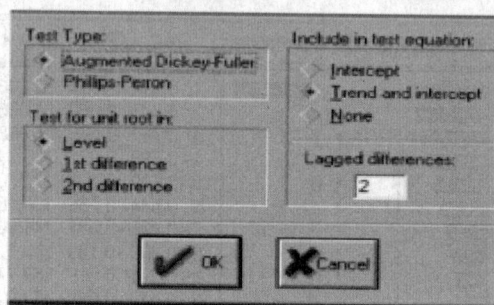

图5-13　差分选项

步骤二：ADF检测模型方程形式（Include in test equation）的三个选项为"Intercept""Trend and Intercept""None"。如果该序列的时序图如图5-14所示，则可以看出该序列有明显的截距项和趋势项，要选"Trend and Intercept"项。

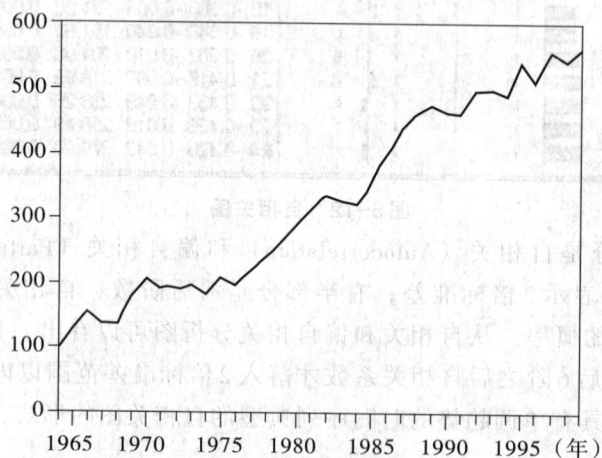

图5-14　时序图

步骤三：根据ADF检测结果表中的Prob值判断。ADF检测的原始假设是存在单位根，即序列是不平稳的，如果在设定的显著性水平，如0.01或0.05下，Prob值小于显著性水平值，说明原始假设成立的可能性很小，则否定原始假设，即该序列在99%或95%的显著水平下没有单位根，是平稳的。

图5-15分析得到的Prob值为0.2938，明显高于设定的显著性水平0.01或0.05，则不

能否定原假设，即该序列是不平稳的。

Null Hypothesis: SHA has a unit root
Exogenous: Constant, Linear Trend
Lag Length: 0 (Automatic based on SIC, MAXLAG=9)

		t-Statistic	Prob.*
Augmented Dickey-Fuller test statistic		-2.573487	0.2938
Test critical values:	1% level	-4.243644	
	5% level	-3.544284	
	10% level	-3.204699	

*MacKinnon (1996) one-sided p-values.

图5-15　ADF检测结果

（二）平稳时间序列模型的诊断

1.ARIMA模型的诊断

如果前面收集到的时间序列经过ADF检测后，在level的基础上是不平稳的，但是经过一阶差分后是平稳的，则该序列称为一阶单整，记为I（1）；如果在二阶差分后是平稳的，则该序列是二阶单整，记为I（2）。以此类推，差分d次后是平稳的，则该序列为d阶单整，记为I（d）。

对存在单整的序列可以建立ARIMA模型进行预测分析。因为金融时间序列通常不是平稳的，都存在单整现象，因此通常要将序列差分成平稳序列后建立ARMA模型，这样就完成了ARIMA过程向ARMA过程的转换。

2.ARMA模型的诊断

（1）时间序列的平稳性检验及处理

ARMA模型的建立要求时间序列必须是平稳的。因此，在建立平稳时间序列模型之前，首先对序列进行ADF检验，了解序列的平稳性。如果存在单位根，则该序列不平稳，可以通过相应的差分处理，完成由非平稳时间序列向平稳时间序列的转变，然后建立ARMA模型。在建立ARMA（p，q）模型的过程中需要通过相关性检验，通过偏相关系数判断AR自回归中的滞后阶数p，通过自相关系数判断MA移动平均过程中的滞后阶数q。

（2）ARMA（p，q）模型形式设定及序列预测

点击"View" — "Correlogram"，会弹出如图5-16所示的窗口。

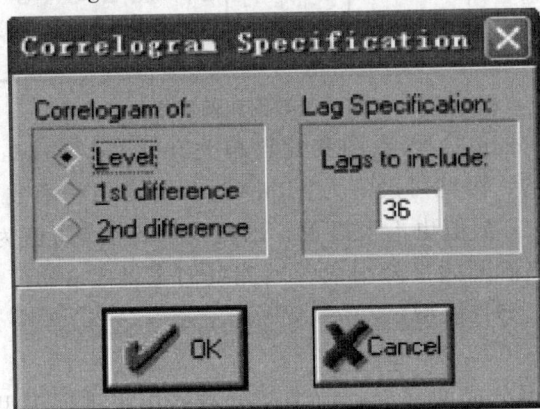

图5-16　自相关形式设定

选择滞后项数为36，然后点击"OK"，就得到了相应的自相关函数图和偏自相关函数图，如图5-17所示。

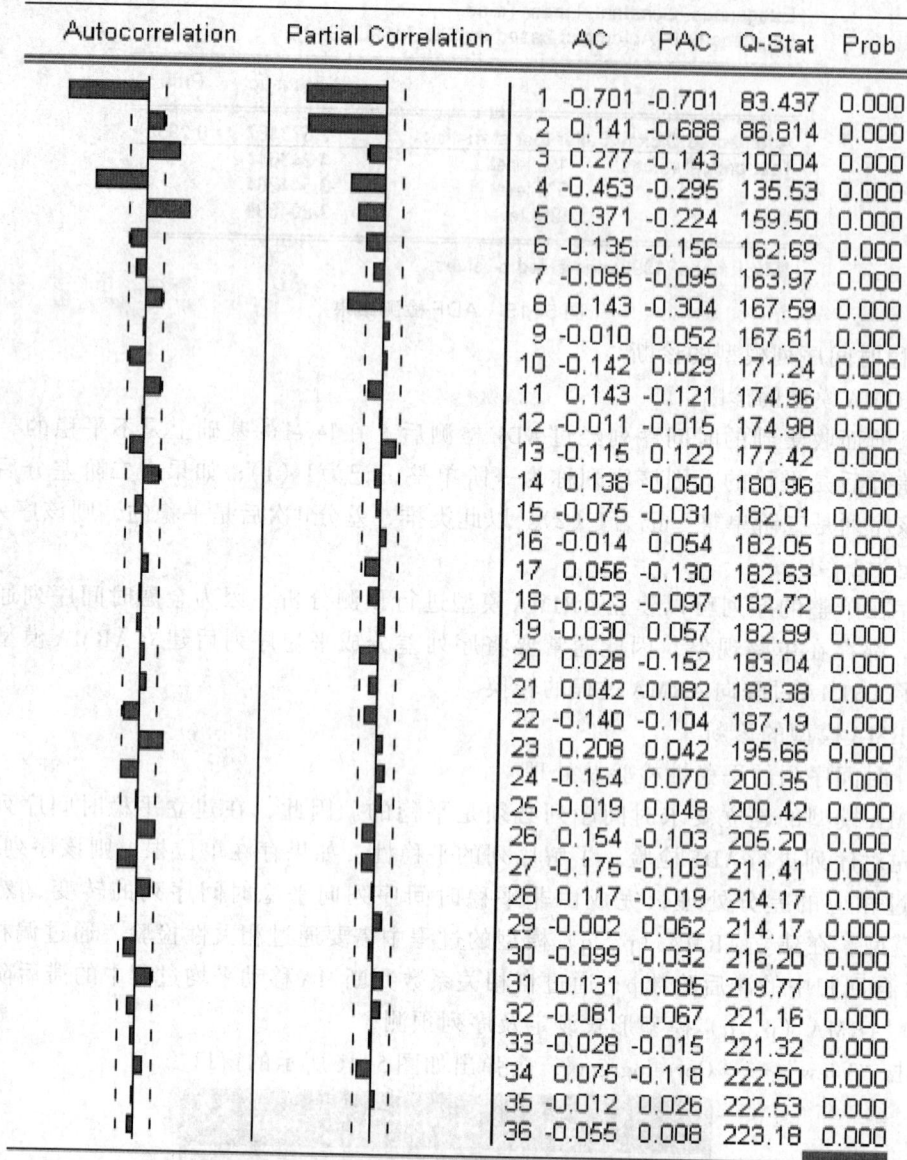

Autocorrelation	Partial Correlation		AC	PAC	Q-Stat	Prob
		1	-0.701	-0.701	83.437	0.000
		2	0.141	-0.688	86.814	0.000
		3	0.277	-0.143	100.04	0.000
		4	-0.453	-0.295	135.53	0.000
		5	0.371	-0.224	159.50	0.000
		6	-0.135	-0.156	162.69	0.000
		7	-0.085	-0.095	163.97	0.000
		8	0.143	-0.304	167.59	0.000
		9	-0.010	0.052	167.61	0.000
		10	-0.142	0.029	171.24	0.000
		11	0.143	-0.121	174.96	0.000
		12	-0.011	-0.015	174.98	0.000
		13	-0.115	0.122	177.42	0.000
		14	0.138	-0.050	180.96	0.000
		15	-0.075	-0.031	182.01	0.000
		16	-0.014	0.054	182.05	0.000
		17	0.056	-0.130	182.63	0.000
		18	-0.023	-0.097	182.72	0.000
		19	-0.030	0.057	182.89	0.000
		20	0.028	-0.152	183.04	0.000
		21	0.042	-0.082	183.38	0.000
		22	-0.140	-0.104	187.19	0.000
		23	0.208	0.042	195.66	0.000
		24	-0.154	0.070	200.35	0.000
		25	-0.019	0.048	200.42	0.000
		26	0.154	-0.103	205.20	0.000
		27	-0.175	-0.103	211.41	0.000
		28	0.117	-0.019	214.17	0.000
		29	-0.002	0.062	214.17	0.000
		30	-0.099	-0.032	216.20	0.000
		31	0.131	0.085	219.77	0.000
		32	-0.081	0.067	221.16	0.000
		33	-0.028	-0.015	221.32	0.000
		34	0.075	-0.118	222.50	0.000
		35	-0.012	0.026	222.53	0.000
		36	-0.055	0.008	223.18	0.000

图5-17　自相关函数图和偏自相关函数图

从自相关（Autocorrelation）函数图和偏自相关（Partial Correlation）函数图中我们可以看到，它们都是拖尾的，因此可设定为ARMA过程。自相关函数1-5阶都是显著的，并且从第6阶开始下降很大，数值也不太显著，因此我们先设定q值为5。偏自相关函数1-2阶都很显著，并且从第3阶开始下降很大，因此我们先设定p的值为2，于是对于序列我们初步建立了ARMA（2，5）模型。

3.模型的估计

首先把收集到的数据分成两部分：前半部分数据用来进行模型的估计，该数据称为训练数据集，用于拟合时间序列模型；后半部分称为检测数据集，用来和该区域的预测值做比较，是检测预测效果的参照值。只有在预测效果好的情况下，才能进行样本外的预测。

点击“Quick”－“Estimate Equation”，会弹出如图5-18所示的窗口，在“Equation Specification”空白栏中键入“W2 C MA（1）MA（2）MA（3）MA（4）MA（5）AR（1）AR（2）”，在“Estimation Settings”中选择“LS-Least Squares（NLS and ARMA）”，然后点击“OK”，得到如图5-19所示的估计结果（假定该序列命名为W2）。这里，假定训练数据集起止时间为1991年5月到2005年1月。

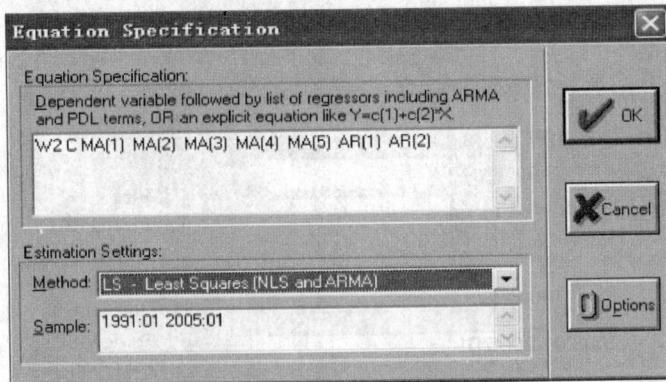

图5-18　回归方程设定

Dependent Variable: W2
Method: Least Squares
Date: 03/26/05 Time: 23:26
Sample(adjusted): 1991:05 2005:01
Included observations: 165 after adjusting endpoints
Convergence achieved after 40 iterations
Backcast: 1990:12 1991:04

Variable	Coefficient	Std. Error	t-Statistic	Prob.
C	14.42604	10.78406	1.337720	0.1829
AR(1)	-1.007158	0.054969	-18.32228	0.0000
AR(2)	-0.839938	0.046282	-18.14835	0.0000
MA(1)	-0.412644	0.087434	-4.719482	0.0000
MA(2)	0.142760	0.091473	1.560684	0.1206
MA(3)	-0.860579	0.060169	-14.30278	0.0000
MA(4)	0.303361	0.086579	3.503870	0.0006
MA(5)	0.218964	0.089647	2.442520	0.0157

R-squared	0.805271	Mean dependent var	16.34363
Adjusted R-squared	0.796588	S.D. dependent var	2309.544
S.E. of regression	1041.632	Akaike info criterion	16.78223
Sum squared resid	1.70E+08	Schwarz criterion	16.93283
Log likelihood	-1376.534	F-statistic	92.74953
Durbin-Watson stat	2.059893	Prob(F-statistic)	0.000000

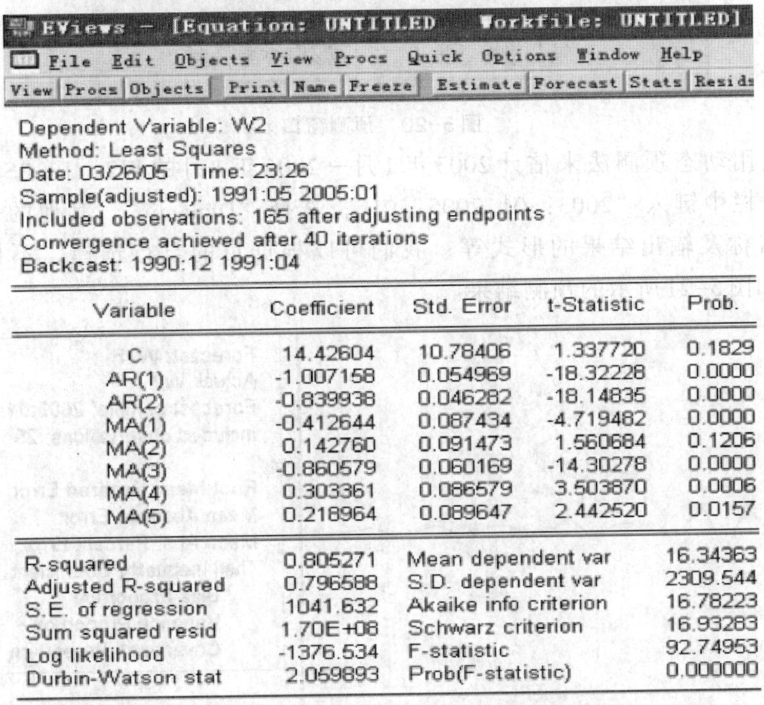

图5-19　ARMA（2，5）回归结果

可以看到，除常数项外，其他解释变量的系数估计值在15%的显著性水平下都是显著的。

4.模型的诊断

点击“View”—“Residual test”—“Correlogram-Q-statistics”，在弹出的窗口中选择

滞后阶数为36，点击"OK"，就可以得到Q统计量，此时为30.96，p值为0.367，因此不能拒绝原假设，可以认为模型较好地拟合了数据。

5.模型的预测

点击"Forecast"，会弹出如图5-20所示的窗口。在EViews中有两种预测方式："Dynamic"动态预测和"Static"静态预测。前者是根据所选择的一定的估计区间，进行多步向前预测；后者是滚动地进行向前一步预测，即每预测一次，用真实值代替预测值，加入估计区间，再进行向前一步预测。

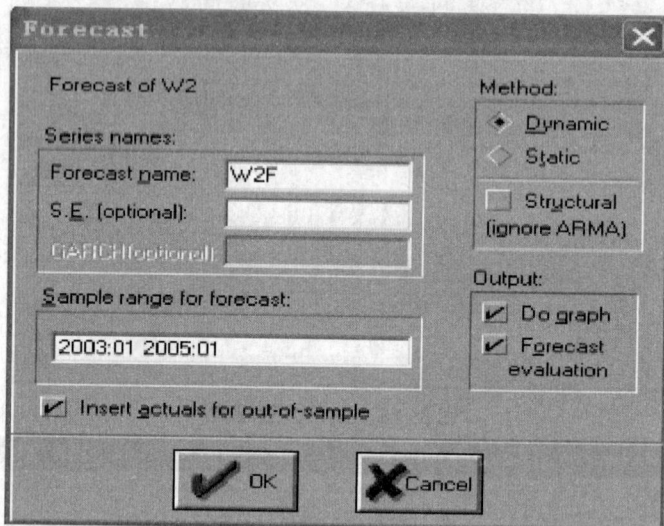

图5-20　预测窗口

我们首先用动态预测法来估计2003年1月—2005年1月的W2，在"Sample range for forecast"空白栏中键入"2003：01 2005：01"，选择"Dynamic"，其他的一些选项，如预测序列的名称及输出结果的形式等，我们可以根据目的自行选择，不再介绍，点击"OK"，得到如图5-21所示的预测结果。

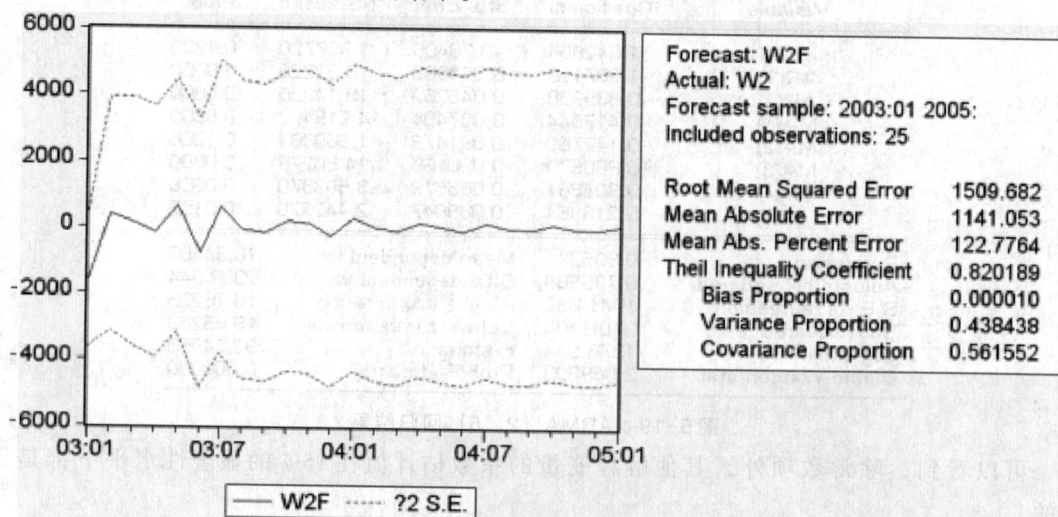

图5-21　Dynamic预测方式结果

图中实线代表的是W2的预测值，两条虚线则提供了2倍标准差的置信区间。可以看到，正如我们在前面所讲的，随着预测时间的增长，预测值很快趋向于序列的均值（接近 0）。图的右边列出的是评价预测的一些标准，如平均预测误差平方和的平方根（RMSE）、Theil 不相等系数及其分解。可以看到，Theil 不相等系数为 0.82，表明模型的预测能力不太好，而对它的分解表明偏误比例很小，方差比例较大，说明实际序列的波动较大，而模拟序列的波动较小，这可能是由于预测时间过长。

下面我们再利用"Static"方法来估计 2004 年 1 月—2005 年 1 月的 W2（操作过程略），我们可以得到如图 5-22 所示的结果。从图中可以看到，通过"Static"方法得到的预测值波动性较大；同时，方差比例的下降也表明较好地模拟了实际序列的波动，Theil 不相等系数约为 0.62，协方差比例约为 0.70，表明模型的预测结果较理想。

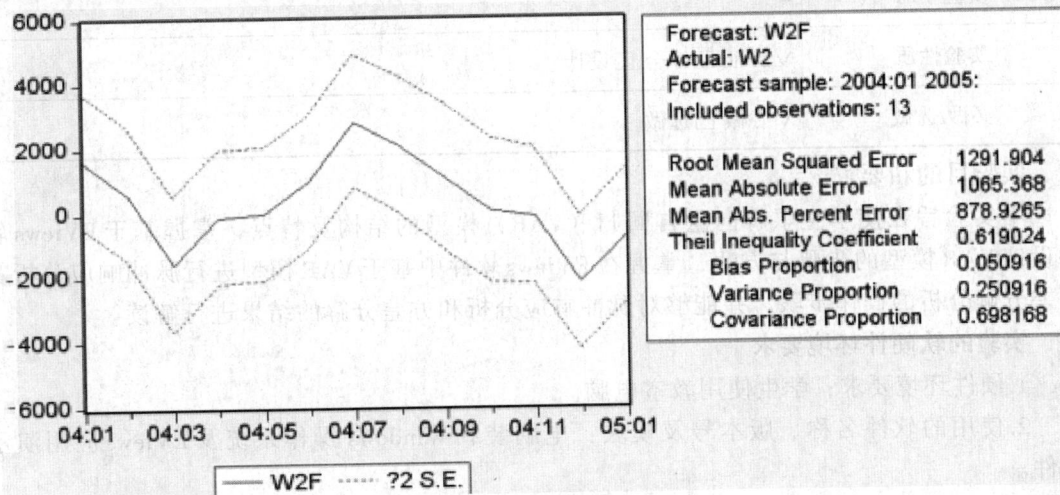

图 5-22　Static 预测方式结果

六、实验组织和安排

以个人为单位，通过国家统计局网站收集近 20 年的货币供应量的季度数据，或近 10 年的中国 CPI 的月度数据，完成上述实验内容。要求学生完成时间序列数据的收集与导入、时间序列数据的平稳性检验、非平稳时间序列的平稳性处理、平稳时间序列的 ARMA 模型的建立、基于 ARMA 模型的动态预测与静态预测。

七、实验结果提交方式

将本次练习的结果通过工作文件形式保存在电脑桌面，以自己名字命名文件夹，以备考核。

八、实验考核方式和标准

根据实验过程中学生的学习态度、操作规范性及结果的正确性综合评定。

九、注意事项

1. 对于缺少的数据进行合理假设。

2. 所需数据自己收集。

实验 3　多维动态 VAR 模型的建立及应用

一、实验名称和性质

所属课程	金融实证分析
实验名称	多维动态 VAR 模型的建立及应用
实验学时	4
实验性质	√验证 □综合 □设计
必做/选做	√必做 □选做

二、实验目的和要求

本实验旨在使学生了解向量自回归（VAR）模型的结构及特点，掌握基于 EViews 软件设定 VAR 模型的步骤与方法，掌握在 EViews 软件中基于 VAR 模型进行脉冲响应分析和方差分解分析的操作步骤，并能够对脉冲响应分析和方差分解的结果进行解读。

三、实验的软硬件环境要求

1. 硬件环境要求：学生使用教室电脑。

2. 使用的软件名称、版本号及模块：电脑装载 Windows 操作系统及 EViews 应用演示软件。

四、知识准备

1. 前期要求掌握的知识、相关理论：

（1）VAR 模型的认识

单一方程时间序列模型探讨的是单个变量的动态规律性，但在现实经济分析中，经常会面对由多个变量构成的系统，而这些变量之间通常具有关联性。因此，在一个经济系统中，一个变量的变化不仅会与其自身滞后值有关，还与其他变量的滞后值有关。这就需要把单变量自回归模型推广到多变量自回归模型，即 VAR 模型。

向量自回归（VAR，Vector Autregression）常用于预测相互联系的时间序列系统，以及分析随机扰动对变量系统的动态影响。VAR 模型把系统中每一个内生变量作为系统中所有内生变量的滞后值的函数来构造模型，从而回避了结构化模型的要求。VAR 模型对于相互联系的时间序列变量系统是有效的预测模型，同时其也被频繁地用于分析不同类型的随机误差项对系统变量的动态影响。如果变量之间仅存在滞后影响，而不存在同期影响关系，则适合建立 VAR 模型，因为 VAR 模型实际上是把当期关系隐含到了随机扰动项之中。

VAR 模型是一个联立方程模型，模型中有几个内生变量，就有几个方程，每个内生变量的当前值都是其自身的滞后值及其他内生变量的滞后值的函数。包含 k 个内生变量，滞后 p 阶的 VAR 模型形式如下所示：

$$\begin{pmatrix} y_{1t} \\ y_{2t} \\ \vdots \\ y_{kt} \end{pmatrix} = \Phi_1 \begin{pmatrix} y_{1t-1} \\ y_{2t-1} \\ \vdots \\ y_{kt-1} \end{pmatrix} + \cdots + \Phi_p \begin{pmatrix} y_{1t-p} \\ y_{2t-p} \\ \vdots \\ y_{kt-p} \end{pmatrix} + \begin{pmatrix} \varepsilon_{1t} \\ \varepsilon_{2t} \\ \vdots \\ \varepsilon_{kt} \end{pmatrix}$$

其中：Y_t 是 k 维内生变量列向量；p 是滞后阶数；T 是样本个数；F1，…，Fp 是待估计的 k×k 维系数矩阵。

VAR模型的特点：

①不以严格的经济理论为依据。在建模过程中只需明确两件事：共有哪些变量是相互有关系的，把有关系的变量包括在VAR模型中；确定滞后期k，使模型能反映变量间相互影响的绝大部分。

②VAR模型对参数不施加零约束（参数估计值有无显著性，都保留在模型中）。

③VAR模型的解释变量中不包括任何当期变量，所有与联立方程模型有关的问题在VAR模型中都不存在。

④VAR模型的另一个特点是有相当多的参数需要估计。比如，一个VAR模型含有三个变量，最大滞后期k=3，则有 k =3，$k×N^2=3×3^2=27$ 个参数需要估计。当样本容量较小时，多数参数的估计量误差较大。

⑤无约束VAR模型的应用之一是预测。由于在VAR模型中每个方程的右侧都不含有当期变量，这种模型用于预测的优点是不必对解释变量在预测期内的取值做任何预测。

（2）VAR模型的应用

在VAR模型稳定的基础上可以通过脉冲响应分析和方差分解分析来考察各内生变量的短期动态关系。

脉冲响应分析用于衡量来自某个内生变量的随机扰动项的一个标准差的冲击（"脉冲"）对VAR模型中所有内生变量当前值和未来值取值的影响。

方差分解分析的主要思想是将VAR模型中每个内生变量预测误差的方差按照其成因分解为与各内生变量相关联的组成部分，即分析每个信息冲击对内生变量变化的贡献度，从而了解各信息对模型内生变量的相对重要性。

2.主要参考书目：

［1］唐勇．金融计量学［M］．北京：清华大学出版社，2016.

［2］张雪莹．金融计量学教程［M］．上海：上海财经大学出版社，2018.

［3］张成思．金融计量学［M］．北京：中国人民大学出版社，2012.

五、实验内容

（一）基于VAR模型进行实证分析的步骤

本实验是通过建立时间序列数据的多维向量自回归VAR模型，进行脉冲响应和方差分解，考察各时间序列变量之间的短期动态影响关系。实验步骤如下：

第一步：无论序列如何均可建立初步的VAR模型（建立过程中数据可能是平稳序列，可能是部分平稳序列，还可能是没有协整关系的同阶不平稳序列，也可能是不同阶的不平稳序列，滞后阶数任意指定，所有序列一般视为内生向量）。

第二步：在建立初步的VAR模型后进行以下两步分析：

（1）确定VAR模型的最优滞后期。

（2）检测在最优滞后期 VAR 模型的平稳性。若 VAR 模型是平稳的，则可以进行脉冲响应和方差分解分析。

第三步：基于稳定的 VAR 模型进行脉冲响应分析。

第四步：基于稳定的 VAR 模型进行方差分解分析。

（二）实验的具体操作

1.数据来源及处理说明

本次实验操作演示以中国 1953—1997 年国内生产总值 GDP、消费总量 CONS、基本建设投资 INVES 三个变量为例介绍 VAR 模型建模及脉冲响应和方差分析的操作方法。由于直接收集到的原始数据可能会受到通货膨胀的影响，不能反映三者之间的真实关系，因此以 1953 年价格为基期，计算出各年相对 1953 年的定基消费物价指数，然后用原始数据除以对应年份的定基物价指数，就可以得到各变量剔除通货膨胀后的真实值，用符号 GDPP、CONSP、INVESP 表示。由于三个数据的变动幅度较大，为了减少可能存在的异方差和自相关性影响，对三个序列取自然对数处理（例如，在 EViews 命令窗口输入命令：Genr LNGP=LOGGDPP，就可以生成 LNGP 的数据），经过对数处理后的数据命名为 LNGP、LNCP 和 LNIP。

2.VAR 模型的设定

（1）VAR 模型的初步建立

在 EViews 中的操作方法：用实验 2 介绍的创建工作文件的方法创建一个 1953—1997 年的 Workfile，导入原始数据后，经过物价指数调整和取对数处理后，可以得到新的数据序列。在 Workfile 文档界面下，点击快捷键"Quick"，在下拉菜单中选择"Estimate VAR"（估计 VAR）项，选择方法如图 5-23 所示。

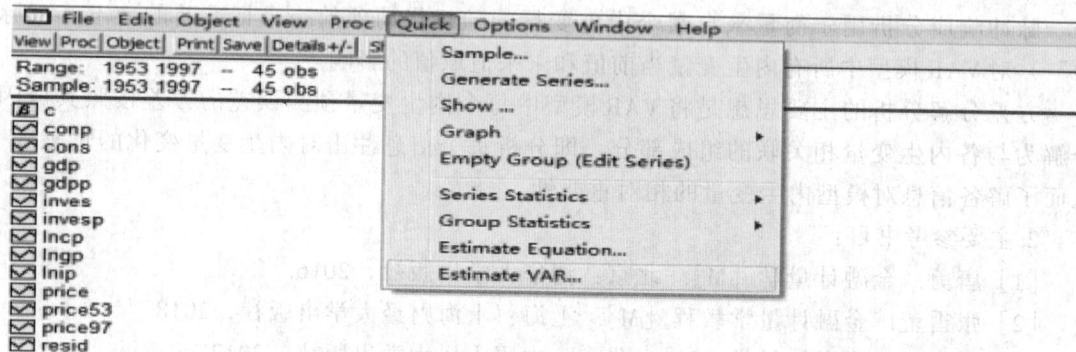

图 5-23　选择估计 VAR 项

然后进入 VAR 模型设置窗口，完成 VAR 的五个设置细节：

①VAR 类型（VAR Type），包含无约束 VAR（Unrestricted VAR）和向量误差修正模型（Vector Error Correc）两个选项。本实验在 VAR 类型中选择无约束 VAR。

②样本时间范围，即设定样本数据的时间范围。本实验选择 1953 年到 1997 年。

③模型中包含的内生变量（Endogenous Variables），即 VAR 模型包含的内生变量。本实验在内生变量一栏输入"Lngp lncp lnip"。

④内生变量滞后期区间（Lag Intervals for Endogenous），即设置 VAR 模型中各变量的滞后区间。本实验在变量滞后期框中输入"1 3"，表明建立的模型最大滞后期是 3 期（注

意，1和3之间要加个空格）。

⑤外生变量（Exogenous Variables），即VAR模型中包含的外生变量。在外生变量一栏中输入常数项C。

设置方式如图5-24所示。

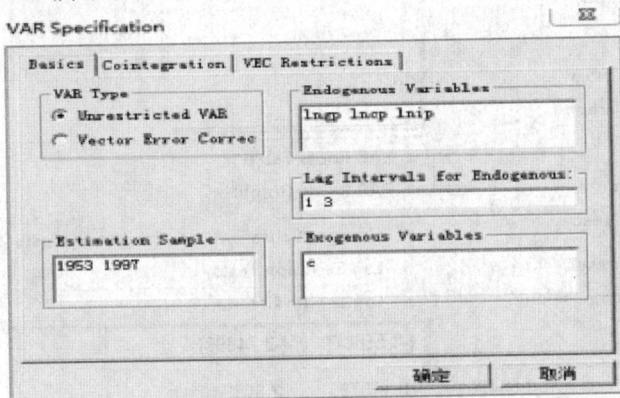

图5-24 VAR模型设置窗口

设置完成后点击“确定”就可输出结果，如图5-25所示。

View | Proc | Object | Print | Name | Freeze | Estimate | Stats | Impulse | Resids

Vector Autoregression Estimates

Date: 01/04/13 Time: 10:00
Sample (adjusted): 1956 1997
Included observations: 42 after adjustments
Standard errors in ( ) & t-statistics in [ ]

	LNGP	LNCP	LNIP
LNGP(-1)	1.817021	0.612374	3.906075
	(0.39978)	(0.26007)	(1.51606)
	[4.54504]	[2.35469]	[2.57647]
LNGP(-2)	-1.991822	-0.532985	-7.472256
	(0.52559)	(0.34190)	(1.99314)
	[-3.78972]	[-1.55887]	[-3.74899]
LNGP(-3)	0.884261	0.165795	2.808940
	(0.45844)	(0.29823)	(1.73852)
	[1.92883]	[0.55593]	[1.61570]
LNCP(-1)	-0.270084	0.936953	-2.555494
	(0.36298)	(0.23613)	(1.37650)
	[-0.74408]	[3.96803]	[-1.85652]
LNCP(-2)	1.222803	-0.080225	5.317193
	(0.49543)	(0.32229)	(1.87880)
	[2.46815]	[-0.24892]	[2.83011]
LNCP(-3)	-0.493298	-0.008850	-1.501022
	(0.42268)	(0.27496)	(1.60289)
	[-1.16707]	[-0.03219]	[-0.93645]

图5-25 回归结果

根据图5-25的回归结果表提供的系数数据，可以列出三个变量的VAR联立方程。例如，根据第一列数据可以列出以LNGP为因变量的VAR方程，如下所示：

$$LNGP_t=1.817LNGP_{t-1}-0.27LNCP_{t-1}-1.992LNGP_{t-2}+1.223LNCP_{t-2}+0.884LNGP_{t-3}-0.493LNCP_{t-3}$$

$$(4.545)\quad(-0.744)\quad(-3.789)\quad(2.468)\quad(1.928)\quad(-1.167)$$

（2）最佳滞后期的确定

在VAR估计结果的窗口中，点击“View”快捷菜单，选择“Lag Structure”项，在子菜单下选择"Lag Length Criteria"项，选择方法如图5-26所示。

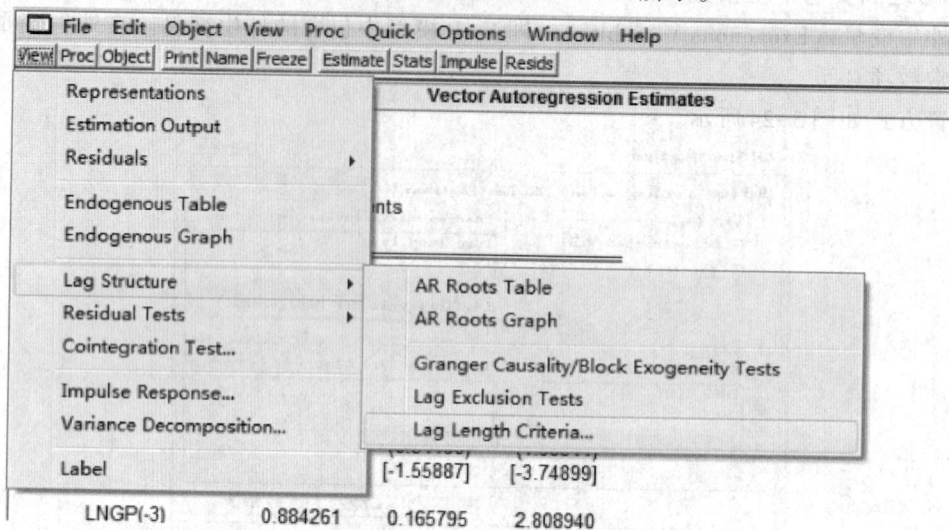

图5-26 选择滞后长度标准

选择"Lag Length Criteria"后，系统会提示设置显示的最长滞后期，如图5-27所示。

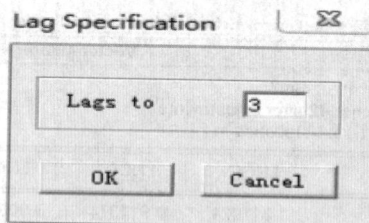

图5-27 系统提示最长滞后期

点击"OK"后显示最佳滞后期的计算结果，如图5-28所示。

VAR Lag Order Selection Criteria
Endogenous variables: LNGP LNCP LNIP
Exogenous variables: C
Date: 01/04/15 Time: 11:25
Sample: 1953 1997
Included observations: 42

Lag	LogL	LR	FPE	AIC	SC	HQ
0	22.98003	NA	7.75e-05	-0.951430	-0.827311	-0.905935
1	175.5519	276.0825	8.34e-08	-7.788187	-7.291710	-7.606208
2	195.7592	33.67880*	4.93e-08*	-8.321867*	-7.453032*	-8.003404*
3	199.9654	6.409457	6.31e-08	-8.093591	-6.852398	-7.638645

* indicates lag order selected by the criterion
LR: sequential modified LR test statistic (each test at 5% level)
FPE: Final prediction error
AIC: Akaike information criterion
SC: Schwarz information criterion
HQ: Hannan-Quinn information criterion

图5-28 显示最佳滞后期的计算结果

最佳滞后期选择标准分别为 LR、FPE、AIC、SC、HQ 等，每个标准的含义在表下有解释。每个标准下的最佳滞后期都在数字的右上角加了*号。在本例中，多个标准都确定最佳滞后期是2期。

（3）模型稳定性检验

在VAR估计结果的窗口中，点击"View"快捷菜单，选择"Lag Structure"项，在子菜单下可分别选择 "AR Roots Table"和"AR Roots Graph"，即计算特征根和绘制特征根图形，如图5-29所示。

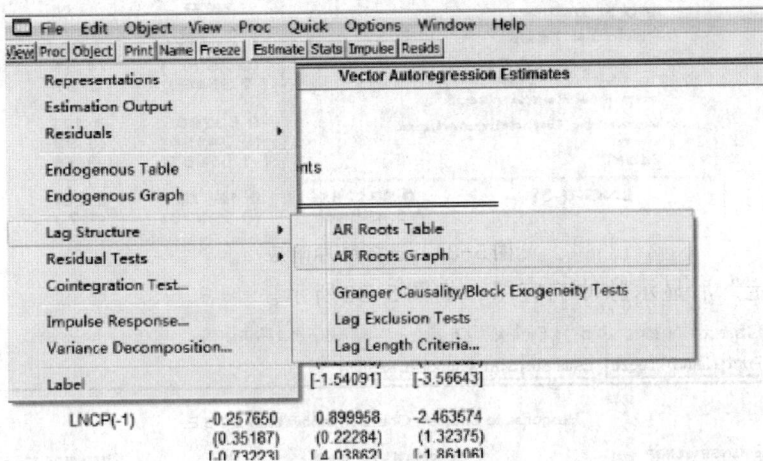

图5-29　选择滞后结构

特征根图形如图5-30所示。

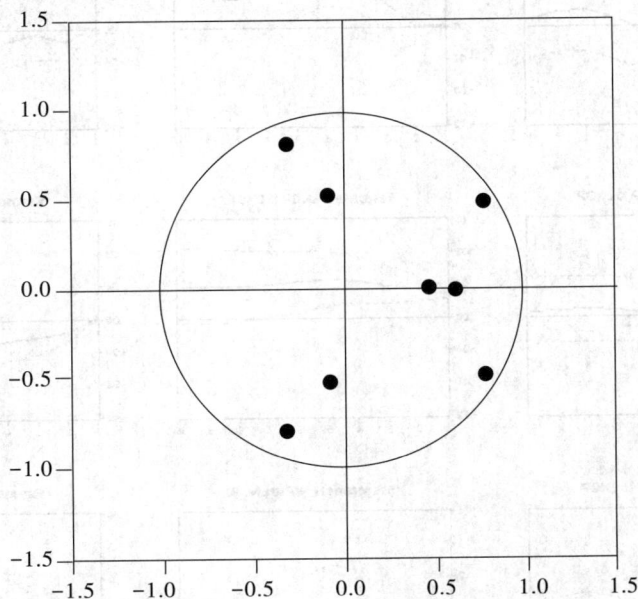

图5-30　特征根图形

所有的根都在单位圆内，说明没有单位根，VAR模型是稳定的。稳定的VAR是进行脉冲响应分析和方差分解的前提条件。

3.脉冲响应分析

在VAR估计结果的窗口中，点击"View"快捷菜单，选择"Impulse Response"项，如图5-31所示。

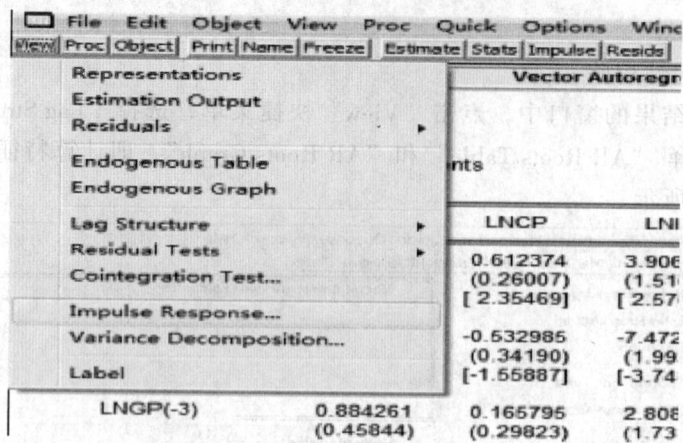

图 5-31　选择脉冲响应

点击"确定"后显示脉冲响应图，如图 5-32 所示。

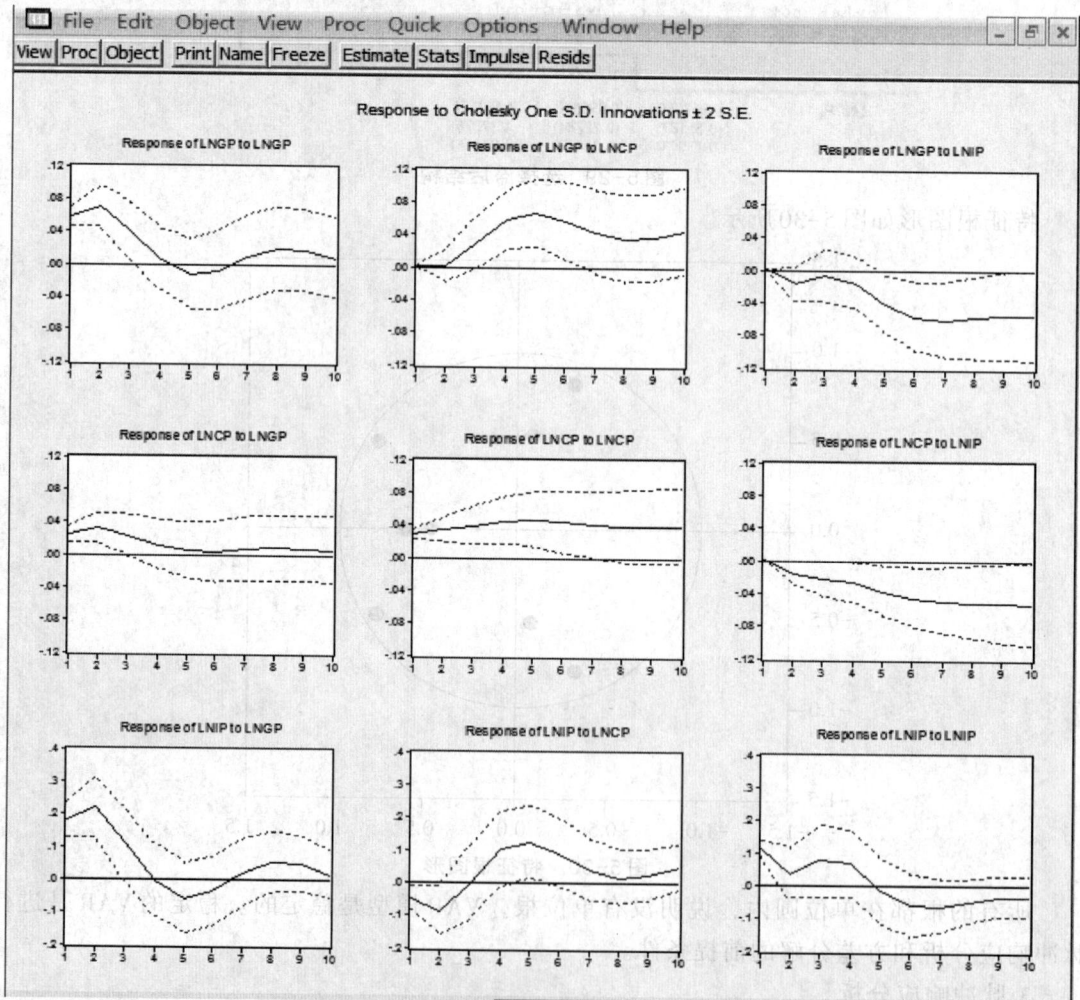

图 5-32　脉冲响应图

在本实验中，脉冲响应图形共有九个，分别是每个内生变量对其他三个内生变量误差项的一个标准差大小的变化的反应程度序列。

　　例如，第一个图是变量LNGP对LNGP误差项在当期有一个标准差大小的变化时，以后各期对该变化的反应序列。

　　4.方差分解

　　点击"View"快捷键菜单，选择"Variance Decompositon"得到如图5-33所示的结果。

Variance Decomposition of MCA:			
Period	S.E.	MCA	SCA
1	0.019179	2.269507	97.73049
2	0.022501	1.814614	98.18539
3	0.026322	1.509265	98.49074
4	0.028738	1.286601	98.71340
5	0.030930	1.181536	98.81846
6	0.032674	1.099278	98.90072
7	0.034193	1.048012	98.95199
8	0.035483	1.007767	98.99223
9	0.036606	0.978067	99.02193
10	0.037583	0.954200	99.04580

Variance Decomposition of SCA:			
Period	S.E.	MCA	SCA
1	0.088193	0.000000	100.0000
2	0.104155	1.006048	98.99395
3	0.119707	0.766721	99.23328
4	0.129326	0.657574	99.34243
5	0.137808	0.605728	99.39427
6	0.144505	0.571670	99.42833
7	0.150310	0.558345	99.44165
8	0.155239	0.549633	99.45037
9	0.159535	0.545759	99.45424
10	0.163274	0.543223	99.45678

Cholesky Ordering: SCA MCA

图5-33　方差分解表

　　从方差分解表可以看出，MAC的方差形成的主要影响因素来自SCA，自身的前期滞后值对自己的影响不大。

六、实验组织和安排

　　以个人为单位，登录国家统计局网站收集数据，完成前面的相关实验。

七、实验结果提交方式

　　将本次练习的结果通过工作文件形式保存在电脑桌面，以自己名字命名文件夹，以备考核。

八、实验考核方式和标准

　　根据实验过程中学生的学习态度、操作的规范性及结果的正确性综合评定。

九、注意事项

　　1.对于缺少的数据进行合理假设。

　　2.所需数据自己收集。

实验4　协整分析与误差修正模型

一、实验名称和性质

所属课程	金融实证分析
实验名称	协整分析与误差修正模型
实验学时	4
实验性质	√验证 □综合 □设计
必做/选做	√必做 □选做

二、实验目的和要求

本实验的目的是使学生了解协整分析的意义，掌握协整分析的方法；了解误差修正模型分析的意义，掌握误差修正模型的建立方法。

三、实验的软硬件环境要求

1.硬件环境要求：学生使用教室电脑。

2.使用的软件名称、版本号及模块：电脑装载 Windows 操作系统及 EViews 应用演示软件。

四、知识准备

1.前期要求掌握的知识、相关理论

（1）协整分析

经典回归模型（Classical Regression model）是建立在稳定数据变量基础上的，对于非稳定变量，不能使用经典回归模型，否则会出现虚假回归等诸多问题。

许多经济变量是非稳定的，这就给经典回归分析方法带来了很大限制。但是，如果变量之间有着长期的稳定关系，即它们之间是协整的，则可以使用经典回归模型方法建立回归模型。

协整概念是一个强有力的概念，因为协整允许我们刻画两个或多个序列之间的平衡或平稳关系。每个序列单独来说可能是非平稳的，它的矩，如均值、方差和协方差随时间而变化，但这些时间序列的线性组合序列却可能有不随时间变化的性质。

需要注意的是：①作为对非平稳变量之间关系的描述，线性协整方程是不唯一的。②协整变量必须具有相同的单整阶数。如果两个变量都是单整变量，只有当它们的单整阶数相同时，才可能协整；如果它们的单整阶数不相同，就不可能协整。③k 个非平稳变量最多可能存在 k-1 个线性协整关系。

协整检验方法分为两种：一种是基于回归残差的协整检验，如 Engle-Granger 检验；另一种是基于 VAR 模型进行的回归系数的协整检验，如 Johansen 协整检验。

（2）误差修正模型

建立误差修正模型，首先对变量进行协整分析，以发现变量之间的协整关系，即长期均衡关系，并以这种关系构成误差修正项。然后建立短期模型，将误差修正项看作一个解释变量，连同其他反映短期波动的解释变量一起，建立短期模型，即误差修正模型。

误差修正模型如下所示：

$$\Delta Y_t = \beta_0 + \beta_1 \Delta X_t + \alpha ecm_{t-1} - \varepsilon_t$$

式中：ΔY_t 代表被解释变量的短期波动；ΔX_t 为解释变量的短期波动；ecm_{t-1} 代表的则是两个变量之间关系对长期均衡的偏离，即上一期变量偏离均衡水平的误差，称为误差修正项；α 称为修正系数，反映 Y 对均衡偏离的修正速度。因此被解释变量的短期波动可以分解成两个部分：一部分为解释变量的短期波动影响，另一部分为长期均衡的调节效应。若 ecm_{t-1} 的系数 α 小于 0，且显著有效，则表明变量之间的短期波动存在向长期均衡趋近的机制。

2.主要参考书目：

[1] 唐勇. 金融计量学 [M]. 北京：清华大学出版社，2016.

[2] 张雪莹. 金融计量学教程 [M]. 上海：上海财经大学出版社，2018.

[3] 张成思. 金融计量学 [M]. 北京：中国人民大学出版社，2012.

五、实验内容

（一）协整分析与误差修正模型建立的步骤

协整有两种方法：一是 Engle-Granger 检验法，即 E-G 两步法，用于对双变量之间的协整关系进行检验；二是 Johansen 协整检验，可适用于多变量的协整检验。

1.E-G 两步法协整检验的步骤：

第一步，用 OLS 方法估计方程：$Y_t=\alpha_0+\alpha_1 X_t+\mu_t$，并计算非均衡误差，得到：

$$\hat{Y}_t = \hat{\alpha}_0 + \hat{\alpha}_1 X_t$$

$$\hat{e}_t = Y_t - \hat{Y}_t$$

该式称为协整回归（cointegration regression）或静态回归（static regression）。

第二步，检验回归方程的残差序列 e_t 的平稳性。如果 e_t 经过 ADF 检验，为稳定序列，则认为变量 Y_t 和 X_t 为协整的。

第三步，若协整性存在，则以协整回归方程的残差作为非均衡误差项加入误差修正模型中，并用 OLS 法估计相应参数，得到误差修正模型。

2.Johansen 协整检验的步骤：

第一步，对拟进行协整分析的所有时间序列数据变量的平稳性进行 ADF 检验，若这些变量都不是平稳的，但是经过相同次差分后是平稳的，则说明这些变量序列是同阶单整的。各变量的同阶单整性是进行 Johansen 协整检验的前提。

第二步，若各变量是同阶单整的，则先建立 VAR 模型，确定最佳滞后期，并检验 VAR 模型的稳定性。若 VAR 模型是平稳的，则可以基于 VAR 模型进行 Johansen 协整检验。

第三步，通过 Johansen 协整检验的结果可以判断序列间是否存在协整关系，及协整方差的个数。

第四步，在 VAR 模型窗口建立误差修正模型。

（二）协整分析和误差修正模型构建的具体操作

下面以 Johansen 协整分析法为例介绍其在 EViews 中的操作方法，并且这里的数据为本小节实验 3 所使用的数据。

1.Johansen 协整的具体操作

假定拟进行协整分析的各时间序列数据符合同阶单整条件，则可以采用实验 3 介绍的方法建立 VAR 模型，该模型的最佳滞后期为 2，若该 VAR 模型是平稳的，则可以进行 Johansen 协整分析。

在 VAR 模型窗口的菜单栏点击"View"，选择"Cointegration Test"项，显示如图 5-34 所示的对话框。

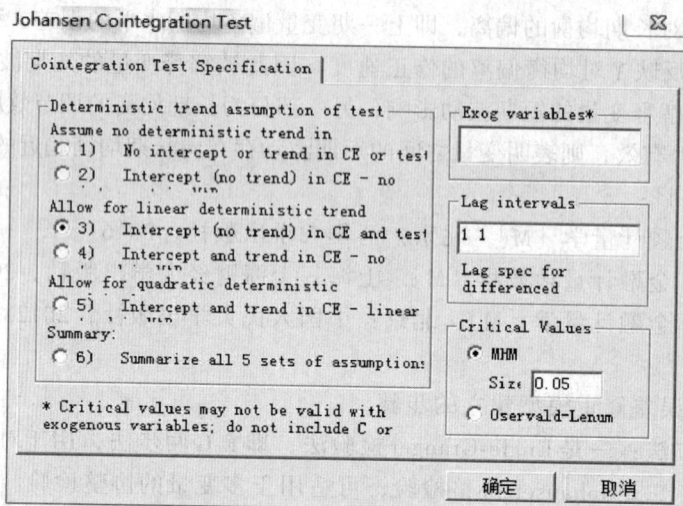

图5-34　协整分析设置

因为前面 VAR 模型分析中得出的 VAR 的最佳滞后期为 2，所以协整分析的窗口中 "Lag intervals"为 1，协整分析的最佳滞后期要成对输入，在此输入"1 1"，采用带截距 的模型进行协整分析，得出下面的回归结果，如图 5-35 所示。

Sample (adjusted): 1955 1997
Included observations: 43 after adjustments
Trend assumption: Linear deterministic trend
Series: LNGP LNCP LNIP
Lags interval (in first differences): 1 to 1

Unrestricted Cointegration Rank Test (Trace)

Hypothesized No. of CE(s)	Eigenvalue	Trace Statistic	0.05 Critical Value	Prob.**
None *	0.536120	41.83691	29.79707	0.0013
At most 1	0.156260	8.807311	15.49471	0.3835
At most 2	0.034308	1.501130	3.841466	0.2205

Trace test indicates 1 cointegrating eqn(s) at the 0.05 level
* denotes rejection of the hypothesis at the 0.05 level
**MacKinnon-Haug-Michelis (1999) p-values

图5-35　回归结果

在假设没有协整关系的检验中，伴随概率为 0.0013，拒绝原假设，说明三个变量至少 存在一个协整关系，继续进行第二个假设检验。在第二个假设为最多存在一个协整关系的 检验中，伴随概率为 0.3835，接受该假设，说明三个变量最多存在一个协整关系，结合第 一个检验，说明三个变量之间存在一个协整关系。

2.误差修正模型的具体操作

在 Workfile 窗口下，点击"Quick"，选择"Estimate VAR"项，在"VAR Specification"（VAR设定）对话框中选择建立向量误差修正模型，在内生变量框内输入"LNGP LNCP LNIP"三个变量。Lag Intervals 和 VAR 模型的最佳滞后期一致，都是2，也要成对输入"1 2"，1和2之间要有空格。VAR类型选"Vector Error Correct"。具体情况如图5-36所示。

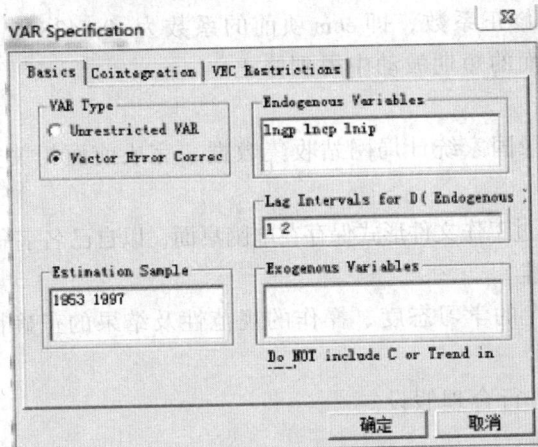

图5-36　VAR设定

点击"确定"后得到分析结果，如图5-37所示。

Cointegrating Eq:	CointEq1		
LNGP(-1)	1.000000		
LNCP(-1)	-1.247757 (0.08261) [-15.1050]		
LNIP(-1)	0.099302 (0.07047) [1.40922]		
C	0.811007		

Error Correction:	D(LNGP)	D(LNCP)	D(LNIP)
CointEq1	-0.543846 (0.14099) [-3.85732]	-0.151683 (0.09731) [-1.55881]	-1.620349 (0.53349) [-3.03724]
D(LNGP(-1))	1.283539 (0.34717) [3.69716]	0.648982 (0.23960) [2.70856]	5.219151 (1.31365) [3.97301]
D(LNGP(-2))	-0.740982 (0.41665) [-1.77842]	0.078575 (0.28756) [0.27325]	-2.464024 (1.57657) [-1.56290]
D(LNCP(-1))	-0.827059 (0.34209) [-2.41765]	-0.050974 (0.23610) [-0.21590]	-4.240736 (1.29444) [-3.27612]
D(LNCP(-2))	0.410207 (0.39800) [1.03067]	-0.114799 (0.27469) [-0.41793]	1.170842 (1.50599) [0.77746]
D(LNIP(-1))	-0.093132 (0.08716) [-1.06856]	-0.123046 (0.06015) [-2.04556]	-0.459957 (0.32979) [-1.39469]
D(LNIP(-2))	0.144575 (0.08716) [1.65868]	-0.017068 (0.06016) [-0.28373]	0.410491 (0.32981) [1.24461]
C	0.054158 (0.01979) [2.736031]	0.030238 (0.01366) [2.213381]	0.073156 (0.07490) [0.976711]

图5-37　分析结果

根据上述分析结果，首先可以写出标准化的协整方程：

ecm=LNGP−1.247757LNCP+0.099302LNP+0.81107

误差修正模型为：

D（LNGP）t=−0.543846ecm（−1）+1.283539D（LNGP）$_{t-1}$−0.740982D（LNGP）$_{t-2}$−
0.827059D（LNCP）$_{t-1}$+0.410207D（LNCP）$_{t-2}$−0.093132D（LNIP）$_{t-1}$+
0.144575D（LNIP）$_{t-2}$+0.054158

上述模型中的误差修正系数，即ecm项前的系数为−0.543846，为负数，说明前期对长期均衡的偏离会在后面的短期波动中得到修正。

六、实验组织和安排

以个人为单位，登录国家统计局网站收集数据，完成前面相关实验。

七、实验结果提交方式

将本次练习的结果通过工作文件形式保存在电脑桌面，以自己名字命名文件夹，以备考核。

八、实验考核方式和标准

根据实验过程中学生的学习态度、操作的规范性及结果的正确性综合评定。

九、注意事项

1.对于缺少的数据进行合理假设。

2.所需数据自己收集。

实验5　基于GARCH族模型对金融时间序列波动性特征的分析

一、实验名称和性质

所属课程	金融实证分析
实验名称	基于GARCH族模型对金融时间序列波动性特征的分析
实验学时	4
实验性质	√验证 □综合 □设计
必做/选做	√必做 □选做

二、实验目的和要求

本实验的目的是使学生了解基于GARCH族模型对金融时间序列进行分析的意义、操作方法及对分析结果的解读方法。

三、实验的软硬件环境要求

1.硬件环境要求：学生使用教室电脑。

2.使用的软件名称、版本号及模块：电脑装载Windows操作系统及EViews应用演示软件。

四、知识准备

1.前期要求掌握的知识、相关理论

（1）问题提出的背景

金融计量学模型对风险或收益率波动特征的理解和描述较为简单和粗糙。大量关于金融市场价格行为的经验研究结果证实：方差是随时间的变化而变化的。分形理论之父曼德尔布罗特（Mandelbrot，1963）首先发现了金融资产收益率的波动存在时间序列上的"簇聚现象"（Clustering），即幅度较大的波动会相对集中在某些时段，而幅度较小的波动会集中在另一些时段。这种金融变量随市场波动的特点是金融市场中常见的、规律性现象，而且许多资产回报的边际贡献是高峰度的，这意味着与相同均值和方差的标准正态分布相比，它们具有厚尾性。

前面介绍的模型都是预测被解释变量的期望值，而 ARCH、GARCH 模型预测的是被解释变量的方差。ARCH 模型很好地捕捉了金融时间序列中波动的簇聚现象（即大的波动之后往往跟随着大的波动，小的波动之后往往跟随着小的波动），随后这一模型被不断地用来研究金融市场的收益序列变化问题，并且由于它自身的灵活性，ARCH 模型得到不断地改进，成为一个庞大的 ARCH 模型族。

（2）ARCH 模型

尽管资产收益的随机误差项不存在序列相关性，但并不独立。随机误差项之间的依赖性可以由其滞后变量的简单二次函数来描述。

ARCH 族模型由均值方差和条件方差方程构成：

均值方程：

$$y_t = X\beta + \varepsilon_t$$

方差方程：

$$\varepsilon_t = \nu_t \sqrt{h_t}$$

$$h_t = \alpha_0 + \alpha_1 \varepsilon_{t-1}^2 + \alpha_2 \varepsilon_{t-2}^2 + \cdots + \alpha_n \varepsilon_{t-n}^2$$

其中，$\nu_t \sim N(0,1)$。

则称误差项 ε_t 服从 ARCH（q）过程。

（3）GARCH 族模型

在 ARCH 族模型的基础上，引入条件方差的滞后期：

$$\mathrm{Var}[\varepsilon_t | \Omega_{t-1}] = h_t = \alpha_0 + \alpha_1 \varepsilon_{t-1}^2 + \beta_1 h_{t-1}$$

从而简化了估算，GARCH（1，1）的效力近似于 ARCH（20）。

GARCH（q，p）的定义式如下：

$$y_t = X\beta + \varepsilon_t$$

$$h_t = \alpha_0 + \sum_{i=1}^{q} \alpha_i \varepsilon_{t-i}^2 + \sum_{k=1}^{p} \gamma_k h_{t-k}$$

其中，$\alpha_0 > 0$，$\alpha_i \geq 0$，$\gamma_k \geq 0$。

与 ARCH 模型相比，尽管 GARCH 模型没有太多的理论创新，但它的优点在于，可以用低阶的 GARCH 模型来代表高阶的 ARCH 模型，从而使模型的识别和估算变得比较容易。

2.主要参考书目：

［1］唐勇. 金融计量学［M］. 北京：清华大学出版社，2016.

［2］张雪莹. 金融计量学教程［M］. 上海：上海财经大学出版社，2018.

［3］张成思. 金融计量学［M］. 北京：中国人民大学出版社，2012.

五、实验内容

（一）GARCH 分析的步骤

第一步，分析时间序列的平稳性，GARCH 建模的前提是序列的平稳性；同时通过时序图观察序列的波动情况，若存在大的、小的波动聚集现象，说明可能存在条件异方差性。

第二步，对时间序列进行相关性分析，判断应该建立哪种均值模型。若存在相关性，可以建立相应的 AR、MA 或 ARMA 模型；若不存在相关性，则建立白噪声模型。

第三步，对均值方程的残差进行条件异方差 ARCH-LM 检验，若存在 ARCH 效应，则可以建立 GARCH 族模型。

第四步，对比 GARCH 模型的不同阶数的显著性，确定 GARCH 模型的形式；建立 TGARCH 和 MGARCH 模型，验证正面信息与负面信息冲击的不对称性，通过系数的显著性进行模型的选择。

（二）GARCH 分析的具体操作

本实验使用的数据为上证180指数于2008年8月1日到2010年11月3日的收盘价，共548个观测值。以此建立序列{p}，进而构建其对数收益率序列{r}，对序列{r}建立条件异方差模型，并研究其收益波动率。

1.建立工作文件，导入数据，然后通过时序图观察该序列的波动特征（如图5-38所示）

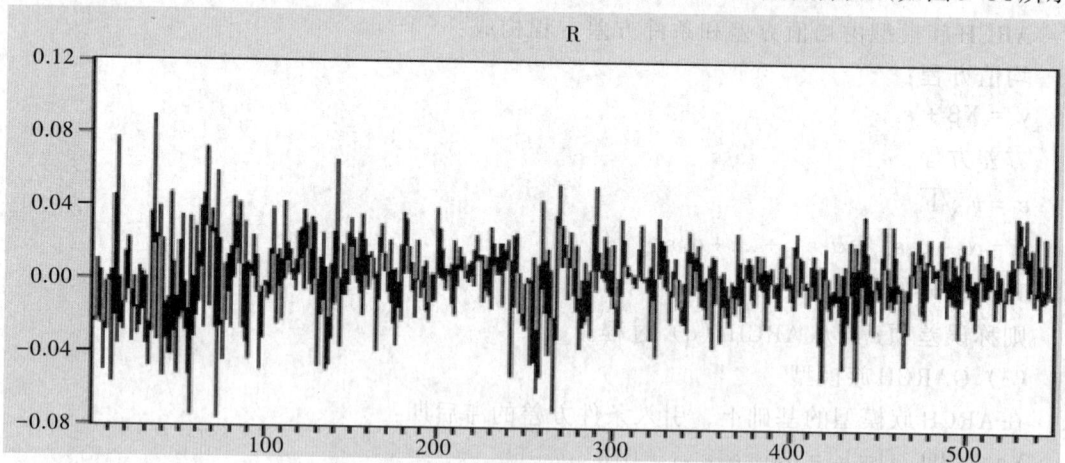

图5-38　上证180指数对数收益率序列 r 的线性图

从图5-38中，可观察到对数收益率波动的簇聚现象：波动在一些时间段内较小（如从第150个观测值到第200个观测值），在另一些时间段内非常大（如从第40个观测值到第100个观测值）。

2.考察序列的平稳性（GARCH 建模的前提）

点击 "View" — "Unit Root Test"，在 "Test Type" 项下选择 "Augmented Dickey-Fuller"，如图5-39所示。

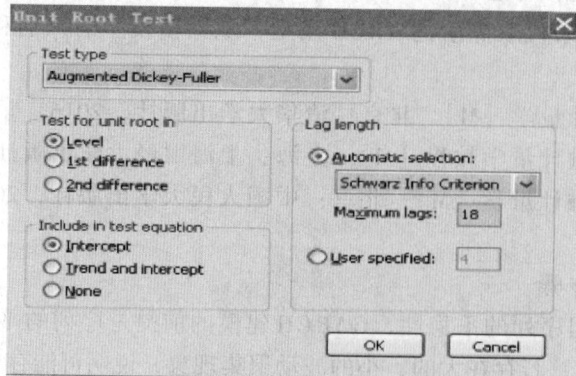

图5-39　检验类型选择

得到 ADF 检验结果，如图 5-40 所示。

图 5-40　ADF 检验结果

t 统计量的值为 -22.88，对应的 p 值接近 0，表明序列 {r} 平稳。

3. 对序列进行自相关和偏自相关检验

在视图中点击"View"—"Correlogram"，在"Lags to include"中键入"12"，然后点击"OK"，如图 5-41 所示，就得到了对数收益率的自相关函数分析，结果如图 5-42 所示。

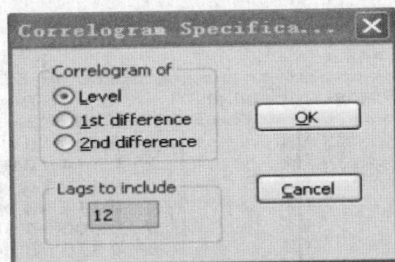

图 5-41　自相关和偏自相关检验设置

图 5-42　自相关函数分析结果

从图 5-42 中可以看出，序列的自相关和偏自相关系数均落入 2 倍的估计标准差内，且 Q 统计量的对应 p 值均大于置信度 0.05，故序列在 5% 的显著性水平上不存在显著的相关性。

4.建立回归模型

由于序列不存在显著的相关性，因此将均值方程设定为白噪声序列。

设立模型：

$r_t = \pi_t + \varepsilon_t$

对 r_t 进行描述性统计得到其均值为 0.000256。

将 r 去均值化，得到 w：

操作为：在"Objects/Generate Series"中输入

w=r-0.000256

检验 ARCH 效应有两种方法：LM 法（拉格朗日乘数检验法）和对残差的平方相关图检验。

本实验中由于没有对 ARMA 建模，EViews 中没有直接的 LM 法，所以采用第二种方法。

首先建立 w 的平方方程 z，在"Objects/Generate Series"中输入"z= w2"。然后在视图中点击"View"—"correlogram"，点击"OK"，得到对数收益率的自相关函数分析图，如图 5-43 所示。

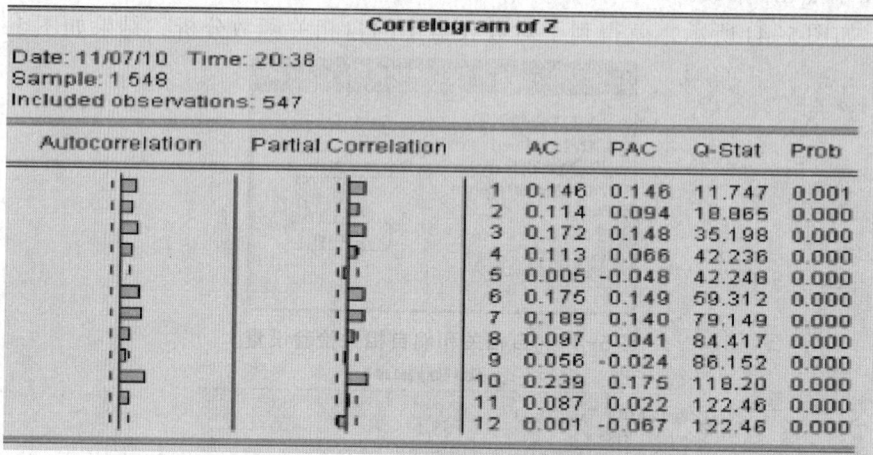

图 5-43　自相关函数分析图

如图 5-43 所示，序列存在自相关，所以有 ARCH 效应。

5.建立 GARCH 族模型

（1）常用的 GARCH 模型包括 GARCH（1，1），GARCH（1，2），GARCH（2，1）。我们分别用多个模型建模，下面以 GARCH（1，1）为例。

点击主菜单"Quick/Estimate Equation"，得到图 5-44 的对话框，在"Method"一栏选择"GARCH"，在"Mean equation"一栏输入"w"，ARCH 和 GARCH 处都选择"1"，点击"确定"。

得到 GARCH（1，1）分析结果，如图 5-45 所示。

GARCH（2，1）分析结果如图 5-46 所示。

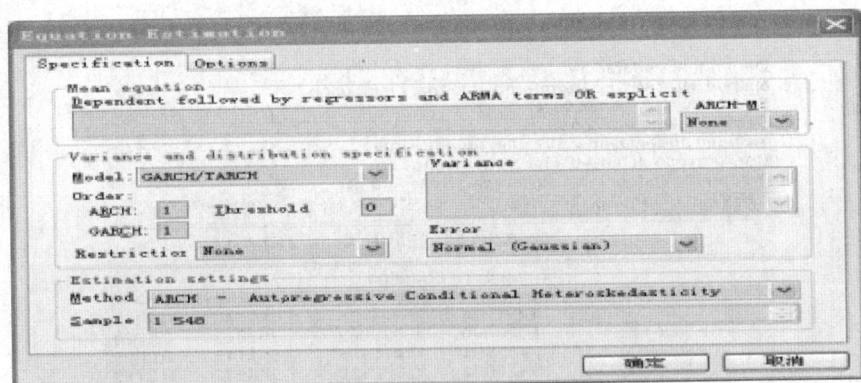

图 5-44   建立 GARCH 模型

Dependent Variable: W
Method: ML - ARCH (Marquardt) - Normal distribution
Date: 11/07/10   Time: 21:19
Sample (adjusted): 2 548
Included observations: 547 after adjustments
Convergence achieved after 10 iterations
Presample variance: backcast (parameter = 0.7)
GARCH = C(1) + C(2)*RESID(-1)^2 + C(3)*GARCH(-1)

	Coefficient	Std. Error	z-Statistic	Prob.
Variance Equation				
C	7.46E-06	3.60E-06	2.070583	0.0384
RESID(-1)^2	0.053993	0.016866	3.201227	0.0014
GARCH(-1)	0.927039	0.022911	40.46212	0.0000
R-squared	-0.000000	Mean dependent var		-3.56E-08
Adjusted R-squared	-0.003676	S.D. dependent var		0.021746
S.E. of regression	0.021786	Akaike info criterion		-4.952571
Sum squared resid	0.258195	Schwarz criterion		-4.928963
Log likelihood	1357.528	Hannan-Quinn criter.		-4.943343
Durbin-Watson stat	1.957174			

图 5-45   GARCH（1，1）分析结果

Dependent Variable: W
Method: ML - ARCH (Marquardt) - Normal distribution
Date: 11/07/10   Time: 21:38
Sample (adjusted): 2 548
Included observations: 547 after adjustments
Convergence achieved after 10 iterations
Presample variance: backcast (parameter = 0.7)
GARCH = C(1) + C(2)*RESID(-1)^2 + C(3)*RESID(-2)^2 + C(4)*GARCH(-1)

	Coefficient	Std. Error	z-Statistic	Prob.
Variance Equation				
C	8.34E-06	4.12E-06	2.025806	0.0428
RESID(-1)^2	0.023285	0.033654	0.691903	0.4890
RESID(-2)^2	0.036625	0.037530	0.975886	0.3291
GARCH(-1)	0.919141	0.026209	35.06989	0.0000
R-squared	-0.000000	Mean dependent var		-3.56E-08
Adjusted R-squared	-0.005525	S.D. dependent var		0.021746
S.E. of regression	0.021806	Akaike info criterion		-4.950413
Sum squared resid	0.258195	Schwarz criterion		-4.918937
Log likelihood	1357.938	Hannan-Quinn criter.		-4.938110
Durbin-Watson stat	1.957174			

图 5-46   GARCH（2，1）分析结果

GARCH（1，2）分析结果如图5-47所示。

```
Dependent Variable: W
Method: ML - ARCH (Marquardt) - Normal distribution
Date: 11/07/10  Time: 21:41
Sample (adjusted): 2 548
Included observations: 547 after adjustments
Convergence achieved after 20 iterations
Presample variance: backcast (parameter = 0.7)
GARCH = C(1) + C(2)*RESID(-1)^2 + C(3)*GARCH(-1) + C(4)*GARCH(-2)
```

	Coefficient	Std. Error	z-Statistic	Prob.
Variance Equation				
C	4.17E-06	3.44E-06	1.211143	0.2258
RESID(-1)^2	0.030066	0.022062	1.362823	0.1729
GARCH(-1)	1.437504	0.410585	3.501115	0.0005
GARCH(-2)	-0.478022	0.382836	-1.248633	0.2118
R-squared	-0.000000	Mean dependent var		-3.56E-08
Adjusted R-squared	-0.005525	S.D. dependent var		0.021746
S.E. of regression	0.021806	Akaike info criterion		-4.949906
Sum squared resid	0.258195	Schwarz criterion		-4.918429
Log likelihood	1357.799	Hannan-Quinn criter.		-4.937603
Durbin-Watson stat	1.957174			

图5-47 GARCH（1，2）分析结果

基于以上三个模型的比较，GARCH（1，1）所有的系数都通过t检验，效果最好。再用T-GARCH和E-GARCH分别进行建模。

（2）建立不对称波动的T-GARCH模型

点击主菜单"Quick / Estimate Equation"，进入对话框，在"Model"一栏选择"GARCH/TGARCH"，在"Threshold"数值栏输入1，点击"确定"，如图5-48所示。

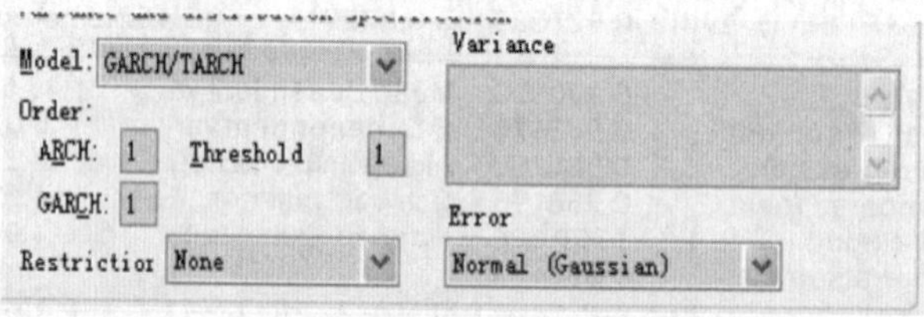

图5-48 建立模型

T-GARCH（1，1）分析结果如图5-49所示。

```
Dependent Variable: W
Method: ML - ARCH (Marquardt) - Normal distribution
Date: 11/07/10  Time: 21:53
Sample (adjusted): 2 548
Included observations: 547 after adjustments
Convergence achieved after 13 iterations
Presample variance: backcast (parameter = 0.7)
GARCH = C(1) + C(2)*RESID(-1)^2 + C(3)*RESID(-1)^2*(RESID(-1)<0) +
    C(4)*GARCH(-1)
```

	Coefficient	Std. Error	z-Statistic	Prob.
Variance Equation				
C	1.02E-05	4.12E-06	2.483236	0.0130
RESID(-1)^2	0.027653	0.019475	1.419920	0.1556
RESID(-1)^2*(RESID(-1)<0)	0.051446	0.022126	2.325160	0.0201
GARCH(-1)	0.919702	0.024432	37.64407	0.0000
R-squared	-0.000000	Mean dependent var		-3.56E-08
Adjusted R-squared	-0.005525	S.D. dependent var		0.021746
S.E. of regression	0.021806	Akaike info criterion		-4.956706
Sum squared resid	0.258195	Schwarz criterion		-4.925229
Log likelihood	1359.659	Hannan-Quinn criter.		-4.944402
Durbin-Watson stat	1.957174			

图5-49 T-GARCH（1，1）分析结果

（3）建立不对称波动的E-GARCH模型

点击主菜单"Quick / Estimate Equation"，在"Model"一栏选择"EGARCH"，在"Threshold"数值一栏输入"0"，点击"确定"。结果如图5-50所示。

```
Dependent Variable: W
Method: ML - ARCH (Marquardt) - Normal distribution
Date: 11/07/10   Time: 21:56
Sample (adjusted): 2 548
Included observations: 547 after adjustments
Convergence achieved after 12 iterations
Presample variance: backcast (parameter = 0.7)
LOG(GARCH) = C(1) + C(2)*ABS(RESID(-1)/@SQRT(GARCH(-1))) + C(3)
        *RESID(-1)/@SQRT(GARCH(-1)) + C(4)*LOG(GARCH(-1))
```

	Coefficient	Std. Error	z-Statistic	Prob.
Variance Equation				
C(1)	-0.295523	0.095154	-3.105733	0.0019
C(2)	0.118970	0.032188	3.696047	0.0002
C(3)	-0.044321	0.014881	-2.978395	0.0029
C(4)	0.973831	0.010260	94.91540	0.0000
R-squared	-0.000000	Mean dependent var		-3.56E-08
Adjusted R-squared	-0.005525	S.D. dependent var		0.021746
S.E. of regression	0.021806	Akaike info criterion		-4.952045
Sum squared resid	0.258195	Schwarz criterion		-4.920568
Log likelihood	1358.384	Hannan-Quinn criter.		-4.939741
Durbin-Watson stat	1.957174			

图5-50　E-GARCH模型分析结果

对比GARCH模型、T-GARCH模型和E-GARCH模型，发现其残差能用EGARCH（1，1）模型进行较好的拟合。

通过上述分析可以得出以下结论：

①异方差的存在性。该上证指数收益率有"尖峰厚尾"和簇聚现象，不服从正态分布。风险对收益率的影响不显著。

②指数收益率存在杠杆性。投资者对该指数收益率下跌的反应往往大于相同程度收益率上涨的反应，即收益率的下跌对市场的影响更大。

六、实验组织和安排

以个人为单位，登录国家统计局网站收集数据，完成前面的相关实验。

七、实验结果提交方式

将本次练习的结果通过工作文件形式保存在电脑桌面，以自己的名字命名文件夹，以备考核。

八、实验考核方式和标准

根据实验过程中学生学习的态度、操作的规范性及结果的正确性综合评定。

九、注意事项

对于缺少的数据进行合理假设。

实验6　对传统资产定价模型CAPM的检验

一、实验名称和性质

所属课程	金融实证分析
实验名称	对传统资产定价模型CAPM的检验
实验学时	4
实验性质	√验证 □综合 □设计
必做/选做	√必做 □选做

二、实验目的和要求

本实验的目的是使学生能够在EVeiws软件中运用OLS回归分析检验传统资本资产定价模型的有效性。

三、实验的软硬件环境要求

1.硬件环境要求：学生使用教室电脑。

2.使用的软件名称、版本号及模块：电脑装载Windows操作系统及EViews应用演示软件。

四、知识准备

1.前期要求掌握的知识、相关理论：掌握CAPM模型的结构及其隐含意义。

2.主要参考书目：

［1］唐勇. 金融计量学［M］. 北京：清华大学出版社，2016.

［2］张雪莹. 金融计量学教程［M］. 上海：上海财经大学出版社，2018.

［3］张成思. 金融计量学［M］. 北京：中国人民大学出版社，2012.

五、实验内容

（一）数据选取及说明

本实验选取的10只股票分别是：东风汽车、海信电器、林海股份、包钢稀土、兖州煤业、延长化建、江西铜业、中铁二局、海螺水泥、浦发银行。本实验选取这10只股票在2010年1月1日至2010年12月31日期间的每个交易日的个股收盘价和上证综合指数，分别计算日对数收益率，即日连续复利收益率；选取2010年个人活期存款年利率作为无风险年收益率的代表，转换成日连续复利收益率。

（二）实验原理

利用每日个股日对数收益率、每日上证指数日对数收益率作为市场日收益率，用个人活期存款利率代替市场无风险利率。基于以下公式分别计算个股风险溢价和市场风险溢价：

个股风险溢价=个股收益率−无风险利率

市场风险溢价=市场组合收益率−无风险利率

基于CAPM模型验证个股收益率与该个股的β系数的线性关系，并通过β前系数的数值大小及显著性检验CAPM模型的有效性。CAPM模型为：

个股收益率=无风险收益率+贝塔系数×（市场风险收益率-无风险收益率）

个股收益率-无风险收益率=贝塔系数×（市场风险收益率-无风险收益率）

个股风险溢价=贝塔系数×市场风险溢价

（三）采用OLS最小二乘回归法求出各个股票的β系数

对个股日对数收益率及上证综指日对数收益率进行平稳性检验，结果显示数据平稳，该过程略。以个股日风险溢价为因变量、市场风险溢价为自变量进行OLS最小二乘回归，回归结果如图5-51所示。

东方汽车

Dependent Variable： GPCEHBL

Method： Least Squares

Date： 12/22/11　Time： 00：08

Sample （adjusted）：1 240

Included observations： 240 after adjustments

Variable	Coefficient	Std. Error	t-Statistic	Prob.
C	−0.001589	0.001413	−1.124937	0.2617
SCCEHBL	0.084694	0.098860	0.856710	0.3925
R-squared	0.003074	Mean dependent var		−0.001653
Adjusted R-squared	−0.001114	S.D. dependent var		0.021847
S.E. of regression	0.021859	Akaike info criterion		−4.800087
Sum squared resid	0.113723	Schwarz criterion		−4.771082
Log likelihood	578.0105	F-statistic		0.733951
Durbin-Watson stat	1.889569	Prob （F-statistic）		0.392467

图5-51　回归结果

回归可得：东风汽车的β系数是0.084694。

其他股票的回归结果省略，得出各个股票的β系数。结果如图5-52所示。

	贝塔系数	股票超额收益率	股票名称	变量	变量
1	0.06469	-0.00158	东方汽车		
2	1.34058	-0.00347	海信电器		
3	1.07779	0.00093	林海股份		
4	0.99547	0.00377	包钢稀土		
5	1.69533	0.00073	兖州煤业		
6	1.47425	-0.00039	延长化建		
7	1.64827	0.00038	江西铜业		
8	1.21986	-0.00153	中铁二局		
9	0.77193	-0.00211	海螺水泥		
10	1.13437	-0.00233	浦发银行		
11					

图5-52　各个股票的β系数

（四）用选取的10只股票的β系数，与选取的10只股票的日平均回报率数据进行横截面数据回归

回归结果如图5-53所示。

Dependent Variable: GPCE

Method: Least Squares

Date: 12/22/11 Time: 01: 40

Sample: 1 10

Included observations: 10

Variable	Coefficient	Std. Error	t-Statistic	Prob.
C	-0.001335	0.001904	-0.701334	0.5030
BT	0.000766	0.001549	0.494184	0.6345
R-squared	0.029623	Mean dependent var		-0.000459
Adjusted R-squared	-0.091674	S.D. dependent var		0.002097
S.E. of regression	0.002191	Akaike info criterion		-9.232382
Sum squared resid	3.84E-05	Schwarz criterion		-9.171865
Log likelihood	48.16191	F-statistic		0.244218
Durbin-Watson stat	1.424028	Prob（F-statistic）		0.634459

图 5-53　回归结果

由此可得股票的风险溢价=0.000766×β 系数-0.001335，系数≈0，且调整平方和太小。β 系数与日平均回报率的关系不显著，未通过检验。

六、实验组织和安排

以个人为单位，登录国家统计局网站收集数据，完成前面的相关实验。

七、实验结果提交方式

将本次练习的结果通过工作文件形式保存在电脑桌面，以自己的名字命名文件夹，以备考核。

八、实验考核方式和标准

根据实验过程中学生学习的态度、操作的规范性及结果的正确性综合评定。

九、注意事项

对于缺少的数据进行合理假设。

实验 7　面板数据回归模型

一、实验名称和性质

所属课程	金融实证分析
实验名称	面板数据回归模型
实验学时	4
实验性质	√验证 □综合 □设计
必做/选做	√必做 □选做

二、实验目的和要求

本实验的目的是使学生学会运用EVeiws软件进行面板数据回归分析。

三、实验的软硬件环境要求

1.硬件环境要求：学生使用教室电脑。

2.使用的软件名称、版本号及模块：电脑装载Windows操作系统及EViews应用演示软件。

四、知识准备

1.前期要求掌握的知识、相关理论：略。

2.主要参考书目：

［1］唐勇．金融计量学［M］．北京：清华大学出版社，2016.

［2］张雪莹．金融计量学教程［M］．上海：上海财经大学出版社，2018.

［3］张成思．金融计量学［M］．北京：中国人民大学出版社，2012.

五、实验内容

1.面板数据工作文件的建立及数据导入

（1）建立面板数据工作文件：点击"File"—"New Workfile"，显示对话框，如图5-54所示。

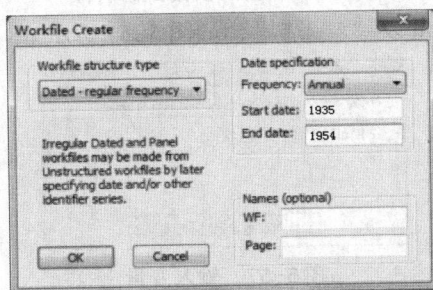

图5-54　建立面板数据工作文件

（2）导入数据：点击"Object"—"New Object"，显示窗口，如图5-55所示。

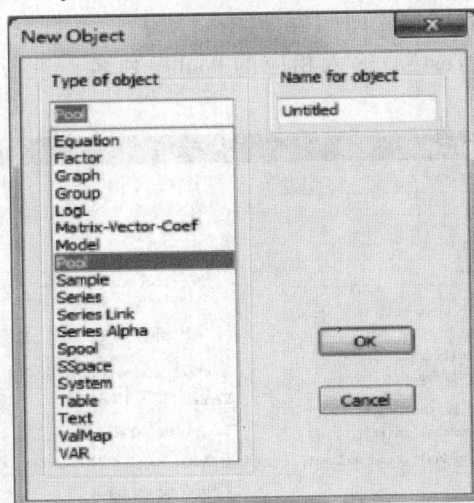

图5-55　选择类型"Pool"

输入横截面标识符，如图5-56所示。其中：GM表示通用汽车；GH表示克莱斯勒公司；GE表示通用电气公司；WE表示西屋公司；US表示美国钢铁公司。本次实验分析

1935—1954年五家企业的投资需求I，前一年企业的市场价值M及前一年年末工厂存货和设备的价值K之间的面板数据回归线性关系。

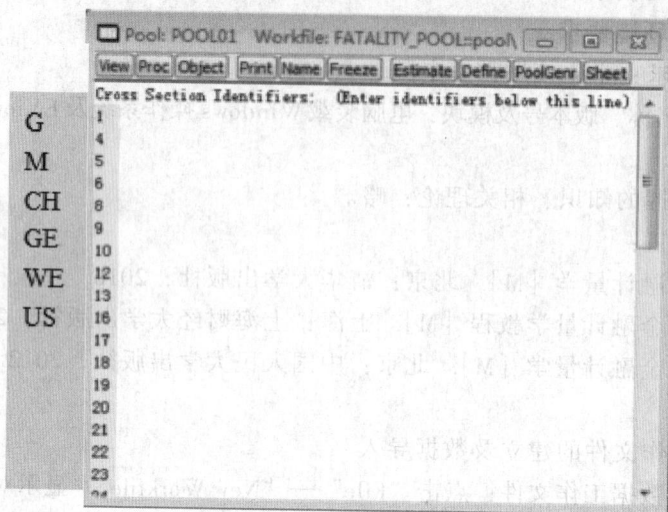

图5-56　输入横截面标识符

输入变量，并且每个变量以"?"结尾，如图5-57所示。

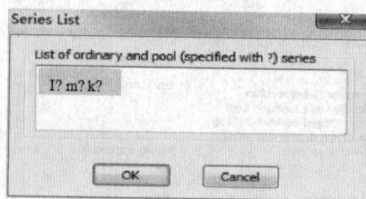

图5-57　输入变量

2.面板数据的平稳性检验

只有原始数据都是平稳的，才能进行面板回归分析。若原始数据不平稳则可以进行差分处理，用差分后平稳的数据建立回归模型。

点击"View/Unit Root Test"，输入相应的Pool序列名，进行面板数据的平稳性检验，如图5-58所示。

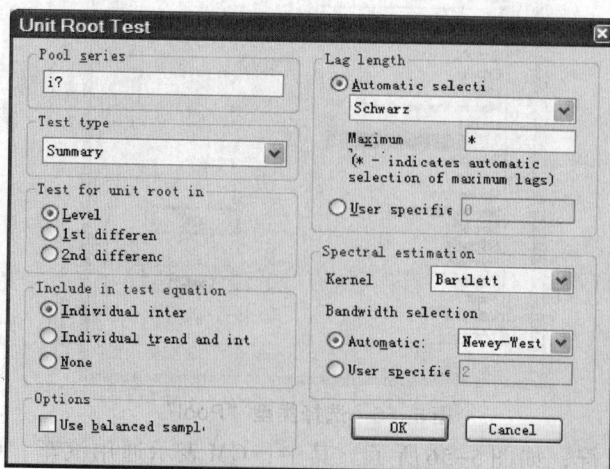

图5-58　输入Pool序列名

各种方法的结果（除 Breitung 检验外）都接受原假设，"I?" 存在单位根，是非平稳的。对 "I?" 进行一阶差分处理后，再检验其平稳性，得到的结果是平稳的，如图 5-59 所示。

```
                  Pool Unit Root Test on I?

Pool unit root test: Summary
Date: 08/07/07   Time: 10:25
Sample: 1935 1954
Series: I_GM, I_CH, I_GE, I_WE, I_US
Exogenous variables: Individual effects
Automatic selection of maximum lags
Automatic selection of lags based on SIC: 0 to 4
Newey-West bandwidth selection using Bartlett kernel

                                               Cross-
Method                       Statistic  Prob.**  sections   Obs
Null: Unit root (assumes common unit root process)
Levin, Lin & Chu t*           2.76785  0.9972      5        87
Breitung t-stat              -1.77320  0.0381      5        82

Null: Unit root (assumes individual unit root process)
Im, Pesaran and Shin W-stat   2.89169  0.9981      5        87
ADF - Fisher Chi-square        4.00150  0.9473      5        87
PP - Fisher Chi-square         7.05649  0.7201      5        95

Null: No unit root (assumes common unit root process)
Hadri Z-stat                   6.62821  0.0000      5       100

** Probabilities for Fisher tests are computed using an asympotic Chi
   -square distribution. All other tests assume asymptotic normality.
```

图 5-59　平稳性检验结果

3. 数据回归模型类型选择

（1）第一步：用 F 检验判断模型是采用混合效应还是个体固定效应。注：混合效应就是模型截距不随个体变动，即不同个体下模型截距都是相同的。混合模型下模型的截距是常数，斜率系数也是常数。

在 EViews 软件中的操作方法：

首先建立固定效应模型，在固定效应模型窗口点击"View"，选择"Fix"—"Random Effects Testing"—"Redundant Fixed Effects-Likelihood Ratio"，得到回归结果。如果 Cross-section F 的 Prob 值小于 0.05，就推翻原假设（原假设是假定模型具有混合效应），从而选择模型截距随个体变化的模型。但是截距随个体变化的模型包括个体固定效应和个体随机效应两种，因此还需要通过第二步确定是用个体固定效应还是个体随机效应。

（2）第二步：通过 Hausman 检验判断是用个体固定效应还是个体随机效应模型。个体固定效应模型是截距与解释变量相关的模型，而个体随机效应模型是截距与解释变量不相关的模型。

Hausman 检验的方法：在 EViews 软件中，首先建立随机效应模型，然后点击"Fix"—"Random Effects Testing"—"Correlated Random Effect-hausman Test"，得到检测结果。如果 Prob 值小于 0.05，则推翻原假设（原假设是有随机效应），选择个体固定效应模型；如果 Prob 值大于 0.05，就选择个体随机效应模型。

最后，无论选择固定效应模型还是随机效应模型，都可用变截距模型来分析。

六、实验组织和安排

以个人为单位，登录国家统计局网站收集数据，完成前面的相关实验。

七、实验结果提交方式

将本次练习的结果通过工作文件形式保存在电脑桌面，以自己的名字命名文件夹，以备考核。

八、实验考核方式和标准

根据实验过程中学生学习的态度、操作的规范性及结果的正确性综合评定。

九、注意事项

对于缺少的数据进行合理假设。

实验8　三因素资产定价模型实证检验

一、实验名称和性质

所属课程	金融实证分析
实验名称	三因素资产定价模型实证检验
实验学时	4
实验性质	√验证 □综合 □设计
必做/选做	√必做 □选做

二、实验目的和要求

本实验的目的是使学生学会在EVeiws软件中运用OLS回归分析检验三因素资产定价模型的有效性。

三、实验的软硬件环境要求

1.硬件环境要求：学生使用教室电脑。

2.使用的软件名称、版本号及模块：电脑装载Windows操作系统及EViews应用演示软件。

四、知识准备

1.前期要求掌握的知识、相关理论：

实证研究发现，CPAM模型难以充分解释资产收益率的变动，并称之为市场的异象。与此同时，CPAM模型之外的一些因素却对此有很强的解释力，如规模、账面市值比、收益价格比、资产负债率等。Fama和French在1993年的论文"Common Risk Factors in the Returns on Stocks and Bonds"中正式提出三因素模型，从风险-收益角度出色地解释了超额收益率现象。Fama和French（1996）进一步证明三因素模型能解释除中期收益动能以外的所有异象。

资产组合的超额收益率可以由三个风险因素解释，即与市场相关的风险因素——市场超额收益率（$R_m - R_f$）、与规模相关的风险因素——规模因子（SMB）、与账面市值比相关的风险因素——账面市值比因子（HML）。三因素模型为：

$$R_{it} - R_{ft} = a_i + b_i(R_{mt} + R_{ft}) + s_i SMB_t + h_i HML_t + \varepsilon_t$$

其中，$R_{it} - R_{ft}$是组合i的超额收益率，等于t时期组合i的收益率与无风险利率之差；$R_{mt} + R_{ft}$等于t时期市场收益率与无风险利率之差；SMB_t等于t时期小公司组合的收益率与大公司组合的收益率之差；HML_t等于 t 时期高账面市值比值组合的收益率与低账面市值比值组合的收益率之差。

2.主要参考书目：

[1] 唐勇. 金融计量学［M］. 北京：清华大学出版社，2016.

[2] 张雪莹. 金融计量学教程［M］. 上海：上海财经大学出版社，2018.

[3] 张成思. 金融计量学［M］. 北京：中国人民大学出版社，2012.

五、实验内容

（一）衡量三因素模型的实证目标

1.三个解释变量的系数应显著为正。

2.截距项应不显著异于 0，这一点保证了三个风险因素能全面解释资产收益，即不存在经风险调整后的超额收益率。

3.模型的拟合度 R_2 较高。

（二）实证步骤

1.构建股票组合。

2.计算三因素模型的各个指标。

3.进行回归分析。

（三）实证操作内容

1.构建股票组合

对样本公司进行分组并构建不同的股票组合是进行三因素模型检验的基础，分组的意义在于更好地将风险因素分离出来单独考察。分组的频率是每年一次，即每年（t 年）6 月份都要对样本进行分组，且第 t 年 7 月至第 t+1 年 6 月期间股票组合维持不变，直至第 t+1 年 6 月份重新分组，以此类推。

三因素模型的股票组合按组数的不同共分为两类。第一类是将样本公司分为 6 组，用来计算作为解释变量的两个风险因子——SMB 和 HML。第二类是将样本公司分为 25 组，用来计算作为被解释变量的股票组合超额收益率（R_i-R_f）。

第一类股票组合的构建方法是：

（1）根据第 t 年 6 月底的样本规模的中位数将样本分为小公司（S）和大公司（B）两组。其中规模用股票市值 ME 表示，ME=股票价格×股票总数。

（2）根据第 t-1 年的账面市值比将样本分为三组：账面市值比值最低的 30%（L）、中间的 40%（M）、最高的 30%（H）。其中：账面市值比 = BE/ME。BE=股东权益账面价值+递延税款+投资税收减免−优先股账面价值；优先股账面价值依次按赎回价、清算价或面值估计；不包括 BE 为负的公司。

将以上两种分类结果交叉可得到 6 个股票组合，分别是小型低账面市值比股票（S/L）、小型中等账面市值比股票（S/M）、小型高账面市值比股票（S/H）、大型低账面市值比股票（B/L）、大型中等账面市值比股票（B/M）和大型高账面市值比股票（B/H）。

第二类股票组合的构建方法同上，只是将样本分成更多的组。即按第 t 年 6 月底的规模和第 t-1 年的账面市值比各分为 5 组，两种分类结果交叉可得到 25 个股票组合。

2.计算三因素模型的指标

三因素模型中的 R_{it}、SMB 和 HML 三个变量是指组合的收益率而非单只股票的收益率。

组合收益率等于该组合中个股的市值加权平均月收益率，计算公式为：

$$r_i = \sum_{j=1}^{n} W_j r_j$$

$$W_j = \frac{ME_j}{\sum_{j=1}^{n} ME_j}$$

其中：r_i 为组合 i 的月收益率，r_j 为 i 组合中个股 j 的月收益率，w_j 是 i 组合中个股的市值权重，ME_j 为个股 j 的总市值，n 为组合 i 中个股的数量。

求出各个股票组合的月收益率后就可计算三因素模型的 4 个变量。其中，R_{it} 是第二种分类方法得到的 25 个股票组合每个月的加权平均收益率，SMB 和 HML 则根据第一种分类方法得到的 6 个股票组合每个月的加权平均收益率计算得出，计算公式如下：

$$SMB = \frac{1}{3}(R_{S/L} + R_{S/M} + R_{S/H}) - \frac{1}{3}(R_{B/L} + R_{B/M} + R_{B/H})$$

$$HML = \frac{1}{2}(R_{S/H} + R_{B/H}) - \frac{1}{2}(R_{S/L} + R_{B/L})$$

可见，小公司组合和大公司组合的账面市值比结构相同（均包括 30% 的低账面市值比公司、40% 的中等账面市值比公司和 30% 的高账面市值比公司），因此两者收益率的差异不是由账面市值比差异造成的，即 SMB 衡量的是纯粹由规模因素造成的股票组合收益率差异。同理，高账面市值比公司和低账面市值比公司两个组合的 Size 结构也相同，因此 HML 衡量的是纯粹由账面市值比因素造成的股票组合收益率差异。

3.进行回归分析

经过前两个步骤获得各指标的数据后就可以按照三因素模型进行回归了。本实验对中国股票市场收益率建立三因素模型，并分析中国股票市场是否支持三因素模型。

（1）收集及处理数据

本次实证的数据均来自 CSMAR 数据库。选取样本的标准是以上一年年末（t−1 年）的所有 A 股上市公司为初始样本，依次剔除金融行业的公司、当年（t 年 7 月至 t+1 年 6 月）实施 ST/PT 的公司、BE 为负的公司、其他数据缺失的公司。由于 1993 年年底之前符合以上条件的上市公司仅为 176 家，而 1994 年底则增加到 283 家，为保证足够的样本数量，最终将样本区间定为 1995 年 7 月至 2009 年 12 月。

各指标的定义见表 5−6。

表 5−6　　　　　　　　　　　　　　　各指标的定义

指标	指标定义
size	1995.06—2004.06：每年 6 月底股价×0.7×非流通股数+每年 6 月底股价×流通股数 2005.06—2009.06：每年 6 月底股价×发行的股票数
HE	1994.12—2003.12：每年 12 月底股价×0.7×非流通股数+每年 12 月底股价×流通股数 2004.12—2009.12：每年 12 月底股价×发行的股票数
BE	股东权益账面价值
R_i	考虑现金红利再投资的月收益率
R_m	考虑现金红利再投资的综合月市场回报率（总市值加权平均）
Rf	1995.07—2003.06：定期整存整取折算的月利率 2003.07—2009.12：中债央票总指数平均收益率

（2）基于EViews的实证分析

①描述性统计

第一步：将准备好的月度收益率数据导入EViews，进行均值的假设检验。

进入Workfile界面，打开某个变量的"Spreadsheet"，点击"View"—"Tests for Descriptive Stats"—"Simple Hypothesis Tests"，出现假设检验对话框，在"Mean"一栏输入"0"，就可检验该变量的均值是否显著异于0。

第二步：各变量的相关性。

①点击"View"—"Correlations"，选择任一方式可以得到各变量的相关系数矩阵。如图5-60所示。

	RIF	RMF	SMB	HML
Correlation Matrix				
RIF	1.000000	0.809441	0.526810	0.135319
RMF	0.809441	1.000000	0.073169	0.218239
SMB	0.526810	0.073169	1.000000	0.184562
HML	0.135319	0.218239	0.184562	1.000000

图5-60　各变量的相关系数矩阵

从相关性图可以看出，各变量之间存在较大的相关性，因此可以进行回归分析。

②进行回归分析

对时间序列数据进行ADF平稳性检验，结果显示变量是平稳的。过程略。

③进行OLS回归

步骤如下：点击"Quick"—"Equation Estimation"，在"Equation specification"框中输入回归方程，如图5-61所示。

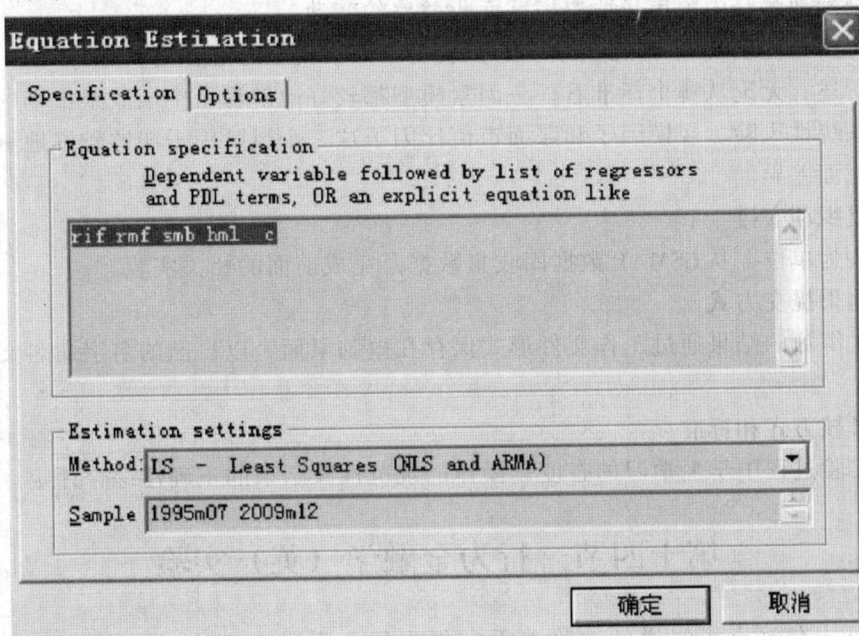

图5-61　输入回归方程

OLS回归结果如图5-62所示。

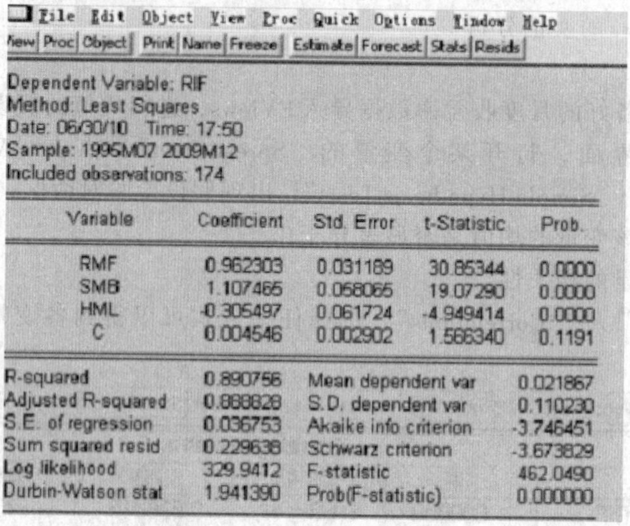

Dependent Variable: RIF
Method: Least Squares
Date: 06/30/10 Time: 17:50
Sample: 1995M07 2009M12
Included observations: 174

Variable	Coefficient	Std. Error	t-Statistic	Prob.
RMF	0.962303	0.031189	30.85344	0.0000
SMB	1.107465	0.058065	19.07290	0.0000
HML	-0.305497	0.061724	-4.949414	0.0000
C	0.004546	0.002902	1.566340	0.1191

R-squared	0.890756	Mean dependent var	0.021867
Adjusted R-squared	0.888828	S.D. dependent var	0.110230
S.E. of regression	0.036753	Akaike info criterion	-3.746451
Sum squared resid	0.229638	Schwarz criterion	-3.673829
Log likelihood	329.9412	F-statistic	462.0490
Durbin-Watson stat	1.941390	Prob(F-statistic)	0.000000

图5-62 OLS回归结果

④结论

第一，市场超额收益率的系数均在1附近波动，且非常显著，表明市场风险对股票收益率横截面变化的解释能力比较强。

第二，SMB的系数均显著为正，说明股票收益率与规模因子显著正相关。

第三，HML也表现出较强的解释力。除了4个组合外，其他组合的HML系数均显著，说明股票收益率与账面市值比因素显著相关。

第四，截距项代表该模型无法解释的超额收益率，如果三因素模型有充分的解释力，则截距项应为0。从实证结果中可看出截距项数值几乎为0，而且不显著，这说明三因素模型可以全面地解释中国市场股票横截面收益率的变动。

第五，拟合优度R2平均在0.88以上，表明三因素模型的解释力较好。

综上所述，无论从哪个标准看，三因素模型都较好地解释了中国股票市场的超额收益率问题，系统性风险、规模因子和账面市值比因子这三个风险因子能够较好地解释股票收益率的横截面差异。

六、实验组织和安排

以个人为单位，从CSMAR数据库收集数据，完成前面的相关实验。

七、实验结果提交方式

将本次练习的结果通过工作文件形式保存在电脑桌面，以自己的名字命名文件夹，以备考核。

八、实验考核方式和标准

根据实验过程中学生学习的态度、操作的规范性及结果的正确性综合评定。

第十四节　行为金融学（英）实验

本课程从有效市场假说的缺陷着手，提出行为金融学理论对于金融理论发展的意义，并结合国内外证券市场异象，指出该理论存在的现实意义；通过心理学实验的设计及心理学相关知识的介绍，使学生了解人类在不确定性决策下的心理和行为偏差，并在此基础上，提出前景理论对于期望效用理论的替代；结合金融市场特征和心理学的知识，从个体和群体的角度，分析投资者在金融市场交易过程中出现的心理和行为偏差。作为行为金融学的理论与运用的结晶，本课程针对证券交易中个体行为特点，分析行为资产定价模型和行为资产组合理论，并提出行为投资策略；针对公司金融领域，在分析经理人的心理和行为的偏差基础上，提出行为公司金融理论。根据教学目标及课时安排，本课程的实验教程设计了两个实验项目：一是赌场资金效应实验；二是打折和邮购返券实验。

实验 1　Casino Profit Effect（赌场资金效应实验）

一、实验名称和性质

所属课程	行为金融学（英）
实验名称	Casino Profit Effect
实验学时	2
实验性质	□验证 √综合 □设计
必做/选做	√必做 □选做

二、实验目的

The purpose of this experiment is to investigate the degree of risk tolerance of people through experiments, and the different experiences under different risks.

三、实验的软硬件环境要求

A. Questions are relevant; B. Samples are representative; C. Data are statistical.

四、知识准备

The students need to master the basics of psychological accounts and be familiar with the basic implications of casino profitability. "Casino profit effect" refers to the differences in consumption propensity, risk appetite, etc. between people's treatment of the money brought by gambling and the money earned from work: People are more willing to take some risks when they have easy or unexpected ways to invest; money earned from work is not willing to be spent.

五、实验材料和原始数据

For every \$ 1 in bets on horses, the racecourse draws 17% of them. Overall, horse gamblers lose 17% of their bets per game. In fact, by the last game of the day, most people's gambling horses' "psychological accounts" are losing money. But does this affect their decision to continue betting? A related study found that in the last race of the day, the odds of a horse with a very low probability of winning will be lower, which means that more people bet on the horses that are least likely to win. To explain this phenomenon, the reason should be: People are inclined to pursue risk when facing losses.

If predicted by normative economic theory, winning or losing should have little effect on decision making. Just like when playing cards, you don't expect to be able to win money, and horse gamblers should not care about the loss of about 800 yuan caused by the 17% drawn by the racecourse. But obviously, if there are two options, one is that there is a 100% probability that you will lose 100 yuan; the other is that there is a 50% probability that you will lose 200 yuan, but there is also a 50% probability that you won't make any money, most people will choose the latter. On the contrary, if option one has a 100% probability of getting 100 yuan, option two has a 50% probability of not making money, but there is also a 50% probability of getting 200 yuan, most people will choose the former. Suppose we lose 100 yuan on betting horses, we would like to draw a "draw" in the future to avoid losses on our horse gambling account.

People who lose money tend to win big money with small bets that have a low probability (such as a straight flush), but they don't like big bets that can cause greater losses, even if the latter has a higher probability of turning over. This is the problem with our "psychological account".

Another problem with "psychological accounts" is that people who make money don't seem to think of winning money as "money". This psychology is also very common. Gamblers often say, "Gamble with the dealer's money". That is, when you win, you will feel that you are gambling with the casino's money rather than your own. We see this behavior in almost any casino. If a non-professional gambler wins some money at night, he will also find a situation called a "double pocket" mental account—if a person took 300 yuan to gamble in the casino, he won 200 yuan. At this point, he would put 300 yuan in one pocket, think that the money was his own, and then put the 200 yuan chips he won in another pocket (more likely, the 200 yuan would also be placed on the gambling table, ready to continue betting)—In fact, "the money in the two pockets should be the same."

六、实验要求

The method is appropriate, the prediction is reasonable, the steps are clear, and the conclusion is accurate.

七、实验提交方式和成绩标准

（1）This is not a group project and each student should offer a report according to his/her analysis for the materials.

（2）100 percent standard.

实验 2 Discounts and Mail Order Rebates（打折和邮购返券）

一、实验名称和性质

所属课程	国际金融学（英）
实验名称	Discounts and Mail Order Rebates
实验学时	2
实验性质	□验证 √综合 □设计
必做/选做	√必做 □选做

二、实验目的

The purpose of this experiment is to understand the performance of transitional self-confidence and the aspects of transitional self-confidence manifest in life, and what effect it will produce. Learn to analyze and use transitional confidence through experiments.

三、实验的软硬件环境要求

A. Questions are relevant; B. Samples are representative; C. Data are statistical.

四、知识准备

The students need to grasp the basic meaning of overconfidence. A large amount of literature in cognitive psychology holds that people are overconfident, especially over the accuracy of their own knowledge. People systematically underestimate certain types of information and overestimate other information.

五、实验要求和注意事项

1. Experimental process:

Buy a printer for 80 yuan. The merchant gives consumers two choices. One is to get a discount on the spot, the discount rate is 5%, which means that a printer of 80 yuan can be purchased for 76 yuan. Consumers can also choose the way of mail order rebate, and now buy the printer at 80 yuan. As long as the relevant voucher is returned to the company within 3 months after purchase, consumers can get a 25% discount, that is, the consumer can get a cash back of 20 yuan, which will be returned to the consumer in the form of a check. In other words, the consumer spent 60 yuan to buy this printer.

2. Results analysis:

Most people will choose the second option, which way can get greater discounts and is naturally more attractive. But, for merchants, which way can they make more money? It's actually the second.

According to data, in the face of such 20 yuan discount, the customer who will really send the voucher to the merchant after the purchase is only about 7%. There is also an interesting phenomenon. If the time limit given is 3 days instead of 3 months, more vouchers will be sent. Because the time limit given is short, everyone will do it as soon as they go back; the long time limit gives people the feeling that they have time to do it. Let's put it down first, and then they will never remember.

Too confident. Since people only see information that is beneficial to them, they are very optimistic in believing their judgments. They increasingly feel that their judgments are right and do not know what the truth is.

六、实验成绩评价标准

（1）This is not a group project and each student should offer a report according to his/her analysis for the materials.

（2）100 percent standard.

第十五节　投资学实验

本课程较为系统地介绍了投资的基本理论及整个业务流程的操作技能。学习本课程能够使学生了解投资的一般内容，掌握企业价值评估的基本方法及投资实施要领。根据教学目标及课时安排，本课程的实验教程设计了两个实验项目：一是风险投资案例分析；二是投资企业价值估计。

实验1　风险投资案例分析

一、实验名称和性质

所属课程	投资学
实验名称	风险投资案例分析
实验学时	2
实验性质	□验证√综合□设计
必做/选做	√必做□选做

二、实验目的和要求

本实验的目的是使学生通过案例分析，掌握风险投资的一些基础知识，并进一步巩固前期有关理论。

三、知识准备

1.前期要求掌握的知识、相关理论：财务管理学、会计学、投资学相关知识。

2.主要参考书目：

［1］成思危. 风险投资：中国与世界互动［M］. 北京：民主与建设出版社，2004.

［2］成思危. 风险投资在中国［M］. 上海：上海交通大学出版社，2007.

［3］金永红. 风险投资机构运作机制与风险管理［M］. 上海：上海财经大学出版社，2007.

［4］柯迪. 风险投资与中国实践研究［M］. 北京：中国财政经济出版社，2002.

［5］张琳. 风险投资体系与运行机制［M］. 长沙：湖南师范大学出版社，2004.

四、实验内容

从2001年开始，蒙牛乳业（集团）有限公司（以下简称蒙牛）开始考虑一些上市渠道。首先，它研究了当时盛传要建立的深圳创业板，但是后来创业板没做成，这个想法也就搁下了。同时它也在寻求 A 股上市的可能，但是对于蒙牛那样一家民营企业来说，上 A 股恐怕需要好几年的时间，蒙牛根本等不起。

蒙牛也尝试过进行民间融资。不过国内一家知名公司来考察后，要求 51%的控股权，对此蒙牛不答应。另一家大企业本来准备投资，但被蒙牛的竞争对手劝住了。还有一家上市公司对蒙牛有投资意向，又因为董事长突然被调走而作罢。

2002 年初，蒙牛的股东会、董事会均同意蒙牛在法国巴黎百富勤的辅导下在香港二板上市。为什么不能在主板上市呢？因为当时蒙牛历史较短、规模小，不符合主板上市的条件。这时，摩根士丹利（以下简称摩根）与鼎晖通过相关关系找到蒙牛，要求与蒙牛团队见面。见面之后摩根等劝其不要去香港上市。众所周知，香港二板除了极少数公司以外，流通性不好，机构投资者一般不感兴趣，企业再融资非常困难。摩根与鼎晖劝蒙牛团队引入私募投资者，帮助企业成长与规范化，等发展到一定程度就直接在香港主板上市。

摩根、英联和鼎晖三家国际机构分别于 2002 年 10 月和 2003 年 10 月两次向蒙牛注资。首轮增资，摩根、英联和鼎晖联手向蒙牛的境外母公司注入 2 597 万美元（折合人民币约 2.1 亿元），同时取得 49%的股权；二次增资注入 3 523 万美元。此举等于三家投资机构承认了蒙牛的公司价值为 14 亿元人民币，两次市盈率分别为 10 倍和 7.3 倍。对蒙牛来说，出价公道。

第一次注资后，蒙牛管理团队所持有的股票在第一年只享有战略投资人所持股票 1/10 的收益权，而三家投资机构享有蒙牛 90.6%的收益权，只有完成约定的"表现目标"，这些股票才能与投资人的股票实现同股同权。二次增资中，三位"天使"的要求却更加贪婪了。三家投资机构提出了发行可换股债券，其认购的可换股债券除了具有期满前可赎回、可转为普通股的可转债属性，还可以和普通股一样享受股息。可换股文件锁定了三家战略投资者的投资成本，避免了蒙牛业绩出现下滑时的投资风险。三家国际投资机构还取得了所谓的认股权：在十年内一次或分多批按每股净资产购买开曼群岛的蒙牛上市主体的股票。此般设计正说明了三家老牌投资者把玩风险的高超技艺。

2004 年 6 月 10 日，蒙牛乳业登陆香港股市，公开发售 3.5 亿股，在香港股市获得 206 倍的超额认购率，一次性冻结资金 283 亿港元，共募集资金 13.74 亿港元，全面摊薄市盈率达 19 倍。摩根、英联、鼎晖约 4.77 亿港币的投入通过本次 IPO 已经套现 3.925 亿港元。巨额可转债于蒙牛上市十二个月（2005 年 6 月）后将使它们的持股比例达到 31.2%，价值约为 19 亿港元。与三大国际投资机构的丰厚收益相比，蒙牛的创始人牛根生只得到价值不到两亿人民币的股票，持股比例仅为 4.6%，2005 年可转债行使后将进一步下降到 3.3%，且五年内不能变现。牛根生还被要求作出五年内不加盟竞争对手的承诺。更严重的是，如果蒙牛不能续写业绩增长的神话，摩根最终对牛根生团队失去耐心，完全有能力像新浪罢免王志东那样对待牛根生。

回答如下问题：
(1) 蒙牛为什么选择风险投资？
(2) 风险投资为什么选择蒙牛？
(3) 蒙牛是否被贱卖？
(4) 风险投资者如何化解风险？

  （5）蒙牛在风险投资那里得到什么？

  （6）为什么本土的企业没有吃蒙牛这个"肥肉"？

  （7）风险投资的退出方式有哪些？蒙牛的风险投资者选择了什么？

  （8）本案例给了你什么启示？

五、实验组织和安排

以个人为单位，根据所给资料，回答问题。

六、实验结果提交方式

实验结果：回答问题。

要求：方法恰当、预测合理、步骤清晰、结论准确。

七、实验考核方式和标准

根据方法选择、解题思路及计算结果进行综合评定。

八、注意事项

对于缺少的数据进行合理假设。

实验2　投资企业价值估计

一、实验名称和性质

所属课程	投资学
实验名称	投资企业价值估计
实验学时	2
实验性质	□验证√综合□设计
必做/选做	√必做□选做

二、实验目的和要求

  投资企业价值估计是进行投资的重要步骤。本实验旨在使学生能对企业整体的资产进行评估，掌握收益率的应用，包括各项指标的选取和计算，并且理解财务分析和各项财务指标的应用。

三、实验内容

  某投资公司投资某科技有限公司的软件开发项目，该项目属于导入期投资。该公司主要从事中文信息处理软件的研究与开发，其管理者具有较高的专业知识背景，创新意识强，公司拥有较强的管理团队，管理规范，因此管理风险较小。投资期初该科技有限公司资产的市场价值是800万元，新的软件产品经评估市场价值为200万元，为进行该项科研项目而向外发行的债券有：10年期债券100万元，票面利率为8%；5年期债券150万元，票面利率为6%（连续复利的到期收益率为10%）。该公司权益类资产的年平均标准差 σ 经评估为20%，相同信用等级的债券的年平均标准差 σ 为10%，公司债务占公司价值的31%，债券与资产的相关系数 ρ 为0.4。我国国债利率为2.1%。投资公司要求的收益率为20%。假设该项目寿命期为6年，项目的期末价值为40万元，公司投资数据来自企业经营规划，见表5-7。

表 5-7　　　　　　　　　　　　　　　公司投资数据　　　　　　　　　　　　　单位：万元

	0年	1年	2年	3年	4年	5年	6年
投资	150			250			
现金流入		40	50	60	90	110	100+40

四、实验组织和安排

以个人为单位，根据所给资料，选择评估方法，对目标企业价值进行估算。

五、实验结果提交方式

实验结果：估算出企业的总评估价值。

要求：方法恰当、预测合理、步骤清晰、结论准确。

六、实验考核方式和标准

根据方法选择、解题思路及计算结果进行综合评定。

七、注意事项

注意净现值和期权价值的计算方法。

第十六节　固定收益证券实验

本课程旨在使学生明确固定收益证券市场的要素和风险，从金融学的基本理论和方法出发，对固定收益证券的相关要素进行分析，具有较强的应用性、综合性与工具性。

本课程设置的五个实验项目如下：一是固定收益证券市场，主要运用案例分析的方法介绍全球主要固定收益证券市场并进行比较；二是固定收益证券估值，主要采用数据分析的方法介绍债券价格和债券特征之间的关系；三是固定收益证券利率风险，主要运用数据分析的方法介绍固定利率债券的回报和利率风险；四是固定收益证券信用风险，主要运用数据分析的方法介绍固定利率债券的信用风险；五是资产支持证券，主要运用案例分析的方法介绍不同资产支持证券的特征并进行比较。

实验 1　固定收益证券市场

一、实验名称和性质

所属课程	固定收益证券
实验名称	固定收益证券市场
实验学时	2
实验性质	□验证 √综合 □设计
必做/选做	√必做 □选做

二、实验目的

本实验的目的在于使学生把握全球固定收益证券市场概况，包括固定收益证券的基本特征、固定收益证券市场分类等基本情况，了解各个市场之间的差异。

三、理论知识

1.前期知识准备：

（1）固定收益证券的定义和基本要素。

（2）固定收益证券的概念、基本特征，收益率衡量指标，抵押或担保支持。

（3）全球固定收益证券市场的分类，一级市场和二级市场，备选方案与经济性评价。

2.参考书目：

［1］佩蒂特 B，平托 J，皮里 W．固定收益证券分析［M］．张德成，韩振开，李函霏，译．北京：机械工业出版社，2018.

［2］法博齐 F．固定收益证券手册［M］．8版．范舟，等，译．北京：中国人民大学出版社，2018.

四、实验内容

小组合作，对全球主要固定收益证券市场进行分析，比较各个市场之间的差异，并举例分析，提交研究报告。

完成以下任务：

1.分析全球主要固定收益证券市场的主要特征。

2.分析各个固定收益证券市场的差异性，并举例分析。

3.对全球固定收益证券市场的未来发展趋势进行评价和展望。

实验2　固定收益证券估值

一、实验名称和性质

所属课程	固定收益证券
实验名称	固定收益证券估值
实验学时	2
实验性质	□验证√综合 □设计
必做/选做	√必做 □选做

二、实验目的

本实验的目的在于使学生理解固定收益证券的价格和面值，掌握折价、溢价和零息债券的到期收益率，分析债券价格和债券特征之间的关系。

三、理论知识

1.债券价格和货币的时间价值：债券的价格和面值，贴现率，折价、溢价和平价。

2.到期收益率：到期收益率的界定，折价、溢价和零息债券的到期收益率。

四、实验内容

固定利率债券的价格随市场贴现率的变化而变化，在给定市场贴现率的情况下，债券价格的变化情况如下：

1.债券价格和市场贴现率成反比。

2.在同样的票息和到期期限下，和市场贴现率上升时相比，当市场贴现率下降时，债券价格变动的百分比更大。

3.对于到期时间相同的债券，当市场贴现率变化幅度相同时，低息票债券的价格变动幅度比高息票债券的价格变动幅度更大。

4.对于票面利率相同的债券，当市场贴现率变化幅度相同时，长期债券的价格变动幅度比短期债券的价格变动幅度更大。

小组合作，收集数据，分析债券价格和债券特征之间的关系，对上述4种情况进行验证，并提交研究报告。

实验3　固定收益证券利率风险

一、实验名称和性质

所属课程	固定收益证券
实验名称	固定收益证券利率风险
实验学时	2
实验性质	□验证√综合 □设计
必做/选做	√必做 □选做

二、实验目的

本实验的目的在于使学生掌握固定收益证券利率风险度量指标，包括久期和凸度的界定、麦卡莱久期、修正久期和近似久期，了解并且能够对利率的结构进行分析。

三、理论知识

1.固定收益证券利率风险度量指标：久期和凸度的界定，麦卡莱久期、修正久期和近似久期。

2.利率的结构：基础利率、风险溢价、利率的期限结构。

四、实验内容

1.某投资者计划投资5 000万人民币，假设有两个不同的固定收益证券投资组合可供选择，年利率见表5-8。考虑存在利率波动风险，试计算两个投资组合的久期，判断哪个投资组合更适合该投资者。

表5-8　　　　　　　　　　　　　　　　　年利率表

期限（年）	利率（%）	期限（年）	利率（%）	期限（年）	利率（%）
0.25	5.35	2.75	5.90	5.25	5.57
0.50	5.48	3.00	5.87	5.50	5.50
0.75	5.61	3.25	5.85	5.75	5.41
1.00	5.68	3.50	5.81	6.00	5.32
1.25	5.75	3.75	5.76	6.25	5.25
1.50	5.81	4.00	5.75	6.50	5.13
1.75	5.85	4.25	5.73	6.75	5.02
2.00	5.89	4.50	5.69	7.00	4.95
2.25	5.91	4.75	5.64	7.25	4.82
2.50	5.92	5.00	5.61	7.50	4.73

投资组合1：

（1）30%投资于3年期、半年付息、票面利率为4.5%的债券。

（2）40%投资于6年期、半年付息、票面利率为5.0%的债券。

（3）20%投资于2.5年期、半年付息、票面利率为5.15%的债券。

（4）10%投资于1.25年期、季度付息、票面利率为4.25%的债券。

投资组合2：

（1）20%投资于7.5年期、半年付息、票面利率为8.5%的债券。

（2）30%投资于5年期、半年付息、票面利率为6.8%的债券。

（3）20%投资于3.5年期、半年付息、票面利率为6.15%的债券。

（4）20%投资于1.5年期、半年付息、票面利率为5.6%的债券。

（5）10%投资于90天期的零息债券。

2.分析影响固定利率债券的收益率曲线形状的主要因素有哪些，并进行实证检验和讨论。

小组合作，对影响固定利率债券的收益率曲线形状的主要因素进行理论分析，并收集数据进行实证检验，详细讨论实证检验结果，撰写并提交研究报告。

实验4　固定收益证券信用风险

一、实验名称和性质

所属课程	固定收益证券
实验名称	固定收益证券信用风险
实验学时	2
实验性质	□验证 √综合 □设计
必做/选做	√必做 □选做

二、实验目的

本实验的目的在于使学生把握固定收益证券信用风险分析的主要因素，包括回收率、违约率、信用评级、信用价差等基本界定；了解信用风险分析模型，包括结构形式模型、简化形式模型、信用价差的期限结构，能够初步利用这些模型对固定收益证券的信用风险进行分析。

三、理论知识

1.信用风险分析要素：回收率、违约率、信用评级、信用价差。

2.信用风险分析模型：结构形式模型、简化形式模型、信用价差的期限结构。

四、实验内容

对新兴市场（如非洲、东欧、拉丁美洲、俄罗斯、除日本之外的亚洲国家）和发达市场（如美国、英国、德国、日本）私人公司发行的公司债券的违约率进行多维度比较。

小组合作，收集数据对新兴市场和发达市场私人公司发行的公司债券的违约率进行多维度比较（具体比较对象国家可以根据数据收集情况自行决定），比较内容包括违约率的大小、变化趋势、违约率和公司所处行业及信用等级之间的关系等，详细讨论数据分析结果，撰写并提交研究报告。

实验5　资产支持证券

一、实验名称和性质

所属课程	固定收益证券
实验名称	资产支持证券
实验学时	2
实验性质	□验证√综合 □设计
必做/选做	√必做 □选做

二、实验目的

本实验的目的在于使学生掌握资产支持证券的主要类别，包括住房抵押贷款、住房抵押担保证券、非抵押资产担保证券等，分析不同资产支持证券的特征及差异，掌握其未来发展趋势。

三、理论知识

1.资产证券化过程：资产证券化的好处、资产证券化的主体。

2.资产支持证券的主要类别：住房抵押贷款、住房抵押担保证券、非抵押资产担保证券。

四、实验内容

小组合作，完成以下任务，提交研究报告。

1.分析住房抵押贷款、住房抵押担保证券、非抵押资产担保证券的主要特征。

2.分析各个证券化产品之间的差异，并举例说明。

3.分析各个证券化产品的实际应用场景，并对资产支持证券的未来发展趋势进行评价和展望。